本书为国家社科基金项目（13BFX033）和重庆大学中央高校基本科研业务费项目（CDJKXB13002）的资助成果

重大法学文库

环境义务的行政代履行制度研究

Study on the Legal System of Administrative Substituted Fulfillment of Environmental Obligations

唐绍均 著

中国社会科学出版社

图书在版编目(CIP)数据

环境义务的行政代履行制度研究／唐绍均著．—北京：中国社会科学出版社，2019.10

（重大法学文库）

ISBN 978-7-5203-5314-4

Ⅰ.①环… Ⅱ.①唐… Ⅲ.①环境保护法-研究-中国 Ⅳ.①D922.680.4

中国版本图书馆CIP数据核字(2019)第221809号

出 版 人 赵剑英
责任编辑 梁剑琴
责任校对 赵雪姣
责任印制 郝美娜

出　　版 中国社会科学出版社
社　　址 北京鼓楼西大街甲158号
邮　　编 100720
网　　址 http：//www.csspw.cn
发 行 部 010-84083685
门 市 部 010-84029450
经　　销 新华书店及其他书店

印刷装订 环球东方（北京）印务有限公司
版　　次 2019年10月第1版
印　　次 2019年10月第1次印刷

开　　本 710×1000 1/16
印　　张 13
插　　页 2
字　　数 220千字
定　　价 78.00元

出版寄语

《重大法学文库》是在重庆大学法学院恢复成立十周年之际隆重面世的，首批于2012年6月推出了10部著作，约请重庆大学出版社编辑发行。2015年6月在追思纪念重庆大学法学院创建七十年时推出了第二批12部著作，约请法律出版社编辑发行。本次为第三批，推出了20本著作，约请中国社会科学出版社编辑发行。作为改革开放以来重庆大学法学教学及学科建设的亲历者，我应邀结合本丛书一、二批的作序感言，在此寄语表达对第三批丛书出版的祝贺和期许之意。

随着本套丛书的逐本翻开，蕴于文字中的法学研究思想花蕾徐徐展现在我们面前。它是近年来重庆大学法学学者治学的心血与奉献的累累成果之一。或许学界的评价会智者见智，但对我们而言，仍是辛勤劳作、潜心探求的学术结晶，依然值得珍视。

掩卷回眸，再次审视重大法学学科发展与水平提升的历程，油然而生的依然是“映日荷花别样红”的浓浓感怀。

1945年抗日战争刚胜利之际，当时的国立重庆大学即成立了法学院。新中国成立之后的1952年院系调整期间，重庆大学法学院教师服从调配，成为创建西南政法学院的骨干师资力量。其后的40余年时间内，重庆大学法学专业和师资几乎为空白。

在1976年结束“文化大革命”并经过拨乱反正，国家进入了以经济建设为中心的改革开放新时期，我校于1983年在经济管理学科中首先开设了“经济法”课程，这成为我校法学学科的新发端。

1995年，经学校筹备申请并获得教育部批准，重庆大学正式开设了经济法学本科专业并开始招生；1998年教育部新颁布的专业目录将多个部门法学专业统一为“法学”本科专业名称至今。

1999年我校即申报“环境与资源保护法学”硕士点，并于2001年获准设立并招生，这是我校历史上第一个可以培养硕士的法学学科。

值得特别强调的是，在校领导班子正确决策和法学界同人大力支持下，经过校内法学专业教师们近三年的筹备，重庆大学于2002年6月16日恢复成立了法学院，并提出了立足校情求实开拓的近中期办院目标和发展规划。这为重庆大学法学学科奠定了坚实根基和发展土壤，具有我校法学学科建设的里程碑意义。

2005年，我校适应国家经济社会发展与生态文明建设的需求，积极申报“环境与资源保护法学”博士学位授权点，成功获得国务院学位委员会批准。为此成就了如下第一：西部十二个省区市中当批次唯一申报成功的法学博士点；西部十二个省区市中第一个环境资源法博士学科；重庆大学博士学科中首次有了法学门类。

正是有以上的学术积淀和基础，随着重庆大学“985工程”建设的推进，2010年我校获准设立法学一级学科博士点，除已设立的环境与资源保护法学二级学科外，随即逐步开始在法学理论、宪法与行政法学、刑法学、民商法学、经济法学、国际法学、刑事诉讼法学、知识产权法学、法律史学等二级学科领域持续培养博士研究生。

抚今追昔，近二十年来，重庆大学法学学者心无旁骛地潜心教书育人，脚踏实地地钻研探索、团结互助、艰辛创业的桩桩场景和教学科研的累累硕果，仍然历历在目。它正孕育形成重大法学人的治学精神与求学风气，鼓舞和感召着一代又一代莘莘学子坚定地向前跋涉，去创造更多的闪光业绩。

眺望未来，重庆大学法学学者正在中国全面推进依法治国的时代使命召唤下，投身其中，锐意改革，持续创新，用智慧和汗水谱写努力创建一流法学学科、一流法学院的辉煌乐章，为培养高素质法律法学人才，建设社会主义法治国家继续踏实奋斗和奉献。

随着岁月流逝，本套丛书的幽幽书香会逐渐淡去，但是它承载的重庆大学法学学者的思想结晶会持续发光、完善和拓展开去，化作中国法学前进路上又一轮坚固的铺路石。

陈德敏

2017年4月

目　录

第一章

导　论

一　选题背景与动因

环境问题（含原生环境问题和次生环境问题）可谓与人类的生存和发展相伴相生，只是处于不同历史时期的环境问题有其不同的表现形式罢了，即环境问题的类型、成因、危害性、分布特征以及影响范围等在人类社会生存和发展的不同阶段存在或大或小的差异。譬如，在前工业革命时代，受制于科学技术的落后与生产力水平的低下，人类认识自然和改造自然的能力十分有限，除了洪涝、干旱、地震、海啸、台风、滑坡、泥石流、火山喷发等“原生环境问题”之外，人类活动对自然的破坏也不过体现为乱倒污水、乱扔垃圾、乱砍滥伐林木等不文明行为，人们对于自然环境的破坏基本上未能超过环境本身的自净能力与再生能力，尚不足以造成严重的“次生环境问题”。但与此相反，在后工业革命时代，人类征服自然、改造自然的能力获得了空前的提高，但囿于对大自然无度索取与任意挥霍等旧有观念，人们在相当长的时间内还抱有“人定胜天”的盲目乐观，沉浸于对自然利用和改造的一次次胜利的喜悦之中。《淮南子·道应训》有言：“夫物盛而衰，乐极则悲”。恩格斯也有类似表述：“我们不要过分陶醉于我们对自然界的胜利，对于每一次这样的胜利，自然界都报复了我们。”① 由于近现代化学、冶炼、汽车等工业的兴起与发展，工业“三废”排放量不断增加，环境污染或者生态破坏事件频频发生，20 世纪 30—70 年代，发生了八起震惊世界的公害事件（1930 年 12 月发生的比利时马斯河谷烟雾事件、1940—1960 年发生的美国洛杉矶光化学烟雾事件、

① 《马克思恩格斯全集》第 20 卷，人民出版社 1971 年版，第 519 页。

1952年12月发生的伦敦烟雾事件、1948年10月发生的美国多诺拉镇烟雾事件、1931—1972年间断发生的日本富山骨痛病事件、1952—1972年间断发生的日本水俣病事件、1968年3—8月发生的日本米糠油事件、1961—1970年间断发生的日本四日市气喘病事件），这些为大自然给人类所敲响的警钟且应警钟长鸣。纵览国内，随着环境污染和资源破坏的日益加剧，雾霾遮天，沙尘暴肆虐，蓝藻大面积蔓延，土壤重金属污染危害严重……由人类活动引发的“次生环境问题”目前业已真正衍变成了一个众所周知并且能切身感受得到的社会问题、经济问题、民生问题，甚至是政治问题。[①] 放眼世界，2016年5月23日，在肯尼亚首都内罗毕，联合国环境规划署总部召开了第二届联合国环境大会[②]，当日发布的《健康星球、健康人类》报告指出：“环境问题业已成为全球约四分之一死亡人口的关涉因素”，修复环境、解决环境问题必然成为事关人类身体健康以及永续发展的迫切需求！

对于现代社会问题的解决，人们可以尝试的可行且有效的办法主要包括道德的约束与法律的制约。众所周知，道德规范的形成、完善及其对社会约束作用的有效发挥不能够一蹴而就、立竿见影，需一个漫长和渐进的过程。在重视道德约束的同时，人们要想尽快遏制“次生环境问题”的滋生与蔓延，法律制约应该成为较为切实可行的当选途径。一般而言，道德规范往往是一种“软约束”，而法律制约则是一种“硬约束”，法律制约依靠国家强制力保证实施，相对而言能够更快更有效地发挥其对社会的约束作用。事实也正是如此，自20世纪60年代以来，“以权利制度为路径取向”（其基本模式是：在法律上设定权利—权利主体主张权利—国家机关或者其他组织救济权利）[③] 的环境立法也日臻完备，为了专门应对环

① 环境问题在中国已被提到前所未有的高度：不仅是社会问题、经济问题、民生问题，“环境问题也是政治问题”，“改善环境质量就是政治，就是大局”。《环境问题不仅是经济问题也是政治问题》，2013年5月22日《人民日报》（网络版），http：//www.chinanews.com/gn/2013/05-22/4842107.shtml。

② 联合国环境大会是根据联合国大会于2013年3月通过的决议，把由原来58个成员方参与的联合国环境署理事会升级为普遍会员制会议，使联合国所有成员国共同在部长级层面商讨全球环境和可持续发展议题并作出决策。

③ 徐祥民：《告别传统，厚筑环境义务之堤》，《郑州大学学报》2003年第6期。

境问题的环境与资源保护法[①]也可谓初成体系，业已成为一个“相对独立”的“专题法”或者“领域法”。[②]随着这些环境与资源保护法的实施，许多国家开展了大规模的环境修复和资源保护工作，取得了一定的积极成效，生态环境恶化和资源破坏的趋势得到一定程度的遏制。尽管如此，当前全球的现况依然是环境问题形势严峻——生态失衡、气候变化以及环境公害事件频生已经成为威胁和危害人类生存的全球性问题，甚至有人悲观地认为，“现代工业社会已经使地球上的有机界失去了平衡，这样的社会正在走向普遍的死亡”[③]。

法律的重要作用就是约束或者规范人的行为，这一作用在环境与资源保护法中，也是得到了充分体现，而法律对人的行为的约束或者规范主要有两种路经：一是赋予公民法律权利，二是科以公民法律义务。梳理我国环境立法基础理论的发展，我们不难发现其经历了或者正在经历着如火如荼的“权利本位论”[④]“义务重心论”[⑤]“义务本位论”[⑥]以及

① 从发生学角度而言，环境与资源保护法就是环境与资源问题的应对法。

② 也不乏专家提出环境与资源保护法业已成为一个“相对独立”的法律部门，本书从“领域法”角度来认识环境与资源保护法，即传统部门法在环境与资源保护领域得以运用，形成了环境与资源保护法这一“专题法”或者“领域法”。

③ ［德］莫尔特曼：《生态危机：自然界享有真正的和平吗？》，载刘小枫主编《20 世纪西方宗教哲学文选》（下卷），上海三联书店 1991 年版，第 1757 页。

④ 1989 年，张文显与张光博两位教授通过在《求是》第 10 期上联名发表《以权利和义务为基本范畴重构法学理论》一文正式提出了权利本位论。权利本位论认为“权利本位”是个语义和意义丰富的概念组合，主要有六点要义：①是一个派生的、概括的概念，简明地表达了“法是（应当是）以权利为本位”的观念；②是一个表征的概念，表达了以权利为本位的法律制度的特征；③是一个关系性概念，体现了权利和义务的特殊联系；④是一个系统性概念，所揭示的是在某个国家的法律规则整体中，即在法定权利和义务的系统中权利的起点、轴心或重心位置；⑤反映了人们之间的平向利益关系；⑥表达了一种价值主张和法律需要。张光博、张文显：《以权利和义务为基本范畴重构法学理论》，《求是》1989 年第 10 期。

⑤ 针对法理学界“权利本位”与“义务本位”的论战，张恒山先生认为：“法虽然包括权利的宣告和规定，但法的侧重点是义务约束”，“义务约束是人类社会有序化的保证”。

⑥ “环境法的义务本位，是指通过普遍设定环境义务、限制所有主体对环境资源的过度开发和利用的方式来设计环境保护的实现模式。”顾爱平：《权利本位抑或义务本位——环境保护立法理念之重构》，《苏州大学学报》（哲学社会科学版）2010 年第 6 期。“环境资源有限而人类欲求无限，因此，解决环境问题最根本的办法是分配，这种分配体现的基本精神是义务，义务本位是环境法的唯一选择。”徐祥民：《极限与分配——再论环境法的本位》，《中国人口·（转下页）

“责任本位论”① 等理论嬗变的过程。“权利本位论”的支持者们也曾希望通过“以权利制度为路径取向”的立法途径获得环境问题的解决之道，但是笔者认为“权利本位论”所论之环境权目前仍然略显空泛，环境权的主体、客体、内容等尚未有一个明确并得到广泛认可的界定，加之环境权还与既有法学理论体系的基本概念存在一定的冲突，基于此，笔者提出以“义务重心论”为指导，通过“以义务制度为路径取向”来找寻理论出路：以“精心设定环境义务性规范以及违反这些义务规范所要招致的不利后果”为着力点来限制和约束各种有害于自然的人类活动，借此缓解人与自然的紧张关系。事实证明，运用“义务重心论”指导的环境立法更加有利于增强环境与资源保护法的实效性与可操作性。

但接下来的问题是，如何确保这些在“义务重心论”指导下所确立的法定义务得到切实履行，这无疑将是确保环境与资源保护法不流于形式并取得实效的重要环节。2014 年 4 月 24 日，第十二届全国人大常委会第八次会议表决通过了修订后的《环境保护法》②，该“环保法”目前被人们广泛地称作“新环保法”。“新环保法”第 6 条有此规定：“一切单位和个人都有保护环境的义务。地方各级人民政府应当对本行政区域的环境质量负责。企业事业单位和其他生产经营者应当防止、减少环境污染和生态破坏，对所造成的损害依法承担责任。公民应当增强环境保护意识，采取低碳、节俭的生活方式，自觉履行环境保护义务”，可见基于环境问题与其他非环境问题相比较而言的特殊性，环境与资源保护法上的每一主体，包括但不限于条文中提到的“单位（包括企业事业单位、其他生产经营者、地方各级人民政府）和个人”，由于都是或者有可能是既有环境问题的“肇事者”，所以被法律

（接上页）资源与环境》2003 年第 4 期。环境义务本位论者对环境权利本位论展开“批驳”，其主要理由有：环境权利的主体、内容模糊且其性质与法律权利的属性不符；环境权利的个人主义取向使之不能有效保障环境公共利益；环境权利的保护模式不具有可操作性；等等。钱大军：《环境法应当以权利为本位——以义务本位论对权利本位论的批评为讨论对象》，《法制与社会发展》2014 年第 5 期。

① “责任本位论”指出环境法是“社会责任本位法”，是以社会责任为最高准则的，因为环境法坚持的一个最为基本的原则就是：无论国家、企业还是个人都必须对社会负责，即必须对经济、社会、环境的可持续发展负责。基于对社会所负的责任，环境法强调人们在进行任何生产、建设、消费等行为时，必须从是否有利于实现社会经济的可持续发展出发。李艳芳：《论环境法的本质特征》，《法学家》1999 年第 5 期。

② 若无特别说明，括号所标注的年份旨在明确本书所引该法律文件的最新文本时间，下同。

科以更大范围、更多层次的保护环境的义务。不仅如此，事实上包括“新环保法”在内的“专题法或者领域法意义上”的环境与资源保护法诸如《噪声污染防治法》(1996)、《固体废物污染环境防治法》(2016)、《海洋环境保护法》(2017)、《水污染防治法》(2017)、《野生动物保护法》(2018)、《环境影响评价法》(2018)、《大气污染防治法》(2018)、《土壤污染防治法》(2018) 等法律法规，这些年来不断地被全国人大常委会等各级有权立法机关通过各种层级的立法活动为这些环境问题的可能“肇事者”设定了越来越多的环境保护义务，甚至还理直气壮、大张声势地将其表述为“一切单位和个人都有保护环境的义务”。

诚然，环境是人类赖以生存发展的物质基础，面对当今日益严重的各种环境危机，只有通过环境与资源保护法上的各种主体的共同努力，才能“转危为安”，才能更好地保护我们共同的家园。但问题是，所谓“环境与资源保护法上的主体共同努力”，又该如何共同努力呢？“徒善不足以为政，徒法不能以自行”①，即便一国的“环境与资源保护法律”再完备，如果义务主体以及社会公众无动于衷，则“环境与资源保护法律”仍旧可能游离于社会机体之外，难以真正发挥有效作用。为了使“环境与资源保护法律”的作用得以有效发挥，有必要使“环境与资源保护法律”和义务主体以及社会公众之间不断地协调与适应。当然，“环境与资源保护法律”作为社会中的一种制度形态、一种规范体系，也是与其他社会现象不可分割的，为了通过“环境与资源保护法律”有效地规制环境污染与生态破坏行为，还必须使“环境与资源保护法律”与其他的社会规范(譬如宗教规范、道德规范以及环境政策等) 进行协调与配合。当然，至为关键的是唯有“环境与资源保护法律”得以严格实施，“环境与资源保护法律”的作用才有可能得以充分发挥。笔者也认为，遵守现行“环境与资源保护法律”，履行好“专题法或者领域法意义上”的环境与资源保护法所确立的“保护环境的义务”当为我国目前环境保护工作的重中之重！守法是法律实施的基本形式，尽管享有并行使法律赋予的各项权利也是法律遵守的基本内容，但守法的核心内容仍应是履行好法律规定的各项义务。试想，如果环境与资源保护法上的每一主体都能全面、准确、适当地履行好现行法上的各项法定义务，那么不仅“保护好我们共同的家园”

① 《孟子·离娄上》。

不会是梦幻泡影，而且“两型社会”“绿水青山就是金山银山”“美丽中国”“生态文明”“望得见山、看得见水、记得住乡愁”也理所当然地“绝不可能是海市蜃楼”！事实上，自1979年9月13日第五届全国人民代表大会常务委员会第十一次会议通过《环境保护法（试行）》（1979）以来，我国“专题法或者领域法意义上”的环境与资源保护法律体系业已“基本形成”，所以，基于“基本形成”的环境与资源保护法律体系所确立的环境义务体系，确保环境义务体系中的各项环境义务得以实际履行，增强环境与资源保护法实施的实效性，维护环境与资源保护法实施的严肃性，应当成为我国当前乃至今后一段时间内实现从之前的环境与资源保护法“偏重于立法”向“偏重于法律实施”转变的必然路径！

诚如庞德所言：“法律的生命在于实施！”“在环境义务履行相关法律的实施上，其表现是实施不力，但实质上是源于立法的粗疏与不周延，无法为义务履行提供一个良好的法律支撑，因而法律的实施与立法是相互促进，互为依托的。”[①] 当然，法律实效不彰我们不能仅仅将其归咎于法律实施者，我们同样需要在立法进程中去寻找。笔者认为，要解决法律实施中实效不彰的问题，首先亟须审视被实施的法律是否为良法，确保其为良法才有助于保证实施中的法律取得实效，王利明教授也有类似观点：“在制定‘良法’的基础上，才能进行‘善治’，才能保证法律的实施。”[②]

实际上，满足良法对于权利、义务等法律基本内容的设定也并非增进法律实效的全部要素，因为各主体间在认知与观念等方面均存在巨大的差异性，并非环境与资源保护法上的每一主体都能全面、准确、适当地履行现行法上的各项法定义务，由此自然而然地引出了环境义务“履行不足问题”。所谓环境义务“履行不足问题”，是指当事人[③]未履行法定环境义务

① 徐汉明：《法治的核心是宪法和法律的实施》，《中国法学》2013年第1期。

② 王利明：《法治：良法与善治》，《中国人民大学学报》2015年第2期。

③ 本书所称“当事人”，有的文献称为“行政相对人”“义务人”。我国《行政强制法》（2011）第50、51和52条有关行政代履行的规定，所使用的概念均为“当事人”，但鉴于学界也多有使用“行政相对人”“义务人”这两个概念，为了避免在引用时删改原文的表述，所以本书在“当事人”之外也同时使用这两个概念。“行政相对人”，也即法定义务或者具体行政行为所确立义务的承担者，常常被不少学者称为“义务人”。由于学界同时在使用这两个概念，为了避免在引用时删改原文的表述，所以本书也同时使用这两个概念，但坚持如下原则：如果所引用文献原作者用的是“义务人”，本书则按照原文引用，除此之外，笔者所述文字均使用“当事人”概念。

或者行政机关通过行政决定所确定的环境义务①，包括拒绝履行、延迟履行、不当履行、不能履行所导致的环境行政“执法难、执法软”，“以罚代治、一罚了之”等现实问题。我国环境问题的持续恶化与上述问题其实有着极强的内在关联（姑且抛开所实施的法律是否为良法不谈）。针对环境义务“履行不足问题”，我国《森林法》（1998）、《海域使用管理法》（2001）、《放射性污染防治法》（2003）、《草原法》（2003）、《水土保持法》（2010）、《行政强制法》（2011）、《动物防疫法》（2015）、《固体废物污染环境防治法》（2016）、《防洪法》（2016）、《水污染防治法》（2017）、《野生动物保护法》（2018）、《土壤污染防治法》（2018）等法律均引入了环境义务的行政代履行（亦称代执行）制度。所谓环境行政代履行制度一般是指当事人未履行环境义务，此种环境义务既可能为法定环境义务，也可能为行政机关通过行政决定所确定的环境义务，而该义务亦可由行政代履行人代为履行达到相同目的，经行政机关责令当事人限期履行，在逾期不履行环境义务、不按要求履行环境义务或者自身不具备履行环境义务的能力的情况下，行政机关可以确定有治理能力的单位代为履行该义务并由当事人承担行政代履行费用的制度。我国《行政强制法》（2011）将行政强制执行分为“行政强制执行的一般规定”“行政强制执行金钱给付义务的执行”“行政强制执行的代履行”三类，环境行政代履行制度主要是我国《行政强制法》（2011）有关“行政强制执行的代履行”规范内容在环境污染防治与自然资源保护等领域②

① 一般而言，“环境义务”一词是从“专题法或者领域法意义上”使用的概念，而非从行政法、民法、刑法等“法律性质意义上”使用的概念。基于对不同性质法律关系的区分，“专题法或者领域法意义上”的“环境义务”可以对应归属到行政法、民法、刑法等“法律性质意义上”的义务中去。可见，“环境义务”包含但不限于行政法上的义务、民法上的义务以及刑法上的义务。鉴于环境行政代履行制度是当事人未履行法定行政义务或者未履行具体行政行为所确立的行政义务的产物，没有当事人在行政义务履行方面的障碍也就无所谓后续的由第三人参与的行政代履行活动，所以本书所称“环境义务”若无特别说明则仅为当事人在行政法上的义务，而非全部“环境义务”。

② 我国《行政强制法》（2011）规定行政代履行只允许适用于“交通安全”“环境污染防治”和“自然资源保护”这三个领域，但实践中“交通安全”领域发生的事故也可能会涉及“环境污染防治”（譬如因危险化学品道路运输事故引发的土壤环境污染，因海上交通事故产生的海洋环境污染），“自然资源保护”领域发生的事故也可能会涉及“环境污染防治”（譬如因自然资源的开采、加工活动引发的水环境污染），可见这三个领域均有可能涉及环境义务的行政代履行制度。

的具体运用[①]。除此之外，环境行政代履行制度还涉及《森林法》(1998)、《海域使用管理法》(2001)、《放射性污染防治法》(2003)、《草原法》(2003)、《水土保持法》(2010)、《动物防疫法》(2015)、《固体废物污染环境防治法》(2016)、《防洪法》(2016)、《水污染防治法》(2017)、《野生动物保护法》(2018)、《土壤污染防治法》(2018)等各单行法律有关环境污染防治与自然资源保护的行政代履行内容。尽管这些内容分散于前述法律之中，在规范的细节上还有一定的差异，但笔者认为其基本目的是一致的，即在于解决环境义务“履行不足问题”。

值得特别提及的是，我国《行政强制法》(2011) 第13条规定：“行政强制执行由法律设定。法律没有规定行政机关强制执行的，作出行政决定的行政机关应当申请人民法院强制执行”。可见《行政强制法》(2011) 中该条文的规定对行政强制执行作出了较为严格的限制：第一，遵照该条文规定，唯有狭义上的法律才能设定行政强制执行；第二，只有狭义上的法律赋予行政强制执行权的行政机关才能依照《行政强制法》(2011) 的规定实施行政强制执行；第三，狭义上的法律没有规定行政机关可以实施强制执行的，作出行政决定的行政机关应当申请人民法院强制执行。但《行政强制法》(2011) 也给这个较为严格的限制规定开了一个小小的“后门”，即行政代履行——“行政机关依法作出要求当事人履行排除妨碍、恢复原状等义务的行政决定，当事人逾期不履行，经催告仍不履行，其后果已经或者将危害交通安全、造成环境污染或者破坏自然资源的，行政机关可以代履行，或者委托没有利害关系的第三人代履行”[②]。详言之，行政机关采用行政代履行方式实施行政强制执行，无须狭义上的法律再行赋权，因为《行政强制法》(2011) 已经明确赋予了行政机关的行政代履

① 有学者认为，我国《行政强制法》(2011) 对行政机关实施行政代履行进行了普遍授权。于立深：《〈行政强制法〉实施中若干争议问题的评析》，《浙江社会科学》2012年第7期。即只要符合行政强制代履行的法定条件，所有行政机关都可以实施，而不仅限于只具有行政强制执行权的行政机关，但鉴于《行政强制法》(2011) 条文可知我国行政代履行制度只允许适用于“交通安全”“环境污染防治”和“自然资源保护”这三个领域，均为“做好事”一类的义务，对当事人利益没有较大的侵害危险。侯如玉：《我国行政强制代履行制度研究》，硕士学位论文，大连海事大学，2013年。笔者认为，把《行政强制法》(2011) 第50条作“对行政强制代履行采用了普遍授权模式”的解释较为合理。

② 《行政强制法》(2011) 第50条。

行强制执行权。

众所周知，尽管经过多年的环境立法与法律实施，我国“环境质量总体向好”，但“形势依然严峻”。[①] 环境污染事故频发、污染物排放量大面广[②]导致环境污染具有了非治不可且刻不容缓的特殊性，相应地，基于环境污染而被法律确立的环境义务当然也具有非履行不可且刻不容缓的特殊性。首先，基于环境污染而被法律确立的环境义务不同于一般的金钱给付义务或者常见的为或者不为一定行为的义务，其履行行为的完成以及履行行为的效果均与时间具有极强的关联性。因为环境污染（譬如大气污染、水污染）本身具有极强的扩散性，在污染的早期扩散面小且治理相对容易，但如果此时未能得到及时治理，随着时间的推延，很容易造成大面积的扩散或者大范围的渗透，甚至可能发生复合型的交叉污染，因此对于环境污染的治理（在法律上就对应为环境义务的履行）在时间上就具有更加紧迫的要求。其次，环境污染的治理具有很强的专业性，对于较复杂的环境污染的治理不是一般企业依靠自身技术力量能够完成的，环境污染发生后往往急需专业企业的帮助，因此，基于环境污染而被法律确立的环境义务的履行亟须“让专业的人干专业的事”，这也契合“分工理论”的要求——亚当·斯密在其发表的《国民财富的性质和原因的研究》（下文简称《国富论》）一书中提出了劳动分工理论，并认为组织和社会的巨大的经济效益可能在劳动分工过程中获得。[③]

毋庸讳言，基于环境污染而被法律确立的环境义务具有非履行不可且刻不容缓的特殊性，决定了环境行政代履行制度具有存在的意义与研究的价值。概言之，研究环境行政代履行制度的主要意义就在于：有助于明晰环境行政代履行制度的地位、性质和指导思想，为该制度走向良法善治提供指引；有助于理顺各参与主体之间的关系，健全与善用环境义务行政代

① 原环保部部长陈吉宁在“2017 年全国环境保护工作会议”上指出：“我国生态系统总体稳定，环境质量在全国范围和平均水平上总体向好，某些特征污染物和部分时段部分地区局部恶化，环境保护形势依然严峻。”曹红艳：《环保部部长陈吉宁：环境质量总体向好但形势依然严峻》，http：//w-ww. ce. cn/xwzx/gnsz/gdxw/201701/11/t20170111_ 19549371. shtml。

② 原环保部 2016 年 12 月 5 日印发的《“十三五”生态环境保护规划》指出，生态环境是全面建成小康社会的突出短板，主要体现为环境污染物排放量大面广、突发性环境污染事件频发等。

③ ［英］亚当·斯密：《国富论》，郭大力等译，商务印书馆 2014 年版，第 1 页。

履行制度，保障各参与主体的合法权益，促进环境行政代履行制度的有效运行；有助于确保环境义务得以实际履行，增强环境行政执法的实效性，维护环境行政执法的严肃性，做到切实保障公民的环境权益；有助于扩充环境义务的履行方式，充分发挥行政机关与环保专门企业在环境治理中的组合优势；有助于环境行政机关对环境义务行政代履行第三人加强监督管理，促使其朝着专业化、产业化和市场化方向发展；有助于通过环境行政代履行制度的完善促进我国环境行政法学研究的不断深化，从而为中国的法治建设贡献微薄力量。

二　国内外研究现状综述

针对环境义务“履行不足问题”（包括拒绝履行、延迟履行、不当履行、不能履行）而导致的环境行政“执法难、执法软”，“以罚代治、一罚了之”等诸如此类既不治标更不治本的现实问题，我国《森林法》（1998）、《海域使用管理法》（2001）、《放射性污染防治法》（2003）、《草原法》（2003）、《水土保持法》（2010）、《行政强制法》（2011）、《动物防疫法》（2015）、《固体废物污染环境防治法》（2016）[①]、《防洪法》（2016）、《水污染防治法》（2017）、《野生动物保护法》（2018）、《土壤污染防治法》（2018）等法律均引入了环境义务的行政代履行（亦称代执行）制度。如前所述，环境行政代履行制度一般是指当事人未履行环境义务，此种环境义务既可能为法定环境义务，也可能为行政机关通过行政决定所确定的环境义务，而该义务亦可由行政代履行人代为履行达到相同目的，经行政机关责令当事人限期履行，在逾期不履行环境义务、不按要求履行环境义务或者自身不具备履行环境义务的能力的情况下，行政机关可以确定有治理能力的单位代为履行该义务并由当事人承担行政代履行费用的制度。在环境与资源保护法中，从确保环境义务的履行实效角度而言，环境行政代履行制度对于环境污染防治以及自然资源保护无疑具有举足轻重的作用。在《行政强制法》（2011）颁行之前，有关行政代履行的规定零星散布于其他法律、行政法规和地方性法规之中，自《行政强制法》（2011）颁行之后，行政代履行作为行

① 1995年出台的《固体废物污染环境防治法》就规定了行政代履行制度。

政强制的一种间接强制执行[1]方式得以在法律中有了相对较为完整、统一的规定。

关于行政代履行具体制度的研究，国内学者主要的关注点包括行政代履行所涉及三方主体[2]间的关系、行政代履行的具体实施流程、行政代履行人的范围、行政代履行人的选择方式、行政代履行费用的数额确定、行政代履行费用的缴纳方式、涉及的各主体权益的保护和救济以及与行政代履行相关的环保产业的发展等问题。

关于行政代履行三方主体间的关系，学者曹和平在其文章《浅析环境保护行政代履行制度的若干问题》中指出："行政机关与义务人（当事人）之间的关系属于行政法律关系的范畴，它们之间通常是行政管理与被管理的关系。行政机关与第三人的关系比较特殊，既是一种委托，又不全是委托；既有一定授权，又不发生（行政）权力转移；既像代理关系，又不完全是代理。从本质上来讲，二者之间是行政合同关系。从法律关系角度来看，第三人与义务人（当事人）之间基本是平行的，即两者之间没有交叉点，不发生直接的行政法律关系。"[3] 学者赵琪在其文章《行政代履行研究》中指出："行政机关与行政相对人（当事人）是行政法律关系，行政机关与第三人是行政合同关系，第三人与行政相对人（当事人）是附随义务关系。"[4] 学者范明星（2014）在梳理德国学者的研究成果的基础上指出："德国行政法将代履行的实施范围限制在可替代的非专属性义务。行政机关与第三人之间是一种私法上的关系，建立在行政协议的基础上，通过契约关系来确定合同双方当事人之间的权利和义务。"[5] 笔者

---

① 也有学者认为：行政代履行有明显的"直接性"特征，将其归为间接强制执行不是很合理。朱瑞：《〈行政强制法〉代履行制度的再思考》，《山西警官高等专科学校学报》2013 年第 4 期；刘军、陈海英：《代履（执）行是间接强制执行吗?》，《河北法学》2000 年第 1 期。可见，行政代履行究竟是直接强制执行还是间接强制执行仍是一个可以探讨的问题，我们注意到：在一些国外的行政法教科书中，对行政强制执行并无直接强制执行还是间接强制执行的分类，而是依据当事人所要履行的义务的内容与性质来进行划分，一般将其分为金钱债权的强制执行以及作为、容忍和不作为的强制执行。[德] 哈特穆特·毛雷尔：《行政法学总论》，高家伟译，法律出版社 2000 年版，第 482—485 页。

② 行政代履行三方主体包括行政主体（行政机关）、当事人与第三人。

③ 曹和平：《浅析环境保护行政代履行制度的若干问题》，《江淮论坛》2013 年第 5 期。

④ 赵琪：《行政代履行研究》，硕士学位论文，东北大学，2013 年。

⑤ 范明星：《行政强制执行中的代履行制度研究》，硕士学位论文，辽宁大学，2014 年。

通过研究德国的行政强制执行制度之后发现，代履行，用德文表述为“Ersatzvornahme”，最早在德国的行政法中被提出，有不少德国学者认为第三人实际上是行政辅助人，其履行义务实际上是协助行政机关做出的行为，因此行政机关与第三人还具有公法上的关系，并非完全是“一种私法上的关系”。范明星还指出：“行政机关与当事人是行政管理的法律关系，行政机关根据法律的规定对其作出具体行政行为，当事人有义务履行其义务，如果当事人不履行，则由行政代履行这一行政强制执行方式发挥作用。但是当事人与第三人之间没有直接的法律关系，对于第三人的行政代履行行为，行政相对人（当事人）有容忍的义务，这是由行政代履行这一间接执行方式的性质所决定的。”[①] 学者俞祺（2012）认为：“行政委托不仅仅是一种事务的委托，其中还包含有行政权力的授予，虽然受托组织依旧需要以委托机关的名义进行活动，但是其本身还具有一定的意思自治。通说上要求行政委托包含有行政权力转移的因素，否则这个概念会因为过于泛化而失去其意义，所以行政代履行过程中的法律关系并不是行政委托”[②]。学者俞祺还提出，“代履行人不具有行政法上的意思表示并不必然排斥其具有民法上的意思表示。但两者也并不是简单的民事关系，因为其意思自治还是受到一定的限制，因此主张其为‘行政辅助人’”[③]。概言之，对于行政机关与当事人之间、行政代履行人与当事人之间的关系，学界尽管存在细微的表述差异，但基本上不存在大的争议，即行政机关与当事人是行政管理法律关系，行政代履行人与当事人不存在直接的法律关系；争议较大的主要是行政机关与行政代履行人之间的关系。

关于行政代履行人的范围，学者曹和平在其文章《浅析环境保护行政代履行制度的若干问题》中明确指出环境义务可适用行政代履行制度，且认为我国《行政强制法》（2011）第52条[④]即时行政代履行就是为环境保

---

① 范明星：《行政强制执行中的代履行制度研究》，硕士学位论文，辽宁大学，2014年。

② 俞祺：《试论行政代履行人侵权行为的责任分配》，《南开法律评论》2012年第12期。

③ 赵琪：《行政代履行研究》，硕士学位论文，东北大学，2013年。

④ 《行政强制法》（2011）第52条规定：“需要立即清除道路、河道、航道或者公共场所的遗洒物、障碍物或者污染物，当事人不能清除的，行政机关可以决定立即实施行政代履行；当事人不在场的，行政机关应当在事后立即通知当事人，并依法作出处理。”

护创设的。[①] 根据《行政强制法》(2011) 第50条规定[②]，行政代履行人既可以是行政机关，也可以是无利害关系的第三人。[③] 所谓“无利害关系”，学者魏雅如在其文章《论代履行人》中指出，“无利害关系”是指行政代履行第三人不仅应与行政机关、当事人无利害关系，且与具体行政行为的内容、行政代履行事项也要无利害关系，即在人身、财产、人事、业务往来等方面均无直接或者间接的利害关系。[④] 学者刘平等认为：“行政强制执行中代履行的第三方主体应该选择无利害关系的其他组织，这是保障行政代履行行为实施过程公正公平的前提基础。”[⑤] 学者王知在其论文《论行政代履行》中提出，行政机关虽对第三人有选择权、监督权，但是第三人在组织关系、财政、人员等均具有独立性，相互间不属于隶属关系。[⑥] 概言之，对于行政代履行人既可以是行政机关，也可以是无利害关系的第三人，学界基本上不存在争议，只是对于第三人是否应与当事人(行政义务人) 也无利害关系存在范围界定上的细微差异。譬如关于第三人应该满足的条件，通说观点认为：第三人与行政机关无利害关系是首要资格条件，至于是否要求其与当事人无利害关系，只要不影响行政代履行的实施即可。考虑到大多数环境问题的行政代履行都具有专业性强、治理期限长、治理难度大、涉及范围广等特征，学者邹焕聪在其论文《“私代

① 曹和平：《浅析环境保护行政代履行制度的若干问题》，《江淮论坛》2013年第5期。

② 《行政强制法》(2011) 第50条规定：“行政机关依法作出要求当事人履行排除妨碍、恢复原状等义务的行政决定，当事人逾期不履行，经催告仍不履行，其后果已经或者将危害交通安全、造成环境污染或者破坏自然资源的，行政机关可以代履行，或者委托没有利害关系的第三人代履行。”

③ 根据《行政强制法》第50条的规定可知，行政代履行的主体可以是行政机关，也可以是行政机关委托的无利害关系的第三人，但对于何种情势下由行政机关自行代履行，何种情势下由行政机关委托的无利害关系的第三人代履行，《行政强制法》以及其他相关法律法规均没有明确规定。基于此，行政机关则可以根据行政决定所确定的义务的类型、所涉事务的专业性程度等因素来自由裁量决定。受行政机关自身的职责所限，如果行政决定所确定义务的履行需要较强的专业技能知识，并且在该领域内存在具备相应资质和能力的个人或者组织，且该个人或者组织与案件没有利害关系，行政机关可以委托该个人或者组织实施代履行。

④ 魏雅如：《论代履行人》，《中共山西省委党校学报》2014年第2期。

⑤ 刘平、程彬、王天品：《代履行制度的法律关系辨析——兼论民事法律制度在行政法中的引入》，2008年政府法制研究论文，上海，2008年6月。

⑥ 王知：《论行政代履行》，硕士学位论文，中国政法大学，2011年。

履行人”的理论定位及规范建议》中指出对第三人应有资质限制，要求其依法注册、有相应的资金和设备、对于技术经营人员要求有从业经验等。[①] 笔者认为，除了对第三人与行政机关有无利害关系、第三人有无资质进行审查外，还要保证当事人对第三人有提出异议的权利，还需明确对第三人资格条件的审查选择程序以及在确定第三人后行政机关应该与第三人签订合同以明确双方的权利义务，从而确保行政代履行顺利实施。

行政代履行最为常见的问题是“交由他人代为履行达到相同目的”之“他人”应具备怎样的组织形式？学者赵旭东在文章《限期治理污染的代履行初探》中提出了两种设想：第一，政府投资的环保治理公司，但他认为此种设想值得商榷，因为此类公司与行政机关利益关系复杂，不具有独立性，不利于治理环境污染；第二，充分利用民间环保组织，吸纳社会资金或者吸引外资，以及调动广大科研院所及科技人员的主动性和创造性，以技术入股或者吸收国外资金、技术，成立多种形式的有关环保治理方面的股份有限公司。[②] 笔者认为，对于第二种设想应给予肯定，因为这既能体现公众参与的原则，又可适应我国将环保产业作为新的经济增长点的需要，同时也是一种环境保护产业走向国际化的努力与尝试。学者章楚加以赵旭东的设想为基础，在其文章《浅析环境污染限期治理中代履行制度之适用》进一步提出前瞻性观点，他认为环境作为一种纯粹的公共产品，极易受到经济外部性的影响，政府在环境治理与生态修复过程中所能起到的作用主要是以“看得见的手”以弥补市场失灵，具体到环境污染治理与生态环境修复的市场化项目而言，BOT（Build-Operate-Transfer 的缩写，即建设—经营—移交）模式不啻一条值得尝试的新思路，[③] BOT 投资模式具有融资能力强等特点，且在一些国家中得以实践且效果较好；利

---

① 邹焕聪：《“私代履行人”的理论定位及规范建议》，《行政法学研究》2013 年第 1 期。

② 赵旭东：《限期治理污染的代履行初探》，《环境保护》1999 年第 8 期。

③ BOT 投资方式是由政府通过特许协议的方式将基础设施的建设、营运权让渡给项目发起人并对部分项目风险提供商业支撑和政府承诺；项目发起人则设立项目公司，并由项目公司通过一系列协议连接众多的项目参与者对项目进行建设、营运，通过经营所得收回投资、偿还贷款、获取收益；特许期满后，项目公司将项目无偿移交政府。钱水苗、徐迪：《环境污染治理项目的 BOT 模式及其法律规制》，《环境保护》2003 年第 6 期。

用私人经营机制，能够有效地避免国家作为主体介入市场领域所导致的高成本低效率等问题。在以BOT模式投资的环境污染治理与生态环境修复项目中，所设立的污染治理公司更具专业化和集约化特点，这样能够减少环境污染治理与生态环境修复的成本，同时也为投资者提供了一条发展环保产业以获利的渠道。除却以BOT模式投资环境污染治理与生态环境修复项目的形式外，鼓励、扶持私营环保治理公司也能达到环境污染治理与生态环境修复责任市场化转移的效果。[①] 目前对于污水处理、固体废物处理的融资模式还有TOT（Transfer-Operate-Transfer的缩写，即移交—经营—移交）、PPP（Public-Private Partnership的缩写，即政府和社会资本合作）、股权合作等模式。笔者认为，除了设立专门的环保公司，现在还有一种趋势是充分调动非营利性组织的参与积极性。目前中国的非营利性环保组织主要有中华环保联合会、中国环境保护产业协会、环保中国产业联盟、中国环境科学学会……以中国环境保护产业协会为例，该协会是一社会团体，具备社团法人资格，由在中国境内登记注册的从事环境保护产业的单位（这些单位主要从事环保科研、环保设计、环保生产、环保流通和环保服务）以及行业专家自愿组成，是跨地区、跨部门、跨所有制的全国性、行业性的非营利性社会组织。中国环境保护产业协会通过省市协会联系着上万家企业，显而易见这样的环保组织影响范围大、专业性强，如果充分发挥好它们的作用，让其作为行政代履行第三人，那么环境义务行政代履行的质量与效果更有保障。

关于第三人的确定，学者刘佳奇在其论文《论我国环境行政代履行制度的构建》中提到，按照现行招投标法律法规，环境行政机关可以将环境义务行政代履行任务通过招标的方式为当事人选择最佳的实际代履行单位。但是对于具有特殊性的环境污染治理，比如对固体废物污染的环境污染治理，必须申请领取经营许可证，此时就需要根据相关法律法规的具体规定来确定有资质的企业。[②] 学者胡建淼、骆思慧在其文章《论行政强制执行中的代履行——基于〈中华人民共和国行政强制法〉》中提出：由法定方式即通过单行法律单独规定必须由行政机关自为代履行的情况，而

① 章楚加：《浅析环境污染限期治理中代履行制度之适用》，《广西政法管理干部学院学报》2014年第5期。

② 刘佳奇：《论我国环境行政代履行制度的构建》，硕士学位论文，辽宁大学，2011年。

其他情况由行政机关选定第三人的方式，根据行政决定所涉及的义务类型、所涉事务的专业性程度等因素来确定第三人，并要求选定方式应该公正，第三人必须具有独立主体资格、有相应的资质和专业人员、设备、资金等。① 学者黄婕在其论文《我国行政强制执行中的代履行制度探讨》中指出："第三人除了私人以外，还包括法律、法规、规章授权的组织。私人的范围是企业法人或者其他私法组织和个人。第三人应该具有独立主体资格，能够独立承担一定的责任，并具有相应的资质，行政机关委托的第三人无论是一家还是多家，或者是行政机关的工作人员，只要能够替代没有履行义务的行政相对人（当事人）顺利履行了义务就达到了代履行的目的"②，但是黄婕认为："为了避免复杂问题出现，要求第三人不能以营利性为目的，若第三人实施代履行增加了行政相对人（当事人）的经济负担则违背了立法本意。"③ 实际上，笔者倒觉得行政代履行具有一定程度的合理盈利是必需的，只有这样才能有助于推进行政代履行制度的发展。概言之，作为行政代履行人的第三人应该符合的条件主要有：第一，具有独立的主体资格，主要是要求其与行政机关没有利益关联；第二，具备相应的资质，要求依法注册；第三，有必要的硬件设施；第四，具备一定素质和履行能力的人员。作为行政代履行人的第三人应该符合的条件，最终应当按照特别法优于一般法的原则，分别根据具体的环境污染情况通过对应的法律法规对第三人应该符合的要件作出具体规定。④ 笔者认为，首先应在《环境保护法》（2014）这部主干法中规定行政代履行人的选定方式，以此为依据下位法再作出具体规定。

关于行政代履行的方式，《行政强制法》（2011）第 51 条第 3 款对此作出了规定，即"代履行不得采用暴力、胁迫以及其他非法方式"。为了切实保障当事人的合法权益，不管是由行政机关自行代履行，还是由行政机关委托的无利害关系的第三人代为实施行政代履行，均不允许在行政代履行环节采取任何强制或者暴力手段。此外，按照《行政强制法》

① 胡建淼、骆思慧：《论行政强制执行中的代履行——基于〈中华人民共和国行政强制法〉》，《国家行政学院学报》2013 年第 3 期。

② 黄婕：《我国行政强制执行中的代履行制度探讨》，硕士学位论文，苏州大学，2014 年。

③ 同上。

④ 同上。

(2011) 第43条[①]的规定，以下三种方式不得在行政代履行过程中实施：第一，“行政机关不得在夜间或者法定节假日实施行政强制执行。但是，情况紧急的除外”；第二，“行政机关不得对居民生活采取停止供水、供电、供热、供燃气等方式迫使当事人履行相关行政决定”；第三，其他非法的方式。

关于行政代履行实施的监督，我国《行政强制法》(2011) 第51条规定：“代履行时，作出决定的行政机关应当派员到场监督”，但对于未派员到场监督应如何处理却没有规定。学者马宇佳在论文《环境行政代履行制度研究》中认为，如果行政主体（行政机关）未派员参加，应认定为该行政代履行行为违法，行政主体（行政机关）应当承担不利的后果。[②] 学者王知在其论文《论行政代履行》中阐明，对行政代履行的实施进行监督，既是行政机关享有的权力，也是其职责所在，行政机关不仅要对第三人行政代履行行为是否合法进行监督，还要对其行为是否适当进行监督。[③] 上述观点只是将监督的任务归于行政机关，而忽视了当事人的监督权以及其他主体的社会监督权，并且对“监督者的监督”也未作规定。笔者认为，监督应该有行政代履行前、行政代履行中以及行政代履行后的监督。行政代履行前的监督主要由行政机关监督，对第三人的履职条件等进行认真审查，当然当事人对此也可以保有异议权；行政代履行中的监督，行政机关必须派员到场监督并且此时当事人也必然行使监督权以免自己的财物等权益遭受侵害，此时也不能忽略了环境保护利益相关人也可以行使其监督权；行政代履行后的监督主要由行政机关牵头，组织专业性的专家或者环保组织来评估行政代履行情况，完成最终验收。

关于行政代履行费用的性质，学界存在三种观点：第一，行政代履行费用属于“公法债权”；学者吴恩玉认为，“行政代履行费用与税收、财

① 《行政强制法》(2011) 第43条规定：“行政机关不得在夜间或者法定节假日实施行政强制执行。但是，情况紧急的除外。行政机关不得对居民生活采取停止供水、供电、供热、供燃气等方式迫使当事人履行相关行政决定。”由于该条属于《行政强制法》(2011) 第四章“行政机关强制执行程序”的第一节“一般规定”，当然也应该可以适用于第三节的“代履行”。

② 马宇佳：《环境行政代履行制度研究》，硕士学位论文，长春理工大学，2014年。

③ 王知：《论行政代履行》，硕士学位论文，中国政法大学，2011年。

产刑、财产罚等同为公法债权”[①]；学者竺效、丁霖认为，“将行政代履行费用视为公法债权，可利用环境税征收的部门对其费用进行征收”[②]。第二，行政代履行费用属于“私法债权”；学者刘长霞认为，“将行政代履行费用视为民事责任性质的债权（即‘私法债权’），更有利于费用的有效偿付”[③]；学者曹宝根等亦认为行政代履行费用属于“私法债权”[④]。第三，行政代履行费用属于“公法之债”的费用。[⑤]

关于行政代履行费用采用事先或者事后的缴款方式问题，法律实践和学界观点也都存在较大分歧。在立法上，部分国家或者地区采用了事先缴款的方式：中国台湾的“行政执行法”（2010）有如下规定：“代履行之费用，由行政机关估计其数额，命义务人（当事人）缴纳，当其缴纳数额与最后实际支出不一致时，退还其余额或者追缴其差额。”[⑥] 奥地利的《行政强制执行法通则》（1925）第4条第2款规定：“执行机关得先令缴纳费用，之后补行计算，这项预先缴纳的命令，要以执行的名义为之。”西班牙的《公共行政机关和共同的行政程序法》（1992）第98条第4款规定：“代履行费用可以临时的方式结算，要在执行之前进行，除了最后清算的情形之外。”[⑦] 骆思慧在其论文《论行政强制执行中的代履行》中指出这种预先缴纳模式具有以下两点优势：“一是对相对人（当事人）产生心理上的压力，促使其努力履行，或者协助履行。二是保障金钱给付义务的履行，保障第三人的利益。”[⑧] 而采取事后缴款的代表性国家是日本，日本《行政代执行法》（1948）第5条指出，“代执行所要征收的费用，

① 吴恩玉：《行政法上代履行费用的若干问题研究——兼及〈行政强制法（草案）〉的完善建议》，《政治与法律》2010年第1期。

② 竺效、丁霖：《论环境行政代履行制度入〈环境保护法〉——以环境私权对环境公权的制衡为视角》，《中国地质大学学报》（社会科学版）2014年第3期。

③ 刘长霞：《强制清污费用法律问题研究》，《中国海洋大学学报》（社会科学版）2015年第2期。

④ 曹宝根：《强制清污费的法律性质研究》，《集美大学学报》（哲学社会科学版）2008年第3期。

⑤ 蒋云飞、唐绍均：《论环境行政代履行费用的性质与征缴》，《北京理工大学学报》（社会科学版）2018年第2期。

⑥ 台湾地区“行政执行法”（2010）第29条。

⑦ ［德］施托贝尔：《行政法》第2卷，高家伟译，商务印书馆2002年版，第300页。

⑧ 骆思慧：《论行政强制执行中的代履行》，硕士学位论文，浙江工商大学，2012年。

应该以文书的形式命令行政相对人（当事人）按照规定的日期和实际所需的费用数额缴纳费用”[①]，因为法条表述中有“实际所需的费用数额”，所以应该理解为“事后追缴”。学者朱建新在其论文《我国行政代执行制度研究》中指出事后缴纳的优势主要就在于：“事后缴纳可以防止行政机关事先收缴过多的执行费用而影响被执行人的生产经营，同时避免了多退少补的麻烦。”[②]

关于行政代履行制度对于环境保护产业发展的影响，由于“社会分工越发明确，政府环境保护主管部门工作繁重且专业能力弱，公民对环境质量的要求提高，当事人履行能力不足、购买治理污染的机械设备成本太高”等原因，将环境义务交给第三人来履行是社会分工明确的必然趋势，既能保证更加高效地完成任务，也能促进环保产业发展。关于如何促进第三人实现专业化、产业化、市场化，有以下一些观点：学者竺效、丁霖在其论文《论环境行政代履行制度入〈环境保护法〉——以环境私权对环境公权的制衡为视角》中认为引入第三人代履行，可以有望实现公权与私权的平衡，但现行的环境单行法对环境行政代履行制度的规定，仅停留在将私权引入公权，却未见私权与公权的制衡，造成不能充分发挥制衡功能。因此为了发挥环境行政代履行制度的优势，必然需要完善环境主干法以及其他与其配套实施的环境单行法，从立法层面保护第三人的权益。[③]学者赵旭东认为，应以现有环保企业为龙头拓宽其业务范围，源于环保产业是一个非常广泛的领域，包括：环境污染的治理、环境工程的建设、生态环境的保护、水土流失的防止、森林植被的绿化、环保技术的转让、环保产品开发、环保问题的咨询等。[④] 学者王蓉、刘磊认为应将政府定位为行政代履行制度整体构架的引导者、规则制定者，而非管理者与支配者。政府主要负责对从事行政代履行的回收利用企业以引导，比如制定行业的准入标准、行业行为准则，并对代替生产者进行资源回收利用的行政代履

① 城仲模：《行政法之基础理论》，三民书局 1994 年版，第 270 页。

② 朱建新：《我国行政代执行制度研究》，硕士学位论文，中国政法大学，2011 年。

③ 竺效、丁霖：《论环境行政代履行制度入〈环境保护法〉——以环境私权对环境公权的制衡为视角》，《中国地质大学学报》（社会科学版）2014 年第 3 期。

④ 赵旭东：《限期治理污染代履行的实施形式研究》，《法学杂志》1999 年第 4 期。

行企业给予一定的政策倾斜。[①] 笔者认为这一点可以应用于第三人，给予第三人一定的政府奖励或者优惠政策等，鼓励广大环保企业发展壮大，比如对新发展的技术创新能力强且比较专业的环保企业给予税收优惠，以政策倾斜来引导私营企业发展，并吸引更多的民间资本投资于环保产业。学者刘国涛、余晓龙在其论文《论“环境污染第三方治理”背景下的生态恢复产业法制建设》中提到，建立完善基金和保险制度，为生态恢复产业提供运作保障，并确保基金专款专用，保险费用可分为自愿和强制缴纳；明确只有在无法找到责任者、责任者无力承担责任、对特殊区域的生态欠债进行弥补的情况下可以启动基金机制。[②] 笔者认为，环境行政代履行制度可以借鉴国外经验建立完善的基金和保险制度，设立专门的环境保护基金，可以保障第三人在行政代履行费用无法收取时得到资金垫付，从而为环境行政代履行第三人的产业化发展提供制度保障。学者刘超也在其文章《断裂与耦合：环境执法语境中的代执行制度与限期治理制度》中提到：针对如何有效解决行政代履行费用的收取问题，日本在实施行政代履行制度中的一些具体做法值得我国借鉴，既可以将行政代履行费用转为税款进行抵补，也可以设立有关保护环境的基金，在满足一定条件下可以将基金中的一部分资金作为清偿行政代履行的费用。[③] 王树义教授等也在《环境法前沿问题研究》一书中提到生态税制改革，构建生态税制，细化税种分类，先从重点污染和易于课征的对象入手。[④] 税收具有固定性、无偿性、强制性等特征，对于第三人完成任务后的收费问题，采用税收形式具有更高的保障。学者马宇佳在其论文《环境行政代履行制度研究》中提到，行政主体（行政机关）可以参考金融系统的征信制度，对违反义务的行政相对人（当事人）建立信用记录和环境保险等一系列配套的制度，[⑤] 将其作为行政代履行费用得以偿付的保障措施。学者刘佳奇在其论文《论我

① 王蓉、刘磊：《论循环经济模式下代履行制度构建》，《社会科学论坛》（学术研究卷）2009年第9期。

② 刘国涛、余晓龙：《论“环境污染第三方治理”背景下的生态恢复产业法制建设》，《中国地质大学学报》（社会科学版）2015年第6期。

③ 刘超：《断裂与耦合：环境执法语境中的代执行制度与限期治理制度》，《政法论丛》2007年第6期。

④ 王树义等：《环境法前沿问题研究》，科学出版社2012年版，第125页。

⑤ 马宇佳：《环境行政代履行制度研究》，硕士学位论文，长春理工大学，2014年。

国环境行政代履行制度的构建》中提到，行政代履行制度引入第三人，通过竞争方式促使环保企业或者机构提高自身实力，不断开发出新技术以提供最优质的环保服务，这个过程也是环保企业开拓市场和产业化的过程。[①] 笔者认为，为了避免环保企业只注重短期利益、服务单一等问题，可以通过政企长期合作的方式，促进环保企业的发展走上良性循环的道路。正如张宇庆在论文中认为的那样，专业的环境服务市场主体需要特殊的法律及政策，在环境治理领域，引入独立的第三人提供环境服务是符合市场经济体制要求的，但环境服务市场具有一定的市场失灵特征：设备投资大、回收周期长、业务技术复杂、缺少服务效果的评估标准等，这些特征增加了环境服务市场主体的经营难度，需要法律及政策做出有针对性的安排。[②]

关于行政代履行应当遵循的原则，学者王凯悦在其文章《新〈环境保护法〉视野下的环境行政强制执行研究》中指出：与一般行政强制执行相比，环境行政强制执行具有特殊的指导原则，包括科学技术性原则、可持续原则、统筹兼顾原则。[③] 学者曹和平在《浅析环境保护行政代履行制度的若干问题》一文中指出：依据《行政强制法》（2011）的基本原则，针对行政代履行的特点，结合环境保护行政执法的规律，环境保护行政代履行应当遵循合法性原则、适当性原则、环境责任原则以及合理收费原则。[④]

此外，我国行政法学界其他学者对行政代履行制度也有关注，譬如刘平等分析了行政代履行制度中的法律关系，[⑤] 吴恩玉论及行政代履行费用的负担问题，[⑥] 此外部分学者也对行政代履行的适用范围、适用条件和适用程序等问题有所涉及。但环境与资源保护法学界对基于环境污染非治不可且刻不容缓的特殊性而建立的环境行政代履行制度的论述却较少，只有

① 刘佳奇：《论我国环境行政代履行制度的构建》，硕士学位论文，辽宁大学，2011 年。

② 张宇庆：《环境服务行政合同的法律保障机制初探》，《生态经济》2013 年第 2 期。

③ 王凯悦：《新〈环境保护法〉视野下的环境行政强制执行研究》，硕士学位论文，大连海事大学，2016 年。

④ 曹和平：《浅析环境保护行政代履行制度的若干问题》，《江淮论坛》2013 年第 5 期。

⑤ 刘平、程彬、王天品：《代履行制度的法律关系辨析——兼论民事法律制度在行政法中的引入》，2008 年政府法制研究论文，上海，2008 年 6 月。

⑥ 吴恩玉：《行政法上代履行费用的若干问题研究——兼及〈行政强制法（草案）〉的完善建议》，《政治与法律》2010 年第 1 期。

部分学者的期刊论文或者硕士学位论文对本主题有所涉及，譬如赵旭东较早就提出了限期治理污染的行政代履行制度，① 邹成俊等分析了如何用代处置手段加强危险废物的管理，② 刘超就限期治理制度和行政代履行制度断裂与耦合的关系进行了分析，③ 王蓉、刘磊分析了循环经济模式下的行政代履行制度，④ 刘佳奇提出了在环境保护领域广泛适用环境行政代履行制度的主张并就如何进一步完善我国环境行政代履行制度提出了一些具体建议⑤。这些学者都明确提出了通过行政代履行环境义务以治理环境污染的主张，但大多视角单一，内容也较分散。

在国外，德国、日本、韩国、奥地利等国不仅在立法中规定了环境行政代履行制度，如奥地利的《行政强制执行法通则》（1925），日本的《行政代执行法》（1948），德国的《联邦行政强制执行法》（1953）、《莱茵州柏尔兹行政强制执行法》（1957），韩国的《行政代执行法》（1954），这些国家在实践中也积累了不少有益的经验，一些行政法学著作对此也有论述，但就如何结合环境义务履行的特殊性，并从理论和实践层面完善环境行政代履行制度的研究却尚有可以提升的空间。

毋庸讳言，国内外学者有关“环境行政代履行制度”的点滴论述都是笔者进行分析与思辨的最佳素材，笔者从中也获得了不少思想的火花与研究的灵感。通过对本主题之研究现状的梳理，笔者认为：虽然国内外学者在研究本主题方面也取得了一定的成果，但他们在论述环境行政代履行制度的现存问题、论证环境行政代履行制度的理论基础、细化环境义务行政代履行的条件与程序、明晰环境义务代履行第三人的确定方式、完善环境义务行政代履行费用的收取与缴纳措施、分析相关法律责任的合理承担以及提出完善我国环境行政代履行制度的具体建议等方面均存在缺憾，有待进一步探索与创新。

---

① 赵旭东：《限期治理污染代履行的实施形式研究》，《法学杂志》1999 年第 4 期。

② 邹成俊、赖长浩、邹元龙、曹小春：《用代处置手段加强危险废物的管理》，《环境保护》2005 年第 7 期。

③ 刘超：《断裂与耦合：环境执法语境中的代执行制度与限期治理制度》，《政法论丛》2007 年第 6 期。

④ 王蓉、刘磊：《论循环经济模式下代履行制度构建》，《社会科学论坛》（学术研究卷）2009 年第 9 期。

⑤ 刘佳奇：《论我国环境行政代履行制度的构建》，硕士学位论文，辽宁大学，2011 年。

三　研究思路与研究方法

（一）研究思路

本书以增进环境行政执法实效为目的，从环境义务“履行不足问题”入手，以环境行政代履行制度的基本内容为基础，深入研究环境义务行政代履行的性质界定、理论基础、启动条件、实施程序、行政代履行第三人、行政代履行费用、法律责任追究以及权利救济等问题，从理念与实践层面回应环境行政代履行制度亟待解决的难题，并结合我国环境义务“履行不足问题”和环境行政代履行制度的现状，就如何完善我国环境行政代履行制度提出具体建议。

（二）研究方法

第一，实证与价值分析相结合的方法。本书在对环境行政代履行制度实证考察的基础上以特定的价值标准作为对实在法进行评价的依据，并借助于理念来评判现实，为特定价值追求下的理念发展和具体制度的改革指明方向。

第二，理论与实践相结合的方法。本书所涉部分内容在学界依然存在争议，部分法律概念和法律制度并未形成主流的学术观点，因此要通过理论分析阐明笔者主张的观点，以及在这些理论基础上构建具体制度。同时，本书还需要研究国内外环境行政代履行制度立法和执法的客观情况，使理论研究扎根于国内外实践情况，通过具体实践来指导和验证理论的正确性，因此需要理论与实践相结合的方法。

第三，比较分析方法。譬如本书将对环境行政代履行制度与普通民事代履行制度，环境行政代履行制度与环境行政委托制度，国内行政代履行制度与域外行政代履行制度等加以比较分析，辨别其异同或者优劣，以便为主题研究提供参考与借鉴。

第四，跨学科综合分析方法。由于本主题涉及企业（当事人、第三人）、行政机关、社会公众等多方主体，它们分别涉及行政管理、生态经济和环境治理等多个领域，因此需要综合运用法理学、环境资源法学、行政法学、环境政策学、环境经济学、环境管理学等学科的分析方法和工具展开系统研究。

四　创新之处

第一，明确提出了环境行政代履行制度的引入源于日益突出的环境义务“履行不足问题”，环境义务行政代履行的制度功能在于应对日益突出的环境义务“履行不足问题”。笔者从环境义务“履行不足问题”的界定、成因与制度因应入手，论述了在环境污染防治与生态破坏修复领域引入环境行政代履行制度的必要性与可行性。

第二，明确提出了针对具有突发性、紧迫性的环境污染与生态破坏，行政机关在评估、认定“紧急情况”时，应当坚持“时间上的紧迫性”与“危害上的严重性”标准，及时启动“即时行政代履行程序”。

第三，明确提出了环境行政机关不宜作行政代履行人，环境义务行政代履行人应由且只能由第三人担任；公民和国家原则上均不适宜成为环境义务行政代履行的第三人，第三人主要是指市场上专业的环保公司。

第四，明确提出了在计算行政代履行费用时既要坚持“实际支出成本”，也要兼顾“市场平均成本”，行政代履行费用收取应当坚持“市场平均成本加指导利润率”原则，应当允许第三人适当获利。

第五，明确提出了我国有必要建立环境义务行政代履行基金，以确保第三人及时足额获得行政代履行费用以及增强环境行政代履行制度的适应性。

第六，明确提出了在建立配套的环境责任保险制度和环境保护基金制度的前提下，行政代履行费用采用事先缴纳的收取方式更符合行政代履行的管理理念。

第七，明确提出了我国可通过变革环境行政代履行制度的基本理念，完善环境行政代履行制度的系统化设计，通过统一和明晰行政代履行人、明确行政代履行人的履职条件、对第三人加强培育与管理、对第三人强化运行监管等措施，从而实现对环境义务行政代履行的第三人制度建设，细化环境义务行政代履行的程序规定，通过明确环境义务行政代履行费用的承担范围、统一并公开环境义务行政代履行费用的缴纳标准、明确环境义务行政代履行费用的缴纳方式、完善环境义务行政代履行费用“负担不足”问题的替代解决途径等，统一环境义务行政代履行的收费准则以及完善环境义务行政代履行相关主体的权利救济制度，以实现环境行政代履行制度的日臻完善。

五　关于本书中相关概念的使用

第一，“行政强制执行”与“司法强制执行”。行政行为执行有三种体现：①“自力执行”（即行政相对人自己履行义务）；②“行政强制执行”；③“司法强制执行”（包括“行政诉讼及有关监督”以及“对行政主体的强制履行”）[①]。关于“行政强制执行”，《行政诉讼法》（2017）第97条规定：“公民、法人或者其他组织对行政行为在法定期间不提起诉讼又不履行的，行政机关可以申请人民法院强制执行，或者依法强制执行。”《行政强制法》（2011）第2条规定：“本法所称行政强制，包括行政强制措施和行政强制执行……行政强制执行，是指行政机关或者行政机关申请人民法院，对不履行行政决定的公民、法人或者其他组织，依法强制履行义务的行为。”行政强制执行权由具有行政强制执行权的行政机关行使，当然可被称为“行政强制执行”。值得探讨的问题是：没有行政强制执行权的行政机关所申请的人民法院实施的强制执行，是否还应被称为“行政强制执行”？关于“司法强制执行”，《行政诉讼法》（2017）第95条规定：“公民、法人或者其他组织拒绝履行判决、裁定、调解书的，行政机关或者第三人可以向第一审人民法院申请强制执行，或者由行政机关依法强制执行。”第96条规定：“行政机关拒绝履行判决、裁定、调解书的，第一审人民法院可以采取下列措施：（一）对应当归还的罚款或者应当给付的款额，通知银行从该行政机关的账户内划拨；（二）在规定期限内不履行的，从期满之日起，对该行政机关负责人按日处五十元至一百元的罚款；（三）将行政机关拒绝履行的情况予以公告；（四）向监察机关或者该行政机关的上一级行政机关提出司法建议。接受司法建议的机关，根据有关规定进行处理，并将处理情况告知人民法院；（五）拒不履行判决、裁定、调解书，社会影响恶劣的，可以对该行政机关直接负责的主管人员和其他直接责任人员予以拘留；情节严重，构成犯罪的，依法追究刑事责任。”司法强制执行权由第一审人民法院行使，当然应被称为“司法强制执行”，但值得探讨的问题是：如此情形下由行政机关依法实施的强制执行，是否还应被称为“司法强制执行”？事实上，行政机关与人民法院均可分别相互交叉行使行政强制的执行权或者司法强制的执行权。笔者的基本观点是：没有行政强制执行权的行政机关所申请人民法院实施的强制执行，应被称为“行政强制执行”，原因在于这是“行政强制执行”的延伸；公民、法人或者其他组织拒绝履行判决、裁定、调解书的，由行政

① 王天华：《行政行为执行力的观念及其消弭——我国行政义务实效确保手段研究之刍议》，《当代法学》2014年第5期。

机关依法强制执行，应被称为“司法强制执行”，原因在于这是司法强制执行的延伸。

第二，“代履行”与“代执行”。代履行（德文为“Ersatzvornahme”）在德国的行政法中被最早使用。之后，由于其具有弱化强制性与降低行政成本等优点，在德国之外逐步被移植到日本、韩国等国家，并不断得到继承与发展。一些学者将“代履行”等同于“代执行”，一提到“代履行”的概念界定，常见的表述有：“代履行，也称代执行”或者“代执行，也称代履行”。其实，“代履行”并不等同于“代执行”，二者在概念上有着明显的区别。所谓“代执行”，顾名思义，代，即代替；执行，即行政强制执行；“代执行”，即代替行政机关行使行政强制执行权或者代替行政机关实施行政强制执行；第三人“代执行”，即第三人代替行政机关行使行政强制执行权或者第三人代替行政机关实施行政强制执行，详言之是具有强制执行权的行政机关将其依法享有的行政强制执行权委托给第三人实施或者执行。“代执行”被代替的主体为行政机关，行使的是行政机关行使的行政强制执行权。所谓“代履行”，顾名思义，代，即代替；履行，即法定义务或者行政机关之行政决定所确定的义务的履行；“代履行”，即代替当事人履行法定义务或者行政机关之行政决定所确定的义务；行政机关“代履行”，即由行政机关代替当事人履行本应由当事人自己履行的法定义务或者行政机关之行政决定所确定的义务；第三人“代履行”，即由行政机关委托的第三人代替当事人履行本应由当事人自己履行的法定义务或者行政机关之行政决定所确定的义务。“代履行”，被代替的主体为当事人，履行的是本应由当事人自己履行的法定义务或者行政机关之行政决定所确定的义务。我国《行政强制法》（2011）明确规定①，行政强制

① 《行政强制法》（2011）第2条规定：“本法所称行政强制，包括行政强制措施和行政强制执行。行政强制措施，是指行政机关在行政管理过程中，为制止违法行为、防止证据损毁、避免危害发生、控制危险扩大等情形，依法对公民的人身自由实施暂时性限制，或者对公民、法人或者其他组织的财物实施暂时性控制的行为。行政强制执行，是指行政机关或者行政机关申请人民法院，对不履行行政决定的公民、法人或者其他组织，依法强制履行义务的行为。”第13条规定：“行政强制执行由法律设定。法律没有规定行政机关强制执行的，作出行政决定的行政机关应当申请人民法院强制执行。”第12条规定：“行政强制执行的方式：（一）加处罚款或者滞纳金；（二）划拨存款、汇款；（三）拍卖或者依法处理查封、扣押的场所、设施或者财物；（四）排除妨碍、恢复原状；（五）代履行；（六）其他强制执行方式。”

执行权必须由具有行政强制执行权的行政机关或者没有行政强制执行权的行政机关所申请的人民法院具体实施，并未授权行政机关可以委托其他组织或者个人实施其依法享有的行政强制执行权。如果行政机关授权其他组织或者个人实施其依法享有的行政强制执行权，则有违《行政强制法》（2011）有关行政强制执行权禁止委托的立法精神。事实上，一些学者将“代执行”等同于“代履行”[①]，其表达的内涵实质上与“代履行”却并无不同。可见，代替行政机关行使行政强制执行权或者代替行政机关实施行政强制执行这个含义上使用的“代执行”并未得到广泛认可，即便有使用，也是从与“代履行”在“异词同义”层面进行的使用。“代执行”含有代替行政机关强制执行之意，而《行政强制法》（2011）明确规定行政强制执行应由具有行政强制执行权的行政机关实施，并未授权行政机关可以委托其他组织或者个人实施，代履行只是由行政机关或者行政机关委托的第三人代替当事人履行本应由当事人履行的义务，而不是具有强制执行权的行政机关将其依法享有的行政强制执行权委托给第三人实施。之所以会出现“代执行”这一概念，是我国学界援用日本、中国台湾地区学者的用法。如果只是单纯地从行政机关执行的角度看，可以这样使用，但是“代执行”这一概念又含有另外一层意思，即第三人代替行政机关行使其依法享有的强制执行权。“代履行”与“代执行”虽然只是相差一个字，但是在意义理解上却相去甚远。中国台湾地区1998年修订“行政执行法”时，明确将“代执行”修改为“代履行”，其理由也是基于上述原因。《行政强制法》（2011）吸收借鉴了中国台湾地区“行政执行法”（1998）的经验。代履行这一行政强制执行方式的本质在于由行政机关或者第三人代替当事人履行行政决定所确定的义务，最终达到与当事人自己履行义务相同的法律效果。行政机关或者第三人只是代替当事人履行义务，而不是行政机关或者第三人代行政机关行使行政强制权，而“代执行”容易让人产生第三人与行政机关处于同一个法律地位，而不是和当事

---

① 由于概念界定多在《行政强制法》（2011）颁行前，一些学者对代执行与代履行未加严格区分，因此会出现将“代执行”等同于“代履行”。罗豪才、湛中乐：《行政法学》，北京大学出版社2006年版，第250页；刘旺洪：《行政法学》，南京师范大学出版社2005年版，第182页；应松年：《行政法学新论》，中国方正出版社1998年版，第293页；杨建顺：《日本行政法通论》，中国法制出版社1998年版，第482页；胡建淼：《行政强制法研究》，法律出版社2003年版，第170—171页；姜明安：《行政法和行政诉讼法》，北京大学出版社2005年版，第330页。

人处于平等的法律地位的错误理解，这有违代履行这一制度设计的初衷。所以说，代履行一词更能真正揭示其内涵。[①] 笔者认为，使用“代履行”概念比使用“代执行”概念更准确，且能够与《行政强制法》（2011）表述一致，但鉴于学界也多同时使用“代履行”“代执行”这两个概念，为了避免在引用时删改所引原文的表述，所以本书在“代履行”之外也同时使用“代执行”这个概念，但坚持如下原则：如果所引用文献原作者用了“代执行”，本书则按照原文引用，除此之外笔者所述文字均使用“代履行”概念。

第三，“行政主体”“行政机关”与“行政主管部门”。“行政主体”是指行政法律关系中行政一方当事人的主体资格，包括行政机关和法律、法规、规章授权的组织。我们常说：“行政主体包含行政机关，行政机关包含于行政主体”，但这并不意味着“行政机关”在任何时候任何状态下就一定包含于“行政主体”。详言之，当“行政机关”以自己的名义依法行使行政管理职权的时候，“行政机关”则属于“行政主体”；当“行政机关”以自己的名义进行民事活动的时候，“行政机关”就属于民事主体，不属于“行政主体”；当“行政机关”在受另一个行政主体管理而处于非行使法定行政权地位的时候，该“行政机关”却属于行政相对人（当事人），不属于“行政主体”。可见，“行政主体”并不等同于“行政机关”。我国《行政强制法》（2011）的第四章“行政机关强制执行程序”之第三节“代履行”，共三个法律条文，六次使用了“行政机关”这一概念，但并未使用“行政主体”概念，也并未提及“法律、法规、规章授权的组织”。但值得注意的问题是，在“行政主体”“行政机关”之外，一些法律条文或者其他文献多有使用“行政主管部门”这一概念，一般而言，一个“行政机关”里面包含了若干个“行政主管部门”，若干个“行政主管部门”组成了“行政机关”。笔者认为，使用“行政机关”概念比使用“行政主体”“行政主管部门”更能够与《行政强制法》（2011）表述一致，但鉴于学界也多有同时使用“行政主体”“行政机关”与“行政主管部门”这三个概念，为了避免在引用时删改所引原文的表述，所以本书在“行政机关”之外也同时使用“行政主体”与“行政主管部门”这两个概念，但坚持如下原则：如果所引用文献原作者用了

① 张锋、杨建峰主编：《行政强制法释论》，中国法制出版社2011年版，第246页。

“行政主体”与“行政主管部门”，本书则按照原文引用，除此之外笔者所述文字均使用“行政机关”概念。

第四，“行政相对人”“当事人”与“义务人”“行政义务人”。“行政相对人”，是指在行政管理法律关系中的另一方当事人，即与行政主体相对应的当事人——行政主体的行政行为所影响到其权益的个人或者组织。“行政相对人”是行政主体行政管理的对象，是行政管理的参与人，是行政管理的另一方当事人。可见，“行政相对人”属于当事人，但“行政相对人”并不等同于“当事人”，仅仅是行政管理的一方当事人，因为行政主体也属于行政管理的一方当事人。但纵览《行政强制法》（2011）的全文，其中所称的“当事人”均为“行政相对人”，并未用“当事人”指称“行政主体”。但值得注意的问题是，在“行政相对人”与“当事人”之外，一些法律条文[①]或者其他文献多有使用“义务人”“行政义务人”这一概念。笔者认为，使用“当事人”概念比使用“行政相对人”“义务人”“行政义务人”更能够与《行政强制法》（2011）表述一致，但鉴于学界也多有同时使用“行政相对人”“当事人”与“义务人”“行政义务人”这几个概念，为了避免在引用时删改所引原文的表述，所以本书在“当事人”之外也同时使用“行政相对人”与“义务人”“行政义务人”这些概念，但坚持如下原则：如果所引用文献原作者用了“行政相对人”与“义务人”“行政义务人”，本书则按照原文引用，除此之外笔者所述文字均使用“当事人”概念。

第五，“第三人”与“代履行人”。所谓“第三人”，是指行政管理法律关系所涉及的行政主体、行政相对人这两方主体之外的其他组织或者个人。我国《行政强制法》（2011）的第四章“行政机关强制执行程序”之第三节“代履行”，共三个法律条文，一次使用了“第三人”这一概念，两次使用了“代履行人”这一概念，从条文前后的文义可知，在行政机关委托代履行阶段使用的是“第三人”，在行政机关启动代履行程序阶段使用的是“代履行人”，但仔细推敲，其所指称的内涵并非同一，从《行政强制法》（2011）第50条的表述“行政机关可以代履行，或者委托没有利害关系的第三人代履行”可知，“代履行人”的内涵既包括“第三人”还包括“自行代履行的行政机关”，“代履行人”的内涵大于“第三

① 主要是中国台湾地区和德国、日本的规定。

人”的内涵。笔者认为，为能够与《行政强制法》（2011）表述一致，本书也对应法律条文，若所表述的内容既包括“第三人”也包括“自行代履行的行政机关”时，使用“代履行人”概念；若所表述的内容仅指“第三人”时，则使用“第三人”概念。

第二章

环境义务"履行不足问题"与环境行政代履行制度的引入

第一节　环境义务"履行不足问题"

一　环境义务的概念界定

要明确环境义务"履行不足问题"，首要问题在于明确法律中的义务与环境义务。关于义务的含义，根据《辞源》的解释，"义务"是指"合乎正道的事"，这更多的源于"义"的本义。[①]《汉语大词典》将"义务"界定为两种含义：一是"权利"的相对概念，指道义上、政治上、法律上等方面应承担的责任；二是指不要报酬、无偿的，比如"义务劳动"中"义务"就有此含义。[②] 张恒山教授在《义务先定论》与《法理要论》中将其归纳为两种：第一，义务就是"应当"。[③] 譬如凯尔森就把"义务"与"应当"等视，"在道德领域中，义务的概念和'应当'的概念是一致的。成为某人道德义务的行为只不过是他根据道德规范所应当遵守的行为而已"[④]。又如，英国学者米尔恩也认为，"义务"也就是"必须"或者

---

① 商务印书馆编辑部：《辞源》（第 3 册），商务印书馆 1982 年版，第 2497 页。

② 罗竹风主编：《汉语大词典》（第 9 册），汉语大词典出版社 1992 年版，第 179 页。

③ 在习惯、道德、宗教、法律中，用来表述义务的词还有"不应当""必须""不得"等，都是"应当"一语的转化形式。张恒山：《义务先定论》，山东人民出版社 1999 年版，第 48 页。

④ ［奥］凯尔森：《法与国家的一般理论》，沈宗灵译，中国大百科全书出版社 1996 年版，第 61 页。

“应当”的意思。他提出，“‘义务’在道德和法律中都是一个关键性概念。它的中心思想是，因为做某事是正确的而必须去做它。说某人有义务做某事，就是说不管愿意与否，他都必须做，因为这事在道德和法律上是正当的”①。另外，西季威克、塞森斯格等人的著作，也都将“义务”与“应当”视为同义。② 第二，义务就是“应当的行为”。义务包含两个要素：“应当的”与“做某事”。义务是由“应当”+“行为”所构成，“应当的行为”=“义务”，“义务”既不是专指“应当”，也不是专指行为本身，而是指“应当的行为”。在义务概念中，应当是义务的重心与灵魂，行为只居于附从的地位。“应当”之所以是应当的，是由于“行为”本身具有“应当”的性质。义务自身内含的“应当”由“正当”加“必须”所构成，这种内含决定了义务自立、自成与自证。③

张恒山教授认为，通常中国学者倾向于从“应当的行为”的角度来理解“义务”，而西方学者倾向于从“应当”的角度来理解“义务”，西方学者对“义务”的理解有其优越性。张恒山教授在《义务先定论》与《法理要论》中所坚持的“义务”的含义则有所差异，在《义务先定论》中，张恒山教授认为义务的含义就是“应当的行为”，④ 在《法理要论》中张恒山教授认为义务的含义就是“应当”或者“应当的”，并仅仅是“应当”或者“应当的”。⑤ 国内学界的相关文献则多用“应当的行为”或者类似的表述来定义义务，譬如张梓太教授把义务界定为“分内应做的事”，王成栋先生认为义务为“有关主体应为的范围及其程度”，张文教授等学者认为义务是“应为的行为”，等等。义务一词往往被用于日常生活中的多个领域，形成了互有联系又各有特点的道德领域应为的行为、宗教领域应为的行为、习惯领域应为的行为、法律领域应为的行为，即道德义务、宗教义务、习惯义务、法律义务等不同规范系统的义务。

对于何谓“法律义务”，我国的学者在其著作（包括辞典）中对其阐

① ［英］A. 米尔恩：《人的权利与人的多样性——人权哲学》，夏勇等译，中国大百科全书出版社1995年版，第34—35页。

② 张恒山：《义务先定论》，山东人民出版社1999年版，第50页。

③ 同上。

④ 同上。

⑤ 张恒山：《法理要论》，北京大学出版社2002年版，第50—51页。

释还颇有差异，归纳起来，大致有如下说法：（1）尺度说（规范说）①；（2）责任说②；（3）约束说③；（4）手段说④；（5）利益说⑤；（6）意思说⑥；（7）法律上之力说⑦；（8）行为说。⑧ 综合起来看，笔者较赞同张

① 认为法律义务是满足权利人的利益需要而对义务人规定的必要的行为的尺度。它具有无条件性和严格性（包括强制性）的特点。徐显明：《公民权利义务通论》，群众出版社 1991 年版，第 15 页。

② 认为义务是与权利相对称的。法律上的义务是指法律关系主体依法所承担的某种必须履行的责任，也就是说，法律关系参加者必须从事一定行为或不应从事一定行为的责任。刘升平、周新铭、唐琮瑶：《法学概念》，甘肃人民出版社 1983 年版，第 211 页。责任说的另一种表述是，法律义务是“法律规定权利主体应作出一定行为或不作出一定行为的责任，是保证法律权利得以实现的条件，是国家对一定的直接社会责任的确认”。邹瑜、顾明总：《法学大辞典》，中国政法大学出版社 1991 年版，第 70 页。

③ 认为法律义务是国家规定并体现在法关系中的，人们应该和必须适应权利主体而做出或抑制一定行为的负担和约束。孔祥明：《马克思主义法理学》，山东大学出版社 1990 年版，第 8 页。这种说法的另一种表述方式为，法律义务是法律上关于权利主体应当作为或不作为一定行为的约束，是一个人必须按照法律规定作出符合权利享有者行使权利的相应行为，借以维护国家的、社会的利益以及他人的合法的自由和权利。栗劲、李放：《中华实用法学大辞典》，吉林大学出版社 1988 年版，第 109 页。

④ 认为法律上的义务是指法律所规定的义务人应该按照权利人要求从事一定行为或不行为、以满足权利人的利益的法律手段。孙国华：《法理学教程》，中国人民大学出版社 1994 年版，第 481 页。另一种说法是，义务是法律关系中的主体以相对抑制的作为或不作为的法定方式满足权利人获得利益的一种约束手段。徐显明：《公民权利义务通论》，群众出版社 1991 年版，第 16 页。

⑤ 认为权利即为权利主体享受利益，义务即为义务主体履行不利益。所以义务系法律在某种情形下赋予义务主体为不利益之履行，履行此不利益者乃为义务人。李肇伟：《法理学》，台湾中兴大学出版社 1979 年版，第 291 页。

⑥ 认为权利即为权利人之意思自由支配力，义务即为限制义务人之意思。所以，义务系法律在某种情形下对义务主体之意思自由加以限制，受此限制者乃为义务人。李肇伟：《法理学》，台湾中兴大学出版社 1979 年版，第 291—292 页。

⑦ 认为义务即与权利相对应，权利为权利主体应有法律上之力，义务即为义务主体应受法律上之拘束。其中又有认义务乃为保护某特定人之利益而须义务主体受法律之拘束者，有认义务乃为保障社会而须义务主体受法律之拘束者。李肇伟：《法理学》，台湾中兴大学出版社 1979 年版，第 292 页。

⑧ 认为法律义务是为了维护和实现社会共同利益、国家利益、集体利益或他人的非损他性利益，由社会普遍公认为“应当的”并因此为国家所要求的、法律主体在一定的条件下所必须作或不能作的某种行为。张恒山：《义务先定论》，山东人民出版社 1999 年版，第 70 页。

恒山教授的行为说，也赞同他对尺度说（规范说）、责任说、约束说、手段说、利益说、意思说、法律上之力说的分析与评价，在此不赘述①。按照张恒山教授的行为说的观点，设定法律义务的目的是维护和实现社会共同利益、国家利益、集体利益或者他人的非损他性利益，法律义务应包含着社会普遍公认的“应当性”评价，是人们不能选择的行为，是国家所要求的行为。②

一般而言，“环境义务”一词是从“专题法或者领域法意义上”③ 使用的概念，并非从行政法、民法、刑法等“法律性质意义上”使用的概念。基于对不同性质法律关系的区分，“专题法或者领域法意义上”的“环境义务”可以对应归属到行政法、民法、刑法等“法律性质意义上”的义务中去。可见，“环境义务”包含但不限于行政法上的义务、民法上的义务以及刑法上的义务。但鉴于环境行政代履行制度是当事人未履行法定环境义务或者行政机关通过行政决定所确定的环境义务的产物，没有当事人在行政义务履行方面的障碍也就无所谓后续的由第三人参与的行政代履行活动，所以本书所称“环境义务”若无特别说明则仅指当事人在行政法上的义务，并非全部“环境义务”，即仅为环境行政义务；事实上，环境行政代履行制度所涉及的也并非全部环境行政义务，仅限于可以被行政机关或者第三人替代履行的那部分环境行政义务。

二 环境义务“履行不足问题”的概念解读

建立环境行政代履行制度的主要目的在于尽可能确保环境义务能够及时、全面、科学地被行政机关或者第三人依法履行，将可能造成的环境危害最大限度减少或者降低。由于环境义务具有一定的特殊性：环境义务的履行不仅仅要兼顾保护私权，更重要的是要保护社会公共利益；环境义务具有必为性，不履行环境义务所导致的环境污染后果往往是不可逆的，至少也是事后补救的成本巨大；环境义务对于消除潜在环境风险有更高的要求，这也是源于环境污染后果具有不可逆性或者环境污染治理与生态环境修复需要高昂成本，因而建立环境行政代履行制度不仅要确保环境义务得

① 参见唐绍均《生产者责任延伸（EPR）制度研究》，博士学位论文，重庆大学，2007 年。

② 张恒山：《义务先定论》，山东人民出版社 1999 年版，第 67—70 页。

③ 即按照“环境”这一专题或者领域而进行划分并归类的一系列法律义务。

到履行，而且还要确保环境义务的履行能够满足时限要求。上述表述都是作为“专题法或者领域法意义上”的“环境义务”的特殊性体现，既决定了环境义务不履行的后果，也解释了环境义务不履行时启动环境义务行政代履行程序的缘由。

既然环境义务具有这些特殊性，相应地，环境义务“履行不足问题”也应存在与其相适应的特殊性。由于环境义务的履行不仅必须考虑到社会公共利益，而且必须考虑到义务履行的时效性，还必须要考虑到延迟履行的成本问题，因此对环境义务“履行不足问题”的概念解读既要考虑环境义务“履行不足问题”的一般性，同时也要兼顾环境义务“履行不足问题”的特殊性。事实上，环境义务“履行不足问题”是环境行政代履行制度得以建立与发展的缘起。在环境行政代履行制度的语境下，所谓环境义务“履行不足问题”，顾名思义，就是指当事人对法定环境义务[①]或者行政机关通过行政决定所确定的环境义务，要么根本不准备着手履行，要么虽着手履行但履行不及时、不全面、不科学，不足以实现该环境义务所设定的预期目的，不能满足环境保护的需要。如上所述，环境义务的履行不仅仅要考虑到特定多数人的利益，更需兼顾社会公共利益，因而环境问题的解决需要环境义务的履行必须满足极强的紧迫性或者时效性要求。此外，环境义务的履行效果不仅与其履行的时间具有重要的关联，而且其时效性也不能仅仅关注特定当事人对于行政代履行结果是否满意，更要从社会整体利益的角度出发来对其加以考察，因而对环境义务履行的及时、全面、科学性作出了特殊要求。在理论研究层面，与环境义务“履行不足”意涵颇具相关性的表述还有“限期治理不履行”[②]和“限期治理制度不能”[③]。不过，这两种表述均以限期治理为其存在的基本前提，与本书所论及的与限期治理并无必然关联的环境义务“履行不足问题”还略有差异。为了更规范地概括环境义务在实际履行中所存在的问题，笔者一直

---

① 只有依照法律规定所作出的具体行政行为（通常外在表现为行政机关作出的生效行政决定书）所确立的环境义务，才可以要求义务人（当事人）履行排除妨碍、恢复原状等义务，法律本身直接规定的要求义务人（当事人）履行排除妨碍、恢复原状等义务不在此列，因为法律本身直接规定的要求义务人（当事人）履行的义务是抽象的，无法行政强制执行，即使可以行政强制执行也属即时强制范畴。

② 赵旭东：《限期治理污染的代履行初探》，《环境保护》1999年第8期。

③ 刘佳奇：《论我国环境行政代履行制度的构建》，硕士学位论文，辽宁大学，2011年。

认为，使用环境义务“履行不足问题”这一概括表述应该更为准确、合理与全面。从广义而言，环境义务被当事人拒绝履行、迟延履行、不当履行或者根本不能履行所形成的种种履行问题均可归属于环境义务“履行不足问题”的范畴。事实上，在环境行政机关的执法过程中，环境义务“履行不足问题”是一个时常出现、无法回避且解决难度较大的棘手问题。

三 环境义务“履行不足问题”的表现形式

为了对环境义务“履行不足问题”作出全面、准确的制度回应，我们有必要先了解该问题在当前环境行政执法实践中的具体表现。目前，一些学者将环境义务“履行不足问题”的主要表现归纳为当事人对法定环境义务或者环境行政机关通过行政决定所确定的环境义务拒绝履行、迟延履行、不当履行和履行不能四个方面，按照这一分类标准归纳的环境义务“履行不足问题”主要有如下表现形式。

第一，拒绝履行。关于拒绝履行的内涵，目前学界公认的解释是当事人虽有履行能力但主观上故意不履行环境义务。所谓“有履行能力”，是指当事人本身具备一定的人力、物力、财力、技术、设备和经验等履行能力，但是故意不履行排除妨碍、恢复原状等环境治理义务。但是笔者认为，“拒绝履行”这一分类的出发点在于分辨当事人的主观状态，在界定法律义务和法律责任时，无论是哪个法律部门都可能将主观要件作为重要的考量因素，行政法中的代履行制度也不例外，因此“拒绝”主要应是对当事人主观状态的判断，原则上不应涉及客观条件。所以，拒绝履行的内涵应该是指有履行能力或者不具备履行能力的当事人主观上故意不履行环境义务。对于“有履行能力”拒绝履行的界定如前所述，并无不同；但所谓“不具备履行能力”的拒绝履行应既包括具备部分履行能力但是主观上拒绝履行环境义务，也包括完全不具备履行能力但是主观上拒绝履行环境义务。而所谓“故意不履行”，则可以借鉴刑法上关于“直接故意”和“间接故意”的划分，若当事人明知不履行排除妨碍、恢复原状等环境治理义务的危害结果而追求或者放任污染范围的扩大和污染程度的加重，均属于拒绝履行的范畴。

第二，迟延履行。迟延履行是指当事人主观上不排斥履行但未在法定履行期限内履行义务的情形，此为实践中最为常见的当事人不履行环境义务之情形。迟延履行主要是指义务履行在时间上的瑕疵（排除不可抗力等不可归责于当事人的因素）。造成迟延履行的原因可能是多元的，譬如一些可归责于污染者的事由而未履行，诸如筹备工作进展缓慢、资金部分不到位或者过于自信而导致迟延以及因环境保护主管部门监管不力或者因其他原因中止履行等而未按时履行[①]的都可能导致延迟履行，但需要注意的是，这些原因均不能作为当事人延迟履行的抗辩理由。延迟履行不区分主观意图，无论故意还是过失导致的延迟履行都属于延迟履行，但是符合拒绝履行条件的应该归入拒绝履行的表现形式之中。

第三，不当履行。不当履行是指当事人主观上愿意履行，客观上也履行了排除妨碍、恢复原状等环境治理义务，但是环境义务的履行不符合治理目标、不符合治理规定的期限等情况[②]，一言以蔽之，不当履行是指当事人虽已履行环境义务但并未达至法律所规定的预期效果。笔者认为，不当履行也只是客观描述，其重点不在于区分主观意图，因而无论故意或者过失都不应当影响不当履行的认定，但可作为环境行政机关后续处罚的参考因素。

第四，履行不能。所谓履行不能，是指当事人本身不具备履行环境义务的能力，譬如污染企业不具备治理污染的资金、人才、技术等能力，或者该企业因其他原因（如破产）而事实上无法再履行排除妨碍、恢复原状等环境治理义务。履行不能的核心意涵是，当事人客观上根本不具备履行环境治理义务的能力，因此其明显区别于拒绝履行、迟延履行与不当履行等表现形式。由此可见，“履行不能”是客观因素所导致，不考虑当事人主观是否有意愿履行。

概言之，环境义务“履行不足问题”表现在诸多表现形式，既有主观判断的“履行不足问题”，又有客观判断的“履行不足问题”，虽然四种表现形式之间存在明显的差异，但彼此之间还可能存在一定的交叉与重叠。上述四种表现形式仅仅是对环境义务“履行不足问题”的学理描述，但并不能据此对应到环境行政代履行制度的实际运行程序中，其与环境行政代履行制度实际运行之间的关系也还有待详述，具体在下文中予以指出。

---

① 赵旭东：《限期治理污染代履行的实施形式研究》，《法学杂志》1999 年第 4 期。

② 同上。

四 环境义务“履行不足问题”的成因分析

认识与解决环境义务“履行不足问题”，除了把握其表现形式之外，我们还有必要弄清楚在环境行政执法中产生环境义务“履行不足问题”的成因。笔者认为，环境义务“履行不足问题”主要有以下成因。

第一，当事人不具备履行能力。环境污染往往具有成因复杂、覆盖面广、潜伏时间长、易渗透扩散、易产生复合污染等属性，这些属性进而形成了环境污染治理与生态环境修复的复杂性高、专业性强、难度系数大等特点，这也给不少排污企业自行履行环境义务造成了一个个似乎无法逾越的障碍。在某些情况下，当事人虽然主观上愿意履行环境义务，但是囿于自身能力的不足或者根本不具备履行能力，难以自行履行该环境义务。例如危险废弃物的治理，由于处置危险废弃物危险系数大、技术含量高、流程复杂，大部分当事人都很难对危险废弃物具备处置能力，在震惊中外的2005年松花江水污染事件中，吉林化工数百吨苯类物质（苯、硝基苯等）流入松花江，无论是事后危险废弃物的回收，还是危险废弃物的无害化处理，吉林化工显然均不具备履行能力，最终不得不由政府出面组织相关专门企业进行治理。

第二，当事人虽具备履行能力，但成本过高不愿自行履行。实践中，由于现行环境保护法律制度存在不少缺陷，不仅对环境行政机关的行政行为缺乏足够有效的约束，而且对企业的环境违法行为也欠缺足够适当的制裁，环境行政机关往往采用“以罚代治、一罚了之”等既不治标也不治本的处理方式，纵容环境行政机关和企业之间达成的“默契”，形成“利益合谋”。这种“默契”造成的后果就是企业可以凭借更低的成本来拒绝履行环境义务，环境行政机关虽然可以收取罚款，但是环境污染往往不能得到有效治理，生态破坏也难以得到及时修复，导致环境问题始终悬而未决。基于“经济人”假设（Hypothesis of Economic Man），一边是高昂的履行环境义务的成本，一边是省时省力还相对“低廉”的行政处罚，企业一般会毫不犹豫地选择后者，毕竟后者更符合其作为“经济人的逻辑”以及满足其趋利避害的本性。[①] 还是以危险废弃物的治理为例，即便部分

① 荷兰著名哲学家斯宾诺莎认为：“人具有趋利避害的本性，凡人断为有利的，他必不会等闲视之，除非希望获得更大的好处，或是出于害怕更大的祸患。”［荷］斯宾诺莎：《神学政治论》，温锡增译，商务印书馆1996年版，第215页。

当事人自建了一套完善的处置危险废弃物的环保设施，但是该环保设施的管理和运作成本可能畸高，对当事人而言无疑会是一个异常沉重的负担，为减少污染治理的成本，当事人很可能对已建成的环保设施“建而不用”“时开始停”甚至干脆选择“以罚代治”。

第三，环境污染治理难度太大，超乎当事人预期。由于环境污染治理复杂性高、专业性强、难度系数大，使得当事人无法按时或者按要求完成治理任务。一般而言，不少企业对于环境污染缺乏深入了解，对于环境污染的治理难度也没有充分的认识。一部分企业管理者，要么认为环境污染“其实没什么”，要么认为“污染就污染了，再花一点钱治理好就可以”，在此种心态的驱使下，企业很难严格执行环境影响评价制度、“三同时”制度来预防和控制环境污染。[①] 事实上，环境污染不同于其他损害，其成因和衍生的后果都很复杂，部分环境污染具有污染的易扩散性和后果的不确定性与严重性，纵使当事人具备一定的治污能力，环境污染客观上的复杂性也会导致真正治理过程的难度极大，往往当事人会“心有余而力不足”。譬如在2005年松花江重大水污染事件中，松花江的污染范围之大、污染程度之严重、治理成本之高都远远超乎当事人的预期和治理能力。

第四，现行立法对环境义务“履行不足问题”缺乏有效的应对手段。当企业存在环境义务“履行不足问题”时，环境行政机关都习惯于用行政处罚的手段进行解决，比如选择“以罚代治、一罚了之”。这种“以罚代治、一罚了之”的解决方式不仅难以实现环境治理的效果，而且在一定程度上还姑息、纵容了当事人“花钱了事”的种种恶劣行径，最终形成环境义务“履行不足问题”。由此可见，环境义务“履行不足问题”的形成原因是多元的，既有当事人主、客观方面的原因（譬如拒绝履行、不当履行、迟延履行、履行不能），也有环境监管能力不足（譬如倾向于选择“以罚代管”）的原因。事实上，唯有找准环境义务“履行不足问题”的因由，才能“对症下药”提出解决此问题的可靠方案，而引入环境行政代履行制度就是应对环境义务“履行不足问题”的一剂良方。

① 在曲格平先生看来，在环境治理体系中，环境影响评价与“三同时”两个环节一前一后，相互衔接，构成环境治理的严密整体。有效把握住这两个环节，就可以保证同步建设的顺利进行，也就可以有效地预防与治理环境污染。曲格平：《中国的环境管理》，中国环境科学出版社1989年版，第24页。

第二节　环境行政代履行制度的引入

一　环境行政代履行制度的比较优势

当出现环境义务“履行不足问题”时，环境行政机关如果不能采取有效的应对措施，所造成的危害后果无疑会是相当严重的：一方面，环境污染和生态破坏非但得不到有效治理和修复，还很可能会进一步加剧或者恶化，进而产生不可逆的环境污染或者生态破坏；另一方面，当环境污染和生态破坏因环境义务“履行不足问题”无法获得有效解决时，环境行政机关可能对当事人启动“升级版”的直接强制执行，这不仅会导致环境行政机关与当事人之间关系的紧张、对立，还很可能会影响企业的正常生产经营，长此以往，企业极可能选择拒绝履行环境义务或者因履行环境义务而造成沉重经济负担。为避免环境行政机关与当事人之间的正面对抗以及确保环境义务得以实际履行，2011 年实施的《行政强制法》明确将行政代履行引入环境污染治理与自然资源保护领域，依靠市场上拥有专业技术的第三人来代为履行环境义务，以更好地实现环境监管取得实效以及降低环境义务履行成本之目标。总之，环境行政代履行制度并非旨在惩罚当事人，而是为更好地治理环境污染与修复生态环境，因此将行政代履行制度引入环境污染治理与自然资源保护领域，其根本目的是更高效、更专业地解决环境问题。

在环境行政代履行制度引入之前，环境行政机关往往通过限期治理、处以罚款、责令关停等方式应对环境义务“履行不足问题”，但是上述措施都具有明显的缺陷。限期治理制度在实践中已经广受诟病，限期治理的结果往往是“限期得不到治理”；处以罚款的结果就是“罚款了事”，但“一罚了之”并未真正实现环境污染被治理与生态破坏被修复；责令关停更是直接剥夺了当事人履行义务的可能性，可以说这些方式都停留在简单的罚款等行政处罚或者限产停产上，结果往往可能激化环境行政机关与当事人之间的对立状况。从理论上讲，环境行政代履行制度则有助于克服上述方式的弊端。环境行政代履行制度属于行政强制执行中的间接强制执行方式，将其引入环境污染治理与自然资源保护领域体现的是行政强制执行中的“间接强制优先于直接强制原则”，这一原则要求在没有法律规定的情况下，行政机关严禁采用直接强制执行方式，要优先适用间接强制执行，主要理由在于，间接强制执行具有高效、便捷的相对优势。德国《联邦行政强制执行法》（1953）中的第9条规定：将执行罚和直接强制执行置于行政强制代履行方式之后，此外还特别说明“强制方法必须与其目的保持适当的比例，决定强制方法时，应尽可能考虑公众和当事人最小损害”①。行政代履行制度的适用就体现了“间接强制优先于直接强制”以及“最小损害”之理念，有助于缓和行政管理过程中行政机关与当事人之间的对抗与冲突，申言之，“代履行制度就很好地解决了行政机关与义务人（当事人）之间的这种矛盾关系，使两者之间的利益在最大程度上达到平衡”②。

相较于那些直接强制执行中的刚性执行方式，环境义务行政代履行作为一种强度相对温和、讲究合作、摒弃暴力的间接强制执行方式，在保证履行法定环境义务或者行政机关通过行政决定所确定之环境义务的同时，也弱化了当事人对行政强制执行的抗拒心理，目前已经在环境保护、交通管理、市政建设、城市规划、房屋拆迁、广告管理等领域被广泛引入与大量运用。更重要的是，环境义务行政代履行的核心是修复被破坏的环境，在专业性较强的环保领域，由专门的第三人代为履行排除妨碍、恢复原状等环境治理义务，有助于确保环境义务得以实际履行。概言之，环境行政代履行制度的优势主要体现在如下方面：在环境治理方面，第三人代为履行环境义务有助于该义务及时、有效地得以履行，从而有助于及早且有效地防止环境污染的进一步加剧与生态破坏的进一步恶化；在行政管理方面，环境行政代履行制度有利于引导和督促当事人更好地履行环境义务，有利于弱化当事人的抗拒心理，有利于环境行政执法的顺利及有序推进，从而实现环境行政管理目标；在社会和经济方面，由第三人代为履行可能会大大降低义务履行成本、提高义务履行效率，同时也有助于促进环保产业的发展，有助于实现法律效果与经济效果的有机统一。因此，将行政代履行制度引入环境污染治理与自然资源保护领域既有迫切的需求也有现实的可能，行政代履行制度在环境治理领域势必具有广阔的适用前景。

---

① 侯如玉：《我国行政强制代履行制度研究》，硕士学位论文，大连海事大学，2013年。

② 范明星：《行政强制执行中的代履行制度研究》，硕士学位论文，辽宁大学，2014年。

二 环境行政代履行制度引入的简况

基于行政代履行在行政执法中的比较优势以及广泛适用前景，该间接强制执行方式逐渐被引入环境污染治理与自然资源保护领域。就我国而言，最早引入行政代履行制度的“环境与资源保护法律”当属1995年第八届全国人大常务委员会第十六次会议通过的《固体废物污染环境防治法》①，其后若干年，《森林法》（1998）、《海域使用管理法》（2001）、《放射性污染防治法》（2003）、《草原法》（2003）、《水土保持法》（2010）、《行政强制法》（2011）、《动物防疫法》（2015）、《防洪法》（2016）、《水污染防治法》（2017）、《野生动物保护法》（2018）、《土壤污染防治法》（2018）等法律法规也均引入了行政代履行制度，其内容涉及代处置危险废物、代补种树木、代拆除用海设施和构筑物、代处置放射性固体废物、代恢复草原植被、代清理砂石等以及代治理水土流失、代免疫接种、代为恢复原状或者采取其他补救措施、代为治理水污染、代为捕回野生动物或者采取降低影响的措施、代为治理土壤污染等诸多方面，虽然部分法律条文没有明确写明是行政代履行，但是大部分法律条文中都有“代为……”字样，即便有少量法律中没有表明“代为……”字样，但其条文所表示的文义实质上就是行政代履行。表2-1不完全统计了我国现行环保法律对环境行政代履行制度的引入概况。②

---

① 1995年版的《固体废物污染环境防治法》第46条：“产生危险废物的单位，必须按照国家有关规定处置；不处置的，由所在地县级以上地方人民政府环境保护行政主管部门责令限期改正；逾期不处置或者处置不符合国家有关规定的，由所在地县级以上地方人民政府环境保护行政主管部门指定单位按照国家有关规定代为处置，处置费用由产生危险废物的单位承担”，相关内容2016年版的《固体废物污染环境防治法》为第55条。

② 表一中不完全列举了行政代履行制度在环境保护领域的引入概况。事实上，除了环境保护领域，其他领域行政执法也引入了行政代履行制度。譬如，《城市房屋拆迁管理条例》（2001）[目前已被《国有土地上房屋征收与补偿条例》（2011）废止，《国有土地上房屋征收与补偿条例》的发布与实施日期为2011年1月21日，其第35条规定：“本条例自公布之日起施行。2001年6月13日国务院公布的《城市房屋拆迁管理条例》同时废止。本条例施行前已依法取得房屋拆迁许可证的项目，继续沿用原有的规定办理，但政府不得责成有关部门强制拆迁”]中的强制拆迁[即《城市房屋拆迁管理条例》（2001）第17条规定：“被拆迁人或者房屋承租人在裁决规定的搬迁期限内未搬迁的，由房屋所在地的市、县人民政府责成有关部门强制拆迁，或者由房屋拆迁管理部门依法申请人民法院强制拆迁。实施强制拆迁前，拆迁人应当就被拆除房屋的（转下页）

表 2-1　**我国环境行政代履行制度的立法概况**

文件名称	文件形式	法律条文
《土壤污染防治法》(2018)	法律	第九十四条：违反本法规定，土壤污染责任人或者土地使用权人有下列行为之一的，由地方人民政府生态环境主管部门或者其他负有土壤污染防治监督管理职责的部门责令改正，处二万元以上二十万元以下的罚款；拒不改正的，处二十万元以上一百万元以下的罚款，并委托他人代为履行，所需费用由土壤污染责任人或者土地使用权人承担……
《野生动物保护法》(2018)	法律	第五十四条：违反本法第三十七条第二款规定，将从境外引进的野生动物放归野外环境的，由县级以上人民政府野生动物保护主管部门责令限期捕回，处一万元以上五万元以下的罚款；逾期不捕回的，由有关野生动物保护主管部门代为捕回或者采取降低影响的措施，所需费用由被责令限期捕回者承担。
《水污染防治法》(2017)	法律	第八十四条：在饮用水水源保护区内设置排污口的，由县级以上地方人民政府责令限期拆除，处十万元以上五十万元以下的罚款；逾期不拆除的，强制拆除，所需费用由违法者承担，处五十万元以上一百万元以下的罚款，并可以责令停产整治。 除前款规定外，违反法律、行政法规和国务院环境保护主管部门的规定设置排污口的，由县级以上地方人民政府环境保护主管部门责令限期拆除，处二万元以上十万元以下的罚款；逾期不拆除的，强制拆除，所需费用由违法者承担，处十万元以上五十万元以下的罚款；情节严重的，可以责令停产整治。 第八十八条：城镇污水集中处理设施的运营单位或者污泥处理处置单位，处理处置后的污泥不符合国家标准，或者对污泥去向等未进行记录的……逾期不采取治理措施的，城镇排水主管部门可以指定有治理能力的单位代为治理，所需费用由违法者承担。 第九十条：违反本法规定，有下列行为之一的……逾期不采取治理措施的，海事管理机构、渔业主管部门按照职责分工可以指定有治理能力的单位代为治理，所需费用由船舶承担…… 第九十四条：企业事业单位违反本法规定，造成水污染事故的……未按照要求采取治理措施或者不具备治理能力的，由环境保护主管部门指定有治理能力的单位代为治理，所需费用由违法者承担……
《固体废物污染环境防治法》(2016)	法律	第五十五条：产生危险废物的单位……逾期不处置或者处置不符合国家有关规定的，由所在地县级以上地方人民政府环境保护行政主管部门指定单位按照国家有关规定代为处置，处置费用由产生危险废物的单位承担。 第七十六条：违反本法规定，危险废物产生者不处置其产生的危险废物又不承担依法应当承担的处置费用的，由县级以上地方人民政府环境保护行政主管部门责令限期改正，处代为处置费用一倍以上三倍以下的罚款。

(接上页) 有关事项，向公证机关办理证据保全”]、《城市市容和环境卫生管理条例》(2017) 中的强制拆除、《河道管理条例》(2017) 中的强制清障、《交通事故处理程序规定》(2008) 中的强制撤离等内容由于与环境义务的行政代履行无关，加之《行政强制法》(2011) 规定行政代履行只能由狭义上的法律进行设定，不是狭义上的法律规定的行政代履行，如果与《行政强制法》(2011) 冲突应当修改，所以表 2-1 未列举其相关法条。

续表

文件名称	文件形式	法律条文
《防洪法》（2016）	法律	第五十六条：违反本法第十五条第二款、第二十三条规定，围海造地、围湖造地、围垦河道的，责令停止违法行为，恢复原状或者采取其他补救措施，可以处五万元以下的罚款；既不恢复原状也不采取其他补救措施的，代为恢复原状或者采取其他补救措施，所需费用由违法者承担。 第五十七条：……工程设施建设严重影响防洪的，责令限期拆除，逾期不拆除的，强行拆除，所需费用由建设单位承担；影响行洪但尚可采取补救措施的，责令限期采取补救措施，可以处一万元以上十万元以下的罚款。
《动物防疫法》（2015）	法律	第七十三条：违反本法规定，有下列行为之一的，由动物卫生监督机构责令改正，给予警告；拒不改正的，由动物卫生监督机构代作处理，所需处理费用由违法行为人承担，可以处一千元以下罚款……
《水土保持法》（2010）	法律	第五十五条：违反本法规定，在水土保持方案确定的专门存放地以外的区域倾倒砂、石、土、矸石、尾矿、废渣等的……逾期仍不清理的，县级以上地方人民政府水行政主管部门可以指定有清理能力的单位代为清理，所需费用由违法行为人承担。 第五十六条：违反本法规定，开办生产建设项目或者从事其他生产建设活动造成水土流失，不进行治理的……逾期仍不治理的，县级以上人民政府水行政主管部门可以指定有治理能力的单位代为清理，所需费用由违法行为人承担。
《草原法》（2003）	法律	第七十一条：临时占用草原，占用期届满，用地单位不予恢复草原植被的……逾期不恢复的，由县级以上地方人民政府草原行政主管部门代为恢复，所需费用由违法者承担。
《放射性污染防治法》（2003）	法律	第五十六条：产生放射性固体废物的单位，不按照本法第四十五条的规定对其产生的放射性固体废物进行处置的……逾期不改正的，指定有处置能力的单位代为处置，所需费用由产生放射性固体废物的单位承担……
《海域使用管理法》（2001）	法律	第四十七条：违反本法第二十九条第二款规定，海域使用权终止，原海域使用权人不按规定拆除用海设施和构筑物的，责令限期拆除；逾期拒不拆除的，处五万元以下的罚款，并由县级以上人民政府海洋行政主管部门委托有关单位代为拆除，所需费用由原海域使用权人承担。
《森林法》（1998）	法律	第三十九条：盗伐森林或者其他林木的……拒不补种树木或者补种不符合国家有关规定的，由林业主管部门代为补种，所需费用由违法者支付。 第四十四条：违反本法规定，进行开垦、采石、采砂、采土、采种、采脂和其他活动，致使森林、林木受到毁坏的……拒不补种树木或者补种不符合国家有关规定的，由林业主管部门代为补种，所需费用由违法者支付。
《城市市容和环境卫生管理条例》（2017）	行政法规	第三十七条：凡不符合城市容貌标准、环境卫生标准的建筑物或者设施，由城市人民政府市容环境卫生行政主管部门会同城市规划行政主管部门，责令有关单位和个人限期改造或者拆除；逾期未改造或者未拆除的，经县级以上人民政府批准，由城市人民政府市容环境卫生行政主管部门或者城市规划行政主管部门组织强制拆除，并可处以罚款。

续表

文件名称	文件形式	法律条文
《陕西省秦岭生态环境保护条例》（2017）	地方性法规	第四十七条：因矿产资源开发造成生态环境破坏和地质灾害的……矿产资源开发企业不履行治理责任或者治理不符合要求的，由有关行政主管部门组织代为治理，所需费用由矿产资源开发企业承担，无法确定责任人的，由县级以上人民政府负责矿山环境污染治理和生态恢复。
《广西壮族自治区环境保护条例》（2016）	地方性法规	第五十九条：违反本条例第二十九条规定，向岩溶洼地、溶洞、漏斗、天窗、裂隙和地下河排放生产污水的……逾期不采取治理措施的，县级以上人民政府环境保护主管部门可以指定有治理能力的单位代为治理，所需费用由违法者承担。
《浙江省海洋环境保护条例》（2015）	地方性法规	第四十二条：有下列行为之一的，由海洋行政主管部门按以下规定处理：（一）违反本条例第十三条第二款规定的，责令改正，收缴调查监测资料，予以警告；情节严重的，处二千元以上一万元以下的罚款；（二）违反本条例第二十六条第一款规定，拒不清除生活垃圾和固体废弃物的，由海洋行政主管部门代为清除，所需费用由使用海域或者海岸线的单位和个人承担，并可处一千元以上五千元以下的罚款；（三）违反本条例第三十九条第一款规定的，责令限期改正；逾期不改正的，由海洋行政主管部门代为拆除，所需费用由工程建设单位或者使用者承担，并处五千元以上二万元以下的罚款。
《江苏省湖泊保护条例》（2012）	地方性法规	第二十二条：违反本条例规定，围湖造地或者在湖泊保护范围内圈圩的……拒不恢复原状的，由县级以上水行政主管部门指定有关单位代为恢复原状，所需费用由责任人承担。
《四川省城乡环境综合治理条例》（2011）	地方性法规	第六十四条：单位或者个人有下列情形之一的，责令改正或者限期清除；拒不改正或者清除的，代为清除，其费用由违法行为人承担。可以并处五十元以上二百元以下罚款…… 第六十六条：违反本条例第二十五条第二款规定，车辆未采取覆盖或者密闭措施，造成泄漏遗撒的或者违规倾倒的，责令清除改正；代为清除的，其费用由违法行为人承担；并处一千元以上五千元以下罚款。 第七十一条：单位或者个人有本条例第四十五条规定影响城乡环境卫生行为之一的，责令改正或者清除；拒不改正或者清除的，代为清除，其费用由违法行为人承担；情节严重或者造成严重后果的，并处个人五十元以上二百元以下罚款，单位五百元以上二千元以下罚款。
《放射性废物安全管理条例》（2011）	行政法规	第三十六条：违反本条例规定，核设施营运单位、核技术利用单位有下列行为之一的……逾期不改正的，指定有相应许可证的单位代为贮存或者处置，所需费用由核设施营运单位、核技术利用单位承担，可以处20万元以下的罚款；构成犯罪的，依法追究刑事责任…… 第三十七条：违反本条例规定，有下列行为之一的……逾期不采取治理措施，经催告仍不治理的，可以指定有治理能力的单位代为治理，所需费用由违法者承担；构成犯罪的，依法追究刑事责任……
《贵州省环境保护条例》（2009）	地方性法规	第六十八条：违反本条例第四十七条规定的，责令限期消除污染隐患；逾期未采取处置措施的，由环境保护行政主管部门指定单位处置，处置费用由违法单位承担，处10万元以上50万元以下罚款；采取的处置措施不符合国家有关规定的，由环境保护行政主管部门指定单位处置，处置费用由违法单位承担，处2万元以上20万元以下罚款。

续表

文件名称	文件形式	法律条文
《深圳经济特区环境保护条例》（2009）	地方性法规	第四十八条：排污者因违法行为造成环境污染或者生态破坏但尚未构成环境污染事故的……逾期未消除污染或者不能及时确定责任人的，由环保部门或者其他有关部门指定有治理能力的单位代为治理，所需费用由责任人承担。
《湖北省环境保护条例》（1997）	地方性法规	第二十五条：造成环境污染与破坏的单位和个人，拒不履行治理责任的，环保部门有权组织代为履行，代履行的费用由造成环境污染与破坏者承担。 第三十六条：违反本条例第二十五条规定，拒不缴纳代履行费用的，责令在规定时间内缴纳，并处以代履行费用百分之三十的罚款。
《厦门市环境保护局行政代执行实施办法（试行）》（2004）	地方政府规范性文件	主要条文均涉及代履行制度的内容。①

① 《厦门市环境保护局行政代执行实施办法（试行）》

第一条　为加强污染防治与生态保护工作，落实建设项目施工期环境保护对策措施和开发利用自然资源项目整治恢复责任，根据《厦门市环境保护条例》，制定本办法。

第二条　厦门市环境保护局负责实施行政代执行的监督管理，市环境保护局各驻区分局（以下简称环保分局）负责辖区内建设项目施工期和开发利用自然资源活动的环境保护监督管理工作，可以依法组织行政代执行，也可以依法履行统一监督管理职责，移交相关主管部门履行组织行政代执行的职责。由环保分局组织行政代执行的，适用本办法。

第三条　本办法适用于全市范围内新建、扩建和改建项目责任人在施工期中拒不实施环境保护对策措施的项目，以及开发利用自然资源项目责任人拒不履行环境污染与生态破坏的整治恢复责任的项目。

第四条　建设单位或开发利用单位应将下列环保对策措施在便于公众了解的醒目位置明示公布，施工单位或开发利用单位应当严格落实：

（一）经批准的环境影响评价文件中提出的施工期应落实的环境保护对策措施。

（二）环保部门审批意见中规定的施工期应落实的环境保护对策措施。

（三）经批准的自然资源开发利用项目环境影响评价文件及治理、整治、恢复方案和相应的审批文件中规定的污染防治与生态保护对策措施。

第五条　环保分局应对辖区内的在建项目及资源开发利用项目进行环境保护监督检查。

本办法第四条规定的对策措施未落实、落实不到位或未在规定的时间内落实的，由环保分局向施工单位或开发利用单位发出限期履行通知书，责令限期履行，督促有关责任单位在规定的期限内履行法定义务，告知其在逾期不履行法定义务的情况下，环保分局将组织行政代执行，所需费用由施工单位或开发利用单位承担，施工单位或开发利用单位对此有陈述、申辩的权利。

本办法第三条所列的项目没有报批环境影响评价文件的，由环保分局向施工单位或开发利用单位发出限期履行通知书，提出有关的对策措施、整治恢复要求及履行时限，告知其在（转下页）

三 环境行政代履行制度引入的价值

从表2-1可知，我国部分法律、行政法规、地方性法规已然引入了环

（接上页）逾期不履行法定义务的情况下，环保分局将组织行政代执行，所需费用由施工单位或开发利用单位承担，施工单位或开发利用单位对此有陈述、申辩的权利。

本办法所称代执行费用指环保分局启动行政代执行后，行政代执行实施单位为组织行政代执行所发生的全部费用，包括：前期费用、组织实施、实际执行及其他实际发生的费用。

第六条 对本办法第四条第（一）项和第（二）项内容组织行政代执行的，由环保分局根据环境影响评价文件及其审批意见，考虑环境污染和生态破坏的实际情况，提出环境保护对策措施落实的具体要求，并组织行政代执行实施单位实施。

行政代执行实施单位根据环保分局提出的要求，制定实施方案，报环保分局批准后实施。

第七条 对本办法第四条第（三）项内容组织代执行的，由环保分局根据环境影响评价文件和治理、整治、恢复方案及其审批意见，提出整治恢复要求，并组织行政代执行实施单位实施。

行政代执行实施单位根据环保分局提出的要求，制定实施方案报环保分局审核。环保分局会同有关管理部门（必要时可请有关专家参加）组织审核，提出审核意见。行政代执行实施单位根据审核意见修改实施方案，报环保分局批准后实施。

第八条 环保分局对每一类行政代执行项目组织代执行时，应组织3家以上实施单位，每次组织代执行时随机抽取。

第九条 环保分局批准的行政代执行实施方案应包括下列内容：

（一）行政代执行项目名称、实施单位名称、法定代表人。

（二）行政代执行项目的实施内容、方式、措施、要求等。

（三）行政代执行项目的完成时间及进度。

（四）行政代执行项目的费用预算。

第十条 环保分局组织行政代执行，应当向有关责任单位发出行政代执行决定书。告知其环保分局组织行政代执行的理由、依据、执行内容、执行时间、付费责任及数额、申请复议或提起诉讼的途径和期限。

环保分局送达行政代执行决定书后，立即组织实施行政代执行。

第十一条 环保分局应依法监督行政代执行实施单位的执行情况。

第十二条 行政代执行实施单位应于执行完毕之日起3日内向环保分局报告，由环保分局组织验收，并审核行政代执行费用。

工程造价50万元以上的，由代执行实施单位委托有资质的工程造价咨询机构审核后报环保分局。

第十三条 经环保分局组织验收审核合格的代执行项目，由环保分局依法向有关责任单位发出责令限期缴纳行政代执行费用通知书，并告知逾期付款的责任。有关责任单位应在规定的期限内，按环保分局要求付费，逾期加收同期银行存款利息。

有关责任单位逾期不缴纳行政代执行费用的，由环保分局依法申请人民法院强制执行。

第十四条 行政代执行实施单位实施代执行，并不免除有关责任单位其他污染防治与生态保护的责任。

第十五条 在组织行政代执行过程中，遇到妨碍执法或妨碍实施代执行的行为，环保分局应按妨害执行公务处理。

第十六条 本办法由厦门市环境保护局负责解释，并自发布之日起施行。

境行政代履行制度，为环境义务“履行不足问题”的解决提供了方案。申言之，当当事人对环境义务“履行不足”时，环境行政机关有权选择第三人替代当事人履行环境义务，由此产生的费用由当事人负担。事实上，在第三人积极参与行政代履行的情况下，环境行政机关更容易实现环境监管目标，也更容易治理环境污染。正如有些学者所言，行政机关引入第三人并借助第三人的履行能力代替当事人履行行政义务，不仅有效地实现了环境行政管理的目的，解决了当事人环境义务“履行不足问题”，也使行政行为的单一主体、单调行为、单方责任转向多元主体、多样行为和多方责任。[①] 从总体上看，环境行政代履行制度的引入，使得环境义务履行更加灵活、多样，也意味着环境管理的逻辑由“管理”走向“服务”，由对立走向合作，并注重通过多方参与的方式平衡环境行政机关与当事人之间的关系，同时在兼顾各方利益的情况下达到环境行政管理目标，最终实现社会整体利益的最大化。概言之，引入环境行政代履行制度的价值主要体现在以下六个方面。

第一，顺应环境法和行政法基本理念变革的趋势。从环境立法角度看，保护环境是环境立法的根本宗旨，也是环境保护法律制度建设的最终目标。而要实现环境保护之终极目标，立法者需要合理配置行为人的权利义务，尤其是要坚持“义务重心”立法路径，通过合理配置义务性规范并精心设置违反义务的法律后果来督促行为人履行义务，申言之，要注重通过“义务履行而非权利宣示”来实现环境保护之立法目标。环境行政代履行制度明显遵循了“义务重心”立法路径，通过义务替代履行的方式来确保环境义务的实际履行，这种“义务替代履行”模式对治理环境污染与修复生态破坏大有裨益。从现代行政法角度看，行政法基本理念已从管理论和控权论发展到平衡论和服务论，而环境行政代履行制度就凸显了行政法的平衡论和服务论等理念对于行政管理的需要。这些现代行政法基本理念既强调行政机关的管理权能，也强调当事人的权利保障。更重要的是，平衡论和服务论均强调政府与社会的协同配合，使多方社会主体能够参与到环境保护之中，实现生态环境保护的多元共治。详言之，现代行政法所主张的服务型政府理念更为强调社会利益的最大化，政府不再以管

---

① 刘平、程彬、王天品：《代履行制度的法律关系辨析——兼论民事法律制度在行政法中的引入》，2008 年政府法制研究论文，上海，2008 年 6 月。

理者和掌舵者的身份来实施行政管理行为，而是从服务者和划桨者的角度来增进社会福利。在环境行政代履行制度中，政府的角色定位已然从管理者变为服务者，其主要职责是选择适格的第三人来替代当事人履行环境义务，收取行政代履行费用并将该费用及时偿付第三人，最终实现法律效益、经济效益与环境效益的有机统一。

环境行政代履行制度亦体现了现代行政法理念中的平衡论。具体而言，环境行政代履行制度兼顾了行政权力的行使与当事人权利的保障，由专业的第三人代替当事人履行环境义务相较于当事人自行履行义务或环境行政机关选择“以罚促治”，更有利于保障当事人的个人私益。环境行政机关选择第三人代履行，往往可以降低当事人自行履行的成本，可以缓解当事人的抵触情绪，同时也有助于提升环境监管效率。此外，随着社会发展日益复杂化、多样化，行政事务也变得越来越复杂化、科学化，现代行政日趋复杂化、科学化尤其是由于资本主义高度发展所带来的社会不公导致了社会法治国思潮的兴起。[①] 在社会事务日趋复杂、利益愈加多元的大背景下，单纯依靠政府或者个人的力量往往难以有效因应复杂的社会公共事务，因此政府部门必须鼓励社会主体或者私人主体参与管理社会公共事务。随着越来越多的私人主体开始参与社会公共管理，行政法发生了变革：传统行政法往往排斥私人参与行政管理活动，更多关注的往往是行政机关与当事人之间的这个二元分立结构，但随着社会的发展，越来越多的私人参与行政管理活动，在前述二元结构中又加入了私第三人这一主体，故“行政机关—当事人”这个二元结构逐渐演变为“行政机关—接受委托的私第三人—当事人”这个三元鼎立的治理结构，第三人开始在行政管理活动中扮演重要角色。环境行政代履行制度就是“三元结构”在法律制度层面的典型代表，环境行政机关可借助第三人的专业技术来治理污染，既充分吸引了私人主体参与社会公共事务，又可助力解决环境义务“履行不足问题”，这契合了环境法和行政法基本理念变革的趋势。

第二，满足及时、有效治理污染和保护环境的需要。从上文可知，造成环境义务“履行不足问题”的原因多种多样，但关键原因还在于，现行立法并没有为环境义务“履行不足问题”构建一个有效的应对机制。传统的行政强制手段受行政法的“管理论”理念影响颇深，在“管理论”

① 蔡茂寅：《行政委托相关问题之研究》，元照出版公司2002年版，第162页。

者看来，行政法是一部国家的行政管理法，因而其运作过程中更多的是强调权力的运用，其导致的负面效应是行政强制措施与直接强制执行的滥用，严重威胁公民的合法权益。事实上，仅仅通过威慑和惩罚的“高压政策”无助于环境污染治理与生态环境修复，毕竟这些行政强制措施与直接强制执行偏重于对当事人的惩处而非注重环境污染的全面治理与生态破坏的完全修复。因此，传统的行政手段导致本该及时、有效的环境污染治理与生态环境修复有可能会迟滞，甚至还可能会引发当事人的强烈抗拒。换言之，当出现环境义务“履行不足问题”后，现行立法并没设立一种既能让当事人接受，又能及时、有效地处置污染的法律机制。环境行政代履行制度的引入便有可能相对容易地解决此类问题。其理由在于：环境义务行政代履行具有实用性、高效性和较强的可操作性。环境义务行政代履行作为一种相对缓和、讲究合作、损害较小的间接强制执行方式，其所体现的不再是行政法的“管理论”所导致的政府与当事人的对立关系，而是追求二者之间的协同配合。从本质上看，行政代履行不仅是一种间接强制执行方式，也是政府对当事人提供的一项服务（即一项为难以实际履行环境义务的当事人提供的便利措施），同时也为环境行政机关、当事人与第三人的合作提供了契机。这种协助和合作模式发挥了各方主体的优势，调动了各方主体的积极性，变强制为激励，变管理为服务，变被动为主动，变对抗为合作，既提高环境行政执法的效率，又减弱了当事人的抵触情绪，有利于环境义务行政代履行活动的顺利进行。

环境义务行政代履行属于间接强制而非直接强制，其核心内容是“环境义务的替代履行”，“对当事人而言是作为义务转化为金钱给付义务，对行政机关而言是通过代履行，避免了直接强制手段的使用，实现了行政管理目的，恢复了行政管理秩序”①，更为重要的是，环境义务行政代履行具有很强的可操作性，当事人更易于履行由行为义务转化而来的金钱义务。环境义务行政代履行的终极目标在于及时、有效地治理污染、修复环境。相比于“重处罚轻治理”的直接强制执行方式（如罚款、关停），环境义务行政代履行始终以治理环境为目标，通过选择具有专业技能的第三人替代当事人履行排除妨碍、恢复原状等环境治理义务，使环境污染与生

① 全国人大常委会法制工作委员会行政法室编著：《〈中华人民共和国行政强制法〉解读》，中国法制出版社2011年版，第165页。

态破坏得到更及时、更专业和更有效的治理与修复。环境义务的履行具有比其他简单的行为或者金钱给付义务的履行更高的时效性要求，因此简单的直接行政强制执行不仅不能解决很复杂的环境污染治理与生态环境修复问题，反而会使环境污染与生态破坏愈演愈烈。环境行政代履行制度可谓是为解决时效性极强的环境问题而“量身定制”的制度，不仅能够保证环境义务的及时履行，而且其履行效果比当事人履行得更好。究其原因在于，从事行政代履行活动的第三人大多是专业的环境治理企业，其治理能力和效率都会明显高于当事人，专业人员的及时介入还能避免因当事人怠于履行导致的环境恶化问题。因此，环境行政代履行制度可以较好地满足环境义务履行的及时性和有效性的要求。

第三，促进当事人配合履行环境义务的需要。基于“经济人”（Economic Man）趋利避害的本性，当事人对于环境行政机关所科以的行政义务，其往往会先权衡利弊，再决定是否履行以及是否及时履行义务，也就是说，当事人在履行义务时势必对相关的“利益得失”进行评估。如前所述，环境义务“履行不足问题”的原因多种多样，其中一个重要原因就是“环境违法成本低”，以至于不少当事人抱有侥幸心理，特别是在罚款数额不大或者被罚款之后依然有可观利润的情况下，当事人往往期望“以罚代治”；加之，这种“以罚代治、一罚了之”的做法在实践中也便于环境行政机关操作，在“多一事不如少一事”的心理驱动下，环境行政机关往往选择“罚款了事”。如若环境行政机关启动行政代履行程序，那么当事人的违法成本将大大提升：当事人不仅要承担相应的行政代履行费用，还可能被科以相应的行政处罚，甚至有可能与行政机关、第三人产生不必要的法律责任纠纷。与过去单纯“罚钱了事”相比，违法成本显著增加，这无疑有助于督促当事人自觉履行排除妨碍、恢复原状等环境治理义务。正因如此，胡建淼认为：“首先要明确当事人自觉履行优先原则，法律制度功效的首要保证必须是它能为社会所接受；强制性的制裁只能作为次要的辅助性保证。”① 环境行政代履行制度设计无疑也遵循了“当事人自觉履行优先原则”，譬如环境行政机关在实施行政代履行之前会进行告诫与催告，凡此种种程序设计，无不是为了督促当事人自行履行环境义务。为了实现自身利益的最大化，当事人很可能以主动履行环境义

① 胡建淼：《行政强制》，法律出版社 2002 年版，第 145 页。

务来避免承受高昂的行政代履行费用和可能产生的不必要的责任承担。

一般而言，环境义务行政代履行的当事人均属于市场上的“理性经济人”，即“他们的行为动机首先是为了自身利益的最大化”①。环境污染治理与生态环境修复是一个十分复杂的过程，不仅需要很强的专业性，而且需要投入巨大的经济成本和时间成本，因此某种意义上而言，当事人自行履行环境义务并非最优选项。申言之，企业在选择履行方式时，首先要考虑的是履行的成本与不履行的成本之间的差距，利益大小是当事人考量的重要因素。如上所述，我国环境行政处罚的现状就是违法成本过低，从企业的角度看，罚款了事“省时省力”，并且更加符合自身经济利益；从环境行政机关的角度看，罚款既可为本部门创收，又可“一劳永逸”，因而在大多数情况下，环境行政机关倾向于与当事人达成“合谋”（即选择“以罚代治”）。行政代履行作为一种间接强制执行方式，强制性是其基本属性，其制度目的是避免环境行政机关“罚款了事”，确保当事人的环境义务得到实际履行，这对环境污染治理与生态环境修复大有裨益。环境行政代履行制度的引入为当事人履行环境义务提供了两种行为模式：罚款了事或者自己履行、他人代履行或者自己履行。一般而言，企业选择自行履行环境义务的成本更高，若此项义务由市场上专业的第三人履行，其履行成本往往较低。在“两利相权取其重，两害相权取其轻”的心理驱动下，当事人很可能选择成本更低的第三人代履行，这也为环境行政机关实施行政代履行提供了有利条件。

第四，促使环境行政机关转变工作职能、提高环境监管效率的需要。环境行政机关的主要职能在于环境监管，通过采取一切合法的手段保护和改善环境，促进环境、经济和社会的协调可持续发展。然而，在现实生活中，环境行政机关要么该管的不管；要么管得多、管得细，而且恣意妄为，这不利于服务型政府的建设。历史经验和事实证明，政府并不是万能的，政府越是“事必躬亲”“事无巨细”，就越会感到力不从心，也难以办事高效。因此，政府在社会管理中应当准确定位，该由市场做的放给市场，社会能办好的交给社会，政府则居中进行监管。环境行政代履行制度的引入就是政府准确定位的一个典范，在行政代履行过程中，环境行政机关不必拘泥于“事必躬亲”，不再局限于“行政处罚”，而是真正作为环

① 孟捷：《经济人假设与马克思主义经济学》，《中国社会科学》2007年第1期。

境监管者，通过引入具有专业技能的第三人，将某些可以社会化的职能交给社会，以购买服务的方式实现环境治理目标，不仅使政府从烦琐复杂的事务中解脱，也能使政府将有限的资源用在关键的环境污染治理与生态环境修复领域。总之，引入环境行政代履行制度，既可使环境行政机关抽身于繁杂的行政事务，有效降低环境管理成本，提高环境监管效率，又能吸引更专业、更优质的第三人从事行政代履行工作。长期以来，我国的行政法受到苏联的影响较为深远，认为行政法实质上是国家管理法，这就导致行政主管部门的管理范围过宽过泛，介入程度过深。国家行政主管部门试图管控国家社会经济生活中的方方面面，最终的后果却是机构冗杂、效率低下，不仅没有达到预期的效果，反而事倍功半，“这也是国家为什么提出要简政放权，向服务型政府转变”[①] 的根本原因。“向服务型政府转变要求政府主管部门明确自身职责的定位，该由市场做的放给市场，社会能办好的交给社会，政府则居中进行监管。”[②] 环境行政代履行制度的引入体现的就是行政机关的管理理念的进步，其代表的是“政府行政理念由管理型、权力型、命令型向服务型转变”[③]。这一理念的转变有利于实现公民个人利益与整体利益的对立统一，实现了民主权利与行政效率的对立统一，是一个缓和冲突、提高效率的制度。这一转变使得环境行政机关不必“事无巨细、事必躬亲”，而是构建一道桥梁，为当事人履行环境义务创造便利。

第五，促进我国环保产业的发展与繁荣的需要。理论上讲，环保产业应当是一个跨产业、跨地域、跨领域，与其他经济部门相互交叉、相互渗透的综合性新兴产业。环保产业起步晚、专业性强但发展迅速、潜力大，成为各国所重视的“朝阳产业”，甚至有学者主张把环保产业列为继“知识产业”之后的“第五产业”。《“十三五”国家战略性新兴产业发展规划》提出，到 2020 年，先进环保产业产值规模力争达到 2 万亿元。有学者表示：“‘十三五’期间，我国将聚焦高效节能装备技术及产品应用、节能技术系统集成和示范应用、节能服务产业等领域，推

---

① 温家宝同志在 2005 年《政府工作报告》中首次提出建设服务型政府的目标：“我们要把政府办成一个服务型的政府，为市场主体服务，为社会服务，最终为人民服务。”

② 曾凡清：《试论服务型政府管理理念的创新》，《中共郑州市委党校学报》2009 年第 6 期。

③ 同上。

动高效节能产业快速发展。预计2020年高效节能产业产值有望达到3万亿元。”[①] 我国环保产业虽然发展潜力巨大，但相比于西方发达国家，面临一系列发展瓶颈问题，譬如，环保产业技术含量低、缺乏有效的监管以及法律法规不健全等。而环境行政代履行制度的设立与完善，不仅为环保产业开辟了广阔的市场，也在客观上促进了第三人（主要是指环保企业）的发展壮大。主要理由在于：一方面，环境行政代履行制度的引入，把可代为履行的范围延伸至污染治理、水土保持、危险废物处置、自然资源保护等多个方面，使环保企业可以参与到某些原本无利可图的领域，势必会吸引市场上的环保公司参与环境污染治理与生态环境修复；另一方面，环境行政代履行制度将进一步繁荣环保市场，促进环境污染、生态破坏第三方治理或者修复产业的兴盛。环境行政代履行制度是我国为了解决“环境义务履行不足问题”而引入的制度，该制度旨在凭借第三人的专业技术来治理环境污染与修复生态破坏，而第三人治理环境污染与修复生态破坏，必须依靠成熟和健全的市场机制。而第三人要想做大做强并在环境污染与生态破坏的第三方治理、修复中脱颖而出，务必致力于自身服务水平的提高，不断加大技术开发能力、专业人才的引进和开拓市场的能力，这有利于专业环保公司的成长，同时促进了我国环保产业的发展与繁荣。由此足见，环境行政代履行制度的引入不仅会改变环境行政管理的思维方式和行为模式，还可能会促进环保企业以及环境污染第三方治理市场的发展壮大。

第六，实现环境与资源保护法维护公共利益的目标以及满足社会整体利益最大化的需要。环境与资源保护法的最终目的是维护公民整体的利益，在这一过程中的环境利益只是社会整体利益的具体表现形式，其中也同样牵涉与环境利益相关的各种利益，毕竟环境问题具有整体性、复杂性的特征，这就使得环境问题不仅仅是环境本身的问题，更是整个社会伦理道德、生产方式、发展阶段等多方面的问题，因此环境问题的解决必须借助社会各主体的力量，在平衡各主体利益的基础上实现社会整体利益的最大化。事实上，环境行政代履行制度在一定程度上就有助于实现社会整体利益的最大化以及促进整个社会的可持续发展。环境行政代履行制度的理论基础之一是社会分工理论。亚当·斯密在《国富

① 吴琦：《我国节能环保产业的发展趋势》，《中国国情国力》2017年第3期。

论》中指出：“劳动生产力上最大的增进，以及运用劳动时所表现的更大的熟练、技巧和判断力，似乎都是分工的结果”①，简言之，即“分工与效率明显呈现正相关关系，分工出效率，无分工则无效率”②，人类的社会分工就是让擅长的人做自己擅长的事，使平均社会劳动时间大幅缩短，生产效率显著提高。在环境义务行政代履行过程中，第三人是专门从事环境污染治理与生态环境修复的企业，对比而言，当事人可能并不擅长环境污染治理与生态环境修复，若环境行政机关一味地强调由当事人治理污染，其后果就是增加企业负担，最终也可能达不到预期的环境治理效果。由第三人代替当事人治理则恰恰相反，由于专业的社会分工，使其具备了更强的专业性，因而由其治理可以达到事半功倍的效果，也更容易实现环境监管目标。详言之，对于第三人而言，由市场上专业的环保企业进行治理，不仅仅可以减弱当事人的抵抗情绪，还可以提升环境污染治理与生态破坏修复的效率；对于当事人而言，其只需要履行金钱给付义务而非行为义务，此时当事人能投入更多的时间和精力进行生产经营，最终实现社会整体利益的最大化。“全国工商联环境商会一项统计显示，浙江省企业污染治理设施专业化运营后的达标排放率可达70%—80%，有的甚至可达到90%以上，与污染企业自行运营相比，达标率提高了30—50个百分点，运营成本节约了10%—20%。”③在笔者看来，环境行政代履行制度虽为间接强制执行，但是一种“柔性”强制，是兼顾了各方利益的间接强制执行方式，其目的在于社会整体成本的最小化和各方利益的最大化，这一“柔性”强制有助于化解权力和权利的冲突，实现个体与集体利益的协调，同时也兼顾了企业发展与环境保护的关系。

① ［英］亚当·斯密：《国富论》，郭大力等译，商务印书馆2014年版，第1页。

② 一些学者对“分工出效率”命题做了系统论述，叶生洪、彭星闾认为：“分工和专业化使得劳动生产者越来越将其生产活动集中于较少的操作上，能够较快地提高其生产的熟练程度，节约生产的人力资源，从而提高企业的管理效率。”叶生洪、彭星闾：《论规模经济的本质：结构经济》，《财贸研究》2003年第1期。

③ 周珂、史一舒：《环境污染第三方治理法律责任的制度建构》，《河南财经政法大学学报》2015年第6期。

第三节 环境行政代履行制度概览

为明确本书的研究对象，笔者认为有必要从概念、性质以及其中所涉及的法律关系三方面入手准确把握环境行政代履行制度的基本内容。

一 环境行政代履行制度的概念

概念是对某一事物“是什么”的基本定义或者基本认识，也是了解某一事物的逻辑起点。所以，要研究环境行政代履行制度，明确其基本概念是首要任务。关于行政代履行的概念，德国将其定义为：“代履行是指当义务人（当事人）不履行行政义务时，行政执行机关委托他人代为履行该义务，费用由原义务人（当事人）承担的法律制度。”① 中国台湾地区“行政执行法”（2010）第29条将行政代履行定义为：“依法令或本于法令之行政处分，负有行为义务而不为，其行为能由他人代为履行者，执行机关得委托第三人或者指定人员代履行之；前项代履行之费用，由执行机关估计其数额，命义务人（当事人）缴纳；其缴纳数额与实支不一致时，退还其余额或追缴其差额。”日本1948年《行政代执行法》第2条②、西班牙1992年《公共行政机关及共同的行政程序法》第98条③、葡萄牙1996年《行政程序法

① 1953年德国《联邦行政强制执行法》第10条。根据这一条文，德国《联邦行政强制执行法》完全将行政机关排除出可实施行政代履行的范围之外，将行政机关本身进行行政代履行归于直接强制，而只有通过行政机关委托第三人进行义务履行的才属于行政代履行范畴。之后，在中国台湾地区1998年修订的“行政执行法”中也认同了这个定义，将非第三人代履行排除在行政代履行范围之外。对此，中国台湾著名行政法学家吴庚教授还对如此的限定进行了举例说明：经行政机关发布拆除命令后，违章建筑所有权者仍拒不拆除的，导致两种可能。一是行政机关命其下辖的拆除队进行拆除的，如此将被视为直接强制，不导致缴纳费用等附随环节；二是由行政机关雇工拆除，则可以归于行政代履行，所需必要花费则由义务人（当事人）负责。吴庚：《行政法之理论与实用》，中国人民大学出版社2005年版，第329页。

② 日本《行政代执行法》（1948）第2条规定：“行政厅，可以自行进行义务人（当事人）应该进行的行为，或者指定第三人来进行该行为。”

③ 西班牙《公共行政机关及共同的行政程序法》（1992）第98条规定：“附加执行：一、如果行为因不属于纯个人性质而由义务人（当事人）之主体进行时，应进行附加执行。二、在此情形下，公共行政机关应通过自己或所确定的人进行行为，而不通过义务人（当事人）。三、有关费用、损失及损害的金额应根据上条所述规定征收。”

典》第155条[①]等法律、法规也对行政代履行进行了界定。

国内不少学者对代履行（代执行）的内涵亦做了分析。应松年教授认为：“代执行，又称代履行，义务人（当事人）不履行法定义务，而该义务又可由他人代为时，有执行权的机关可请人代替法定义务人（当事人）履行义务，再由法定义务人（当事人）负担费用，称为代执行。”[②]学者杨建顺认为：“代执行（代履行），是指对可以由他人代替履行达到相同目的的义务（可代替性作为义务）的强制程序，是行政厅或者行政厅指定的第三人代替义务人（当事人）本人履行义务，并向义务人（当事人）征收所需费用的程序。”[③]罗豪才教授认为：“代履行是行政主体（行政机关）雇人代替不履行行政法义务的相对方履行义务而强制义务人（当事人）交付劳务费用的行政强制方式。”[④]胡建淼教授认为：“代执行，也称代履行，是指义务人（当事人）不履行法律、法规等规定的或者具体行政行为所确定的可代替作为义务，由行政主体（行政机关）[⑤]或者第三人代为履行，并向义务人（当事人）征收必要费用的行政强制行为。”[⑥]姜明安教授认为：“代执行，是行政强制执行机关或者第三人代替履行法律直接规定的或者行政行为所确立的相对人的作为义务，并向义务人（当事人）征收必要费用的强制执行方式。”[⑦]吕忠梅教授提出：“如果当事人所负有的环境义务并不是必须由本人履行，那么当事人不愿意履行自身义

---

① 葡萄牙《行政程序法典》（1996）第155条规定：“支付一定金额的执行……三、如执行可替代的行为，该行为由非义务人（当事人）作出时，须遵守第一款所规定的程序。四、属上款情况，行政当局须选择由其本身直接或交由第三人实行有关执行上的行为；一切开支、损害赔偿及金钱上的处罚，均由义务人（当事人）负责。”

② 应松年：《行政法学新论》，中国方正出版社1998年版，第293页。

③ 杨建顺：《日本行政法通论》，中国法制出版社1998年版，第482页。

④ 罗豪才：《行政法学》，北京大学出版社2001年版，第165页。

⑤ 行政主体是指行政法律关系中行使行政权的一方当事人的主体资格，其范围不仅仅只限于行政机关，还包括法律、法规、规章授权的组织。但按照《行政强制法》（2011）第50条、第51条、第52条有关行政代履行的规定，所使用的概念均为“行政机关”，鉴于学界也多有使用“行政主体”这一概念，为了避免在引用时删改原文的表述，所以本书也同时使用这两个概念，但坚持如下原则：如果所引用文献原作者用的“行政主体”，本书则按照原文引用，除此之外笔者所述文字均使用“行政机关”概念。

⑥ 胡建森：《行政强制法研究》，法律出版社2003年版，第170—171页。

⑦ 姜明安：《行政法和行政诉讼法》，北京大学出版社2005年版，第330页。

务时，行政机关可以将该义务人（当事人）交由其他主体履行，代履行所需费用由当事人来承担。”① 学者刘佳奇提出：“如果义务人（当事人）对自身所负有的环境义务无力完成或者完成结果不符合要求，行政机关经过限期治理措施后仍无效果，且这一义务并不是必须由义务人（当事人）本人完成的，行政机关可将该义务人（当事人）交由能够具备完成该义务能力的其他主体代履行，义务人（当事人）来支付其他主体完成该义务所需要的费用。”②

不难看出，由于概念界定多在《行政强制法》（2011）颁行前，学者们对代执行与代履行未予以严格区分，对行政代履行概念的界定还略有差异（譬如有执行权的行政机关本身是否可以对义务实施代履行），但基本内涵大致相同。需要指出的是，在行政法研究成果中，不少学者使用“代执行”来指称“代履行”这一间接行政强制执行方式。笔者认为，使用“代执行”来指称“代履行”并不妥当，相关分析参见前文“关于书中相关概念的使用”，此处不再赘述。此外，这里的环境义务行政代履行也不同于民事合同法中的第三人代为履行，同样是第三人代为履行义务，《合同法》（1999）关于第三人代为履行制度中的三方主体地位平等，且经过当事人与第三人之间自由协商达成代履行协议；而在环境行政代履行制度中，行政代履行关系中的三方主体间的地位并不完全平等，为确保环境行政管理秩序的及时恢复，行政机关一般事先与第三人签订协议，在协议中约定由第三人代为履行某一类型的环境污染治理与生态环境修复义务，且第三人原则上不得拒绝履行该义务。

综合上述学者关于代履行（或代执行）的定义，不难发现，代履行至少有以下三个特点：第一，在行政代履行所涉及的法律关系中存在行政机关、当事人、第三人这三方主体；第二，行政代履行的义务必须具有可替代性；第三，行政代履行的费用由当事人负担。结合这些特点，笔者把环境行政代履行制度定义为：负有履行环境义务的当事人在拒不履行义务、迟延履行义务、不按要求履行义务或者不具备履行能力的情况下，而此项环境义务具有可替代性且由代履行人代为履行可以达到同一效果时，

---

① 吕忠梅：《环境法导论》，北京大学出版社 2008 年版，第 80 页。

② 刘佳奇：《论环境行政代执行制度的普遍适用——以〈水污染防治法〉为例的展开》，《辽宁公安司法管理干部学院学报》2010 年第 2 期。

环境行政机关可以指定第三人代为履行，费用由当事人负担的一种间接强制执行制度。

二　环境义务行政代履行的性质

目前，学界对行政代履行性质的争议较大，争议的焦点在于行政代履行是否属于行政强制执行？在回答这个问题之前，有必要明确行政强制执行的内涵与外延。首先，关于行政强制执行的外延，间接强制执行是否属于行政强制执行？按照传统行政法理论对行政强制的划分，行政强制大致可以分为直接行政强制与间接行政强制，由于行政代履行属于间接行政强制执行方式之一种，因此通过演绎推理可知行政代履行属于行政强制执行。其次，关于行政强制执行的内涵，笔者赞同如下两个观点，一是行政强制执行属于行政机关的职权行为，是特定的行政机关或者经法定程序授权的组织，依照法定授权范围和程序，对逾期不自动履行行政法规定的义务的当事人（包括特殊情况下对将要进行或正在进行危害国家、社会和公民人身利益的行为的当事人）实行强制手段，以达到行政目的的具体行政行为。① 二是“行政强制执行是指国家机关为了保障行政权的合法、有效行使和行政管理活动的正常进行，对不履行行政机关所科义务的行政相对人（当事人），依法采取强制性方式，迫使其履行义务或达到与履行义务相同状态的一种法律制度”②。而在环境行政代履行制度中，环境行政机关启动行政代履行程序就是依照法定的授权范围和程序，对逾期不自动履行行政法规定的义务的当事人采取强制手段迫使其履行义务。尽管环境义务由专门从事环境治理的第三人履行，但费用往往由当事人负担，若不及时缴纳费用，环境行政机关往往通过行政权进行强力征缴。从这一点上看，代履行具有明显的强制属性，但由于代履行在适用过程中讲求合作和鼓励参与，因此学界普遍将其视为一种间接行政强制执行方式。据此笔者认为，环境义务行政代履行仍属于行政强制执行的范畴，其实质上是一种间接行政强制执行方式。

从理论上看，行政强制是“花开两朵”：大致可分为直接强制和间接强制，而间接强制业又“花开两朵”：包括代履行和执行罚。一般认为，

① 杨海坤、刘军：《论行政强制执行》，《法学论坛》2000年第3期。

② 孟鸿志：《行政法学》，北京大学出版社2000年版，第259页。

直接强制与间接强制的本质区别在于采取的手段是否具有直接强制性，即直接强制是对当事人的人身、财产具有直接的强制性，通过外部强制力量作用于当事人的人身或财产，以迫使当事人履行义务。相较而言，间接强制的强制属性较弱，它是通过间接的方式迫使当事人自行或者通过他人代为履行义务。根据此类划分，环境义务行政代履行是一种典型的间接强制执行方式，它通过选择第三人代为履行义务，费用由当事人负担这样的制度设计来实现社会管理的目标，因此环境义务行政代履行属于间接强制的范畴。

但在笔者看来，这种区分过于笼统，以体系解释的思路看待行政代履行在行政强制执行中的地位，笔者比较认同现有法律规定有关行政代履行属于间接强制执行的界定。间接强制与直接强制之间的区别主要有以下两点：第一，行为方式上是否由行政机关向当事人直接作出；第二，行为目的上是否直接达到需要具体执行的行政行为所要达到的目的。在直接强制执行中，是由行政机关直接采取针对当事人的查封、扣押、冻结、划拨、扣缴、强制收购等措施来达到行政制裁措施的直接目的，而环境义务行政代履行中的代履行行为由第三人做出，而不是当事人，执行罚中的滞纳金并不属于需要执行的行政行为的目的，而是为保证这一目的实现的督促措施，因此代履行与执行罚均属于间接行政强制执行。而在间接强制执行体系中，代履行和执行罚具有各自的立法目的和分工。代履行是针对可替代的行为义务，而执行罚则是针对金钱义务，两者所面对的对象和目的不同，因此相互无法替代，两者之间是相互补充的关系，因此二者在代履行中也实现着不同的立法目的，两者共同构成间接强制执行。直接强制执行与间接强制执行的本质区别在于对当事人所采取的手段是否具有直接强制性。

三 环境义务行政代履行中的法律关系

法律关系是法理学中的基本概念，是指法律规范作用于社会关系后所形成的权利义务关系。在环境行政代履行制度中，所涉及的法律关系相对复杂，目前无论是主体、客体还是内容的界定均存在一些争议。

第一，对环境义务行政代履行中各主体的界定。论及环境义务行政代履行中的法律关系，有必要对环境义务行政代履行主体进行准确界定，因为只有准确界定了环境义务行政代履行中的各个主体，才能明确环境义务行政代履行中各主体之间的法律关系。环境行政代履行制度中存在三方主体已是学界共识，即环境行政机关、当事人和第三人。所谓环境行政机关，是指依法享有环境行政管理职权，以自己的名义行使行政职权并独立承担责任的政府机关。当事人，是指环境行政管理法律关系中与环境行政主体（行政机关）相对应的另一方当事人。目前，学界对环境行政机关和当事人之内涵的界定争议不大，对第三人的认识则存在很大分歧，主要表现在：环境行政机关能否作为代履行人？关于这个问题，理论研究和立法实践上主要存在两种模式：一种是德国模式①，即规定行政代履行主体只能是第三人，将行政机关自行代为履行排除在外；另一种是日韩模式，即行政机关和第三人均可作为代履行主体②。除日本、韩国立法外，西班牙《公共行政机关及公共行政程序法》(1992)、葡萄牙《行政程序法典》(1996)、法国《环境法典》(2000) 也有如此规定。反观国内立法，我国《行政强制法（草案）》③ 规定的行政代履行人借鉴了德国立法模式，规定只能由第三人代为履行，将行政机关自行代为履行排除在外，但在《行政强制法》④ (2011) 正式颁布时，却又将行政代履行人变为行政机关和第三人。中国台湾地区“行政执行法” (2010) 第 29 条规定⑤，只有“执行机关得委托的第三人或者指定的人员”可以代为履行法定义务。由上可见，这些大陆法系国家或地区立法对行政代履行人的规定尚缺乏统一标准。除了立法上的不统一外，在国内行政法理论研究上，学者们对行政

① 德国《联邦行政强制法》(1953) 第 10 条规定：“一行为未被履行，而该行为可由他人作出时（可代替的行为），执行机关可委托他人完成该行为，费用由义务人（当事人）承担”，从该条文“委托他人”可见，德国立法明显将行政机关排除在行政代履行主体之外。

② 日本《行政代执行法》(1948) 第 2 条规定：“行政厅，可以自行进行义务人（当事人）应该进行的行为，或者指定第三人来进行该行为。”

③ 《行政强制法（草案）》第 51 条第 1 款规定：“行政机关作出排除妨碍、恢复原状等义务的行政决定，当事人逾期不履行的，行政机关可以委托没有利害关系的其他组织代为履行。”

④ 《行政强制法》(2011) 第 50 条规定：“行政机关依法作出要求当事人履行排除妨碍、恢复原状等义务的行政决定，当事人逾期不履行，经催告仍不履行，其结果已经或者将危害交通安全、造成环境污染或者破坏自然资源的，行政机关可以代为履行，或者委托没有利害关系的第三人代履行。”

⑤ 中国台湾地区“行政执行法”(2010) 第 29 条规定：“依法令或本于法令之行政处分，负有行为义务而不为，其行为能力由他人代为履行者，执行机关得委托第三人或指定人员代为履行。”

代履行主体的认识也不完全一致。章剑生教授认为："代履行的主体是行政相对人（当事人）以外的第三人。"刘平等学者认为："行政机关必须委托第三人代为履行。"[①] 与前面两位学者的看法不同，应松年教授则采取折中的观点，他认为，对代执行的主体不宜作统一规定，可由单行法根据不同领域的特点单独规定。[②] 中国台湾地区学者蔡震荣教授指出，"代履行中，替代履行的义务是义务人（当事人）本来之义务，本就应由义务人（当事人）自行履行并承担费用。所以若把重点放在义务的履行上，无论是行政机关还是第三人履行该义务，都会产生义务履行效果，义务人（当事人）都应当支付本来应由其承担之费用"[③]，认为行政机关也可作为代履行主体。综上可见，无论是国内外立法实践，还是国内理论研究，对行政代履行主体并无绝对统一的认识。

通过对以上各国立法或者理论研究的分析，笔者赞同应松年教授的观点，认为在行政强制法上，代履行的主体不宜作统一规定，可由单行法根据不同领域的特点单独规定。《行政强制法》（2011）第50条对可以实施行政代履行的情形采用了列举的方式，即"危害交通安全、造成环境污染或者破坏自然资源的"，危害交通安全的代履行既可由行政机关实施也可由第三人实施，但涉及环境污染或者资源破坏的情形，笔者认为还是应采用第三人（即市场上专业的第三人）代履行，之所以将环境行政机关排除在代履行主体之外，主要理由在于以下几个方面。

首先，环境行政机关应恪守环境监管职责。目前，环境行政机关管理理念本质上还是从一个管理者的角度来进行环境监管，环境行政机关在执法时，并没有将公民或当事人的利益放在第一位，而是优先考虑本部门的利益。显而易见，环境行政机关没有将自身定位为服务者，而是以一种不平等的思维来看待自己与当事人的关系，那么为了个人或本部门的利益牺牲当事人或公共利益就可想而知。环境行政机关的主要职责就是环境监管，因此环境行政机关的身份应是一个监管者。如果环境行政机关在代履行过程中还可以从事代履行活动，就会导致环境行政机关在代履行中既当

① 刘平、程彬、王天品：《代履行制度的法律关系辨析——兼论民事法律制度在行政法中的引入》，2008年政府法制研究论文，上海，2008年6月。

② 应松年：《论行政强制执行》，《中国法学》1998年第3期。

③ 蔡震荣：《行政执行法》，元照出版公司2002年版，第226页。

“运动员”参与代履行事务，又当“裁判员”进行实时监管，此时当事人和社会公众的利益就无从保障，毕竟环境行政机关的利益与当事人及公众的利益存在一定程度的冲突。此外，若环境行政机关作为代履行人，那么在第三人的选择上就难以做到公平公正，申言之，环境行政机关选择自己作为代履行主体，就很难保证第三人有一个公平竞争的环境，缺乏竞争的情况下就很难保证效率和成本的平衡。总而言之，环境行政机关应恪守职责，充分发挥监督和指导作用，为环境行政代履行制度的实施创造一个公正的外部环境。

其次，环境义务行政代履行活动颇具专业性，环境行政机关或难以胜任。众所周知，环境污染的种类多种多样，涉及的问题也千差万别，治理环境污染不仅需要投入大量的人力、物力和财力，更需要专业知识和技能进行管理运作，方可有效地完成行政代履行任务，而且专业技术的要求导致不同类型的环境污染需要不同类型的专业企业来完成，很少有企业能够处理多种环境污染，正因如此，环境行政机关在代履行主体的招标过程中也要对不同的环境污染进行分门别类的招标。代履行企业的选择尚且如此，我们又怎么可能奢求环境行政机关具有这么全面的能力来充当代履行人呢？更何况，环境行政机关的主要职能是环境监管，在缺乏治理污染的配套机制和技术设施的情况下，贸然规定环境行政机关从事行政代履行活动，也难以取得环境治理的最佳效果。退一步讲，就算部分环境行政机关本身就拥有实施行政代履行的必备技术和设备条件，也并不代表所有环境行政机关都有能力从事行政代履行工作，人员短缺和经费不足是各级环境行政机关所面临的共同问题，在环境监管等各个领域都面临着人员不足的问题，这也导致了很多环境污染行为因缺乏监管而愈演愈烈。可见，留给环境行政机关的资源本身就不多，再进行环境义务的行政代履行显然不现实。况且从长远来看，环境行政机关从事行政代履行工作，不仅有政府职能越位之嫌，而且有碍于社会公正，不利于环境行政代履行制度的长久与平稳运行。

最后，第三人从事行政代履行工作有利于发挥专业特长，实现优势互补。环境污染治理与生态环境修复是一个牵涉面广、专业性强、技术含量高的领域，要想在这一领域有所作为，必然少不了环境行政机关与第三人的密切合作。环境行政机关在获取环境污染第一手资料方面具有天然优势，且拥有行政执法权，有利于发挥其对行政代履行的监督、引导和服务等作用。申言之，环境行政机关作为监管机关，其信息收集的及时性、广泛性和准确性是其他任何主体都不具备的，在环境污染发生时，环境行政机关往往能够率先掌握第一手资料，这有利于行政机关发挥行政代履行的监督、引导和服务等作用。如果环境行政机关与第三人之间进行密切合作，就有利于发挥第三人的专业特长，实现优势互补，最终实现环境污染治理与生态环境修复之目标。具体而言，环境行政机关通过实施行政代履行制度，可以有效运用行政代履行第三人在人才、技术、资金、设备和管理经验等方面的优势，再发挥本身的环境监管职能，有助于实现在治理污染中的相互分工与优势互补，使之更好地为行政代履行服务。环境行政机关和污染治理企业的配合还有利于促进环境义务有效履行的常态化发展，因为双方的合作可以减轻环境行政机关的负担，使其能将更多的人力、物力用于环境监管，同时还能促进环境保护产业的发展，壮大第三人治污企业的力量，促进行政代履行向常态化、制度化发展，真正使两方主体的协调配合产生执法实效。

第二，环境行政代履行制度中的法律关系。在环境行政代履行制度中，必定存在这三方主体：环境行政机关、当事人和第三人，三者之间存在较为复杂的法律关系，具体是指环境行政机关与当事人之间的行政法律关系、环境行政机关与第三人之间的行政协议法律关系以及当事人与第三人之间不存在直接的法律关系。在这三组关系中，环境行政机关与当事人之间的关系是最为基础、最为关键、最为核心的一组关系，其他两组关系都以它为依托，都建立在这一关系的基础之上，以下将详细分析这三组关系的性质。

其一，环境行政机关与当事人之间是行政法律关系。关于环境行政机关与当事人之间法律关系的性质，理论上看法趋于一致，多认为环境行政机关与当事人之间是行政法律关系。所谓行政法律关系是指行政法律规范调整与行政活动（权利活动和非权利活动）相关的社会关系后所形成（或产生或引发）的一种权利义务关系。这种关系既应包括在行政活动过程中所形成的环境行政机关与当事人之间的行政管理相关的权利义务关系，也应包括因行政活动产生或引发的与救济或监督相关的权利义务关系。而在环境行政代履行制度中，环境行政机关与当事人就是因环境行政机关制裁当事人而产生的当事人与环境行政机关的权利义务关系，即行政法律关系。环境行政机关与当事人之间的行政法律关系是行政代履行制度中最为基础、最为核心、最为重要的法律关系，其重要性具体表现在：首先，环境行政机关与当事人之间的法律关系是行政代履行制度存在的基础，没有这层行政法律关系，行政代履行就无从谈起。其次，行政代履行程序的启动与环境行政机关、当事人的“所作所为”密切相关，环境行政机关是行政代履行的决定者，而当事人对环境义务“履行不足”又是环境行政机关是否启动行政代履行程序的先决条件。最后，行政代履行运行中或者实施完毕后，环境行政机关对当事人所应支付的行政代履行费用具有公法上的请求权，环境行政机关可以通过行政行为予以确认，也可以通过强制执行予以实现。在环境行政代履行制度中，环境行政机关与当事人之间的行政法律关系决定了双方的主体地位与行为模式，虽然学界普遍主张政府部门应向“服务型”政府转变，但是两者基于行政法律关系的行为模式还是必须被遵守，如行政法律关系双方当事人所处的地位往往是不平等的权力对权利的关系，在当事人不履行环境义务时，环境行政机关可以运用其依法享有的行政权力对当事人予以行政制裁或者采取行政强制措施。相反，在行政代履行过程中，当事人对环境行政机关的行为，即便是有不当或者有违法，原则上既不能否认其效力也不能加以非法抗拒，而只能于事后通过行政复议、行政诉讼等救济途径或者方法予以解决；行政法律关系的发生不以当事人的同意和符合当事人的意志为前提，行政法律关系的成立往往由行使行政职权的环境行政机关单方确定，无须征得当事人同意，这也是环境行政机关在单方面推动行政代履行程序的基础，这都源于二者间的行政法律关系。因此，环境义务行政代履行程序的启动、运行和结束都是围绕着环境行政机关与当事人之间的行政法律关系展开，只有把握二者间的法律关系才能对行政代履行运行中的各方权利义务设定、程序规定以及各自的法律责任作出准确回应。

其二，行政机关与第三人是行政协议法律关系。关于二者间法律关系的性质，理论上有不小的争议，有学者认为是私法上的民事委托关系，代表学说是私法契约说，譬如认为“行政机关与受其委托从事执行任务的私人之间，并无公权力的成分，基本上是一方出钱，一方出力的交易，在行政强制执行的行政代履行中属于民事合同”①；也有人认为是公法上的行政协议委托关系，代表学说是公法契约说。私法契约说以韩国《行政代执

① 杨欣：《民营化的行政法研究》，知识产权出版社 2008 年版，第 164 页。

行法》（1954）为代表，该法认为，在平常时候的代执行情况下，行政机关与第三人之间的法律关系是通过契约而产生的私法关系，行政机关不能强迫第三人代履行义务。[①] 比较分析来看，私法契约说主张的是行政机关与第三人地位平等、缔约自由，行政机关不得以第三人不履行代履行义务为由而径行实施行政强制。然而，公法契约说则认为，第三人代履行属于公法上的勤务行为，或者是公法契约关系，甚至有学者认为为他人履行是一种自愿的勤务。[②] 公法契约说理论主要是强调在行政协议中给予行政机关处置合同上的合理特权，在行政协议中注入权力因素[③]，其立论基础是政府行为的目的在于维护社会公共利益、保障社会安全和秩序、为社会提供公共服务，基于这一行为目的的行为方式——签订行政协议就理所当然是为了实现这些目的，那么行政协议的宗旨中就必然将公共利益摆在优先位置，而代履行中签订的行政协议的目的不同于简单的采购等方式的行政协议，其行为结果会直接涉及社会公众利益，这也导致了社会公众利益与当事人、第三人利益的冲突，因此为了解决利益的冲突问题，在行政协议中注入公权力因素也是其应有之义，而且这也并不会影响到合同的私法属性，因为公权力在任何情况下都有其相应的限制。可见，公法契约说否认行政机关与第三人之间的地位平等与缔约自由，认为第三人实施行政代履行的前提是基于行政机关委托，行政机关可视情况单方中止或终止第三人的代履行行为。

通过对以上两种学说的分析，笔者赞同公法契约说，认为行政机关与第三人之间是基于行政事务的委托而形成的行政协议关系。其理由有两点：第一，环境义务行政代履行的内容具有公益性，行政代履行活动须接受环境行政机关的监管。申言之，环境行政代履行制度的首要目标就是有效治理污染，维护社会公共利益，反映在环境行政管理上，环境行政机关首先会根据治理的需要选择适格的第三人，再与第三人达成协议，并对其进行运行监管，以更好地维护社会公益。由于行政代履行的内容具有公益性，环境行政机关必须对第三人进行公开遴选与有效监管，这决定了环境

① 余凌云：《警察行政权力的规范与救济——警察行政法若干前沿性问题研究》，中国人民公安大学出版社2002年版，第120—121页。

② ［德］哈特穆特·毛雷尔：《行政法学总论》，高家伟译，法律出版社2000年版，第462页。

③ 杨素云：《行政合同的基本理念》，《学习与探索》2004年第6期。

行政机关与第三人之间是一种监管与被监管的纵向法律关系。尽管二者间有协商一致达成的行政契约，但是契约的内容牵涉公共利益，因此该行政契约充其量是一种“法定”下的“约定”，环境行政机关与第三人不可能实现绝对的平等与自由协商。第二，为确保环境行政代履行制度的正常运行，环境行政机关往往进行单方强制。譬如，环境义务行政代履行过程中第三人违法或明显不当，环境行政机关可视情况单方中止或终止第三人的代履行行为。从这一点上看，环境行政机关明显动用了行政强制权，试想，如果行政代履行程序的启动或运行均需要与第三人的协商一致或平等缔约，那么，突发的环境污染根本难以得到及时治理，行政代履行实施进程中的第三人也不能得到有效监督，这样一来，行政代履行制度的作用或者功能也会被大打折扣。从上述两方面理由可知，环境行政机关与第三人之间法律关系的性质属于行政契约关系。

其三，当事人与第三人不存在直接的法律关系。第三人与当事人之间的联系是基于其与环境行政机关的行政委托合同，而行政委托合同赋予第三人的权利或义务的内容才能影响到其是否与当事人存在法律关系。反观环境行政机关与第三人的行政委托合同，其实质上是由第三人“代替”当事人完成本应由当事人履行的环境义务，在形式上是基于行政委托合同对权利义务关系的约定，而行政委托合同赋予第三人的是义务而不是权力，第三人并不具备行政组织法中的委托或者授权的行政强制执行权，也因此第三人对当事人不存在行政法上的行政强制执行权及其与当事人之间不存在行政法上的法律关系。既然第三人没有行政强制权，而只具有基于行政协议的治理环境污染的义务，那么其在行政代履行完成对应义务后有权向行政机关索要行政代履行费用，而根本无法动用本来就不具有而一直是行政机关依法享有的行政强制权强制当事人履行金钱给付义务，“也正是因为如此，第三人才得有代当事人履行义务向行政机关请求支付报酬的可能，同样也为行政机关向当事人请求支付费用的权利提供了依据”①。那么第三人与当事人也不存在金钱上的法律关系，因此可以说第三人与当事人不存在法律上的权利义务关系。虽然二者间并不存在直接的法律关系，但是当事人应忍受行政代履行之必要行为，如不得干涉第三人代为治理污染，负有容忍义务。不过，当第三人故意或重大过失的行为给义务人

① 皇甫艳丽：《试论行政代执行》，《山西省政法管理干部学院学报》2001 年第 4 期。

（当事人）造成人身伤害、财产损失，则构成民法上的侵权行为，在此情形下，由义务人（当事人）直接向第三人主张侵权赔偿责任较为合理。[①]所以，第三人在环境义务行政代履行过程中，应当适当、谨慎、诚信地履行义务，尽到善良管理人的义务，当因自身原因导致当事人损失时，应承担民事侵权赔偿责任。

四 环境义务行政代履行在行政强制执行体系中的定位

之所以要弄清环境义务行政代履行在行政强制执行体系中的定位，是因为具体制度的设置都是为了实现既定的立法目的，这一目的的实现既靠制度本身的作用，又靠制度依存的体系，而法律制度尤其强调体系的作用，不同制度间要配合协调才能发挥其应有的功能。

如前所述，行政代履行属于行政强制执行中的间接强制执行方式，环境行政代履行制度属于代履行制度在环境行政执法领域中的具体适用，在总体定位上还属于行政强制执行制度的一部分。行政强制执行是指行政机关为了保障行政权的合法、有效行使和行政管理活动的正常进行，对不履行行政机关所科义务的当事人，依法采取行政强制执行方式，迫使其自行履行义务或者第三人代为履行达到与履行义务相同状态的一种法律制度。所以，行政代履行制度所要达到的目的就是使义务获得实际履行，而部分学者认为直接强制执行与间接强制执行的主要区别就在于强制执行在激进程度上的差异，间接强制执行相对于直接强制执行更缓和，更强调合作，因此也更容易被当事人所接受。尽管间接强制具有诸多优势，但间接强制执行更多是对直接强制“不能”的情况的补充，间接强制执行不仅仅是为了缓和对立，更是为了解决一些直接强制执行不能解决的问题。

此外，应当指出的是，作为间接强制执行方式的执行罚与代履行在适用上也并非完全对立，二者之间存在密切关联。目前学者对于代履行和执行罚关系的研究较少，在笔者看来，代履行和执行罚存在相互依托的关系。执行罚主要解决的是金钱义务履行不能，而代履行主要是涉及行为义务的履行。执行罚是通过惩罚的方式迫使当事人尽快履行金钱义务，而环境领域的代履行所面对的是环境污染的治理与生态破坏的修复，此外环境行政代履行中收取的代履行费用是修复的必要费用，不是行政罚款。所以

① 王知：《论行政代履行》，硕士学位论文，中国政法大学，2011 年。

代履行与执行罚的运作机制并不相同，它并不主要体现为惩罚措施，而更多地体现为补偿或补救措施。代履行与执行罚的这种制度分工不仅证明了代履行其实主要体现的不是具有强制性和惩罚性，而且也有助于解释政府可以以合作和服务的态度来协助代履行的实施。

总之，基于行政强制执行制度的需要，直接强制执行和间接强制执行、代履行和执行罚分别实现着不同的制度目的。直接强制执行与间接强制执行并不是在共同的强制性基础上建立的，而是相互补充的关系，代履行与执行罚也分别实现着通过合作促使当事人履行或者通过惩罚迫使当事人履行的目的。为此，应当明确环境行政代履行制度在行政强制执行体系中的定位，建立和完善代履行与直接强制方式的衔接机制，避免其单打独斗，以期充分发挥环境行政代履行制度在环境监管中的威慑力。

第三章

环境行政代履行制度的理论基础

对于环境行政代履行制度的理论基础，鲜有学者对其进行充分论证。事实上，任何一项法律制度的构建都需要充实的理论作为其支撑，环境行政代履行制度亦不例外。笔者认为，最小损害理论、行政合作理论、新公共管理理论、服务型政府理论、行政效率理论、义务重心理论可以作为环境行政代履行制度的理论基础。

第一节　最小损害理论

一　最小损害理论简述

最小损害理论，也称“最小损害原则”“最小侵害原则”“比例原则”或者“必要性原则”，其基本含义是在实施行政行为时行政机关应兼顾行政目标的实现和适当性手段的选择，保障公共利益和行政相对人（当事人）权益的均衡。事实上，行政机关做出的行政行为往往会对当事人权益造成某种不利影响，但“应将这种不利影响限制在尽可能小的范围和限度内，保持二者处于适度的比例”①，此乃最小损害理论的要义或者精髓。最小损害理论是行政法的基本理论之一，在英美法系国家中，此理论又被称为最不激烈手段原则（the least drastic means）、较小限制原则（the less-restrictive alternative principle）、最少不利手段原则（the least adverse alternative

① 姜明安：《行政法》，北京大学出版社 2017 年版，第 124 页。

approach)、禁止过度原则（亦可称行政适度原则）。但无论是何种称谓，最小损害理论的核心意涵均是要表达行政机关在履行职责时尽量选择对行政相对人（当事人）损害最小但又能兼顾行政管理目标之实现的方式和方法。

在理论研究层面，最小损害理论有狭义和广义之分。其中，狭义的最小损害理论是指均衡性原则，指行政机关拟实施的行政行为必须先进行利益衡量，以评估该行政行为实施后对社会整体利益与行政相对人个人（当事人）利益的影响。广义的最小损害理论，除包含均衡性原则的内涵外，还包含两项含义：其一，适当性原则，亦即行政机关拟实施某行政行为（特别是实施对当事人权益不利的行政行为）时，只有认定该行政行为有助于达到相应行政目的或者行政目标时，才能实施；其二，必要性原则，亦即行政机关拟实施行政行为，必须在多种方案、多种手段中进行选择，择其对行政相对人（当事人）权益损害最小的方案、手段实施。①

最小损害理论的概念最早可追溯至19世纪的德国警察法学。由于警察权会对公民权益造成较大影响甚至严重威胁，因此有学者提出，警察权力的行使唯有在“必要时”才能限制公民的权利，否则即构成滥用警察职权。到20世纪初，德国在行政强制法领域率先确立最小损害理论，要求行政机关在行使行政强制职权时更多地以温和、合作、较小限制和损害最小的方式进行。时至今日，无论以实体法为依据，还是作为一项不成文法源，最小损害理论作为一项重要的公法原则已经成为西方法治发达国家的普遍共识。② 由此可见，最小损害理论的概念内容是十分丰富的，但究其本质是要求行政机关不得任意地行使其行政裁量权，在执行职务时需要选择那些不良作用最少的、对当事人和社会损害最小的、最符合行政目的的方法而为之。③ 归纳而言，最小损害理论的核心意涵在于，通过对行政机关自由裁量权的限制和规范，促使其选择对行政相对人（当事人）损害最小的方式与方法，最终实现对当事人权益的有利保护。

二　最小损害理论与环境行政代履行制度

环境行政代履行制度的构建与完善，无疑体现了最小损害理论的要

① 姜明安：《行政法》，北京大学出版社2017年版，第125页。

② 胡建淼、蒋红珍：《论最小侵害原则在行政强制法中的适用》，《法学家》2006年第3期。

③ 孙琬钟、江必新：《行政管理相对人的权益保护》，人民法院出版社2003年版，第9—10页。

求。这主要表现在如下两方面：第一，环境行政机关启动行政代履行程序后，当事人实际履行的为更易于其履行的付费义务，这有助于减少当事人的行为义务负担，使其能够更好地履行环境义务。显然，行政代履行程序的启动既能减少当事人的行为义务负担，又兼顾了环境监管目标的实现，毫无疑问体现了最小损害理念。第二，环境行政代履行制度的引入，有助于丰富环境行政机关的强制执行方式，也有助于维护当事人的合法权益。传统的行政管理注重行政处罚、直接强制等刚性手段。虽然这些手段短时间内可能达到立竿见影的效果，但由于都建立在对当事人利益损害的基础之上，从长远来看，直接强制方式的过度使用会加剧当事人的抵触情绪和抗拒心理，也有悖于行政管理的人性化、科学化和民主化的发展潮流。因此，在行政强制执行方式的选择上，环境行政机关应秉承最小损害理论，确立“先间接后直接、先缓和后严厉”的理念,[①] 更多地运用对当事人损害较小的间接强制执行方式，充分保障当事人的合法权益。

笔者认为，环境义务行政代履行就是一种对当事人损害最小、相对缓和、讲求合作的间接强制执行方式，也是最小损害理论在环境与资源保护法领域的直接运用。其理由在于：首先，环境义务代履行就是通过程序设计赋予当事人更多的“选择”和“机会”，鼓励其自行履行环境义务，以减少其对环境行政机关执法行为的抵触和抗拒。其次，为及时、有效治理环境并实现环境监管目标，行政机关调动了第三人的力量参与环境行政事务，这体现了多方参与和讲求合作的精神；最后，也是最重要的一点，行政代履行作为一种间接强制执行方式，能够及时有效地治理污染，这不仅对当事人的个人权益损害最小，而且对整个环境利益而言，也是损害最小。一言以蔽之，行政代履行制度作为行政方式作用明显、意义重大，是最小损害理论应用于环境行政领域之典范。

从环境行政代履行制度的具体设计看，其诸多程序设计也遵循了最小损害理论。《行政强制法》（2011）第50条明确规定：“行政机关依法作出要求当事人履行排除妨碍、恢复原状等义务的行政决定，当事人逾期不履行，经催告仍不履行……行政机关可以代履行，或者委托没有利害关系的第三人代履行。”其中“催告”意味着环境行政机关在启动环境行政代履行程序时必须事先“催告”当事人，以鼓励当事人自行履行排除妨碍、

① 侯如玉：《我国行政强制代履行制度研究》，硕士学位论文，大连海事大学，2013年。

恢复原状等环境义务，若当事人在催告期限内仍不履行该环境义务的，环境行政机关将适时启动行政代履行程序。事实上，“催告”程序为当事人决定是自行履行环境义务还是被迫接受代履行环境义务提供了选择空间，结果无疑有助于维护当事人的权益。另外，《行政强制法》（2011）第51条还规定“代履行三日前，催告当事人履行，当事人履行的，停止代履行”，该条款中的“三日前催告”程序也是旨在鼓励当事人自行履行环境义务，避免因行政代履行程序的启动而给当事人造成不利负担。毋庸讳言，环境行政代履行制度中的诸多程序设计均贯彻落实了最小损害理念。

第二节　行政合作理论

一　行政合作理论简述

随着世界经济全球化的渐次演进和我国社会转型的深度铺展，一种脱胎于传统行政法，但其内涵和外延均有别于传统行政法的“新行政法”正在一些法治发达国家形成。[①]“新行政法”的主要特征之一便是调整方式的转变，调整方式的转变主要体现为：其一，行政管理方式从单方性向多方性（即公众参与）的转变；其二，行政命令越来越多地被行政协议所取代，亦即行政机关与当事人之间越来越具有伙伴关系的性质，而非传统的管理者与被管理者；其三，行政强制越来越多地为行政指导所取代，行政机关更多给予引导而非强制；其四，公私互动、公私合作在行政管理中呈现常态化趋势，对于政府部门而言，其越来越多地与社会多元主体（包含企业、个人、社区、媒体、专家、社会组织）合作，即通过与社会多元主体的互动协作以实现行政管理的目的或者目标。这种以政府和社会多元主体合作来实现行政管理目的或者目标的模式即为行政合作模式。

合作，望文生义，就是指双方或者多方主体相互配合、相互协作、共同努力实现某一目的或者完成某项任务，也指“个人或群体之间为达到某一确定的目标，彼此通过协调作用而形成的联合行动”[②]。从实质上讲，

---

① 姜明安：《行政法》，北京大学出版社2017年版，第125页。

② 夏征农、陈至立主编：《辞海》，上海辞书出版社2009年版，第862页。

合作本身既是目的，也是实现目的的一种手段。把合作引入行政管理领域，就形成一种“政府”与“民间”共同处理公共事务的新模式——行政合作，又称合作行政。就其含义而言，行政合作是指行政机关与公民、法人或者其他组织之间共同行动的实践理性活动，是对传统公私法划分论和管制行政法的超越，是一种新的行政法理论和模式。[①] 这种新理念或者新模式具有如下特点：一是社会治理的主体多元化，其治理的参与者不仅仅是行政机关，还包括个人、公司企业、社区、专家或者其他组织；二是行政合作的范围不限于行政立法与行政决策，也体现在行政强制执行环节；三是行政合作的方式包括“平等”对话、协商与契约等，通过这些手段的合理运用，实现“政府服务于民”的目标。

行政合作在行政管理中具有诸多优势，但是行政合作的落实却需要诸多条件的配合，譬如行政理念的转变、社会的高度组织化、公民参与精神的培育、行政合作具体制度或者机制的构建等。行政合作模式的构建，首先在于转变行政管理的理念，正所谓“不转变传统的御民、治民理念，行政机关没有合作的态度和理念，行政合作就是一句空话”[②]。笔者认为，行政合作以服务理念为基础，只有树立服务型政府理念才能有效地推动行政合作理念的贯彻落实。在树立服务型政府理念之后，就迫切需要转变政府管理模式，“传统行政法将政府与个人之间的关系理解为对抗关系，相应地，公共行政的模式也就是管制行政。现代行政法是以民主行政为基础的行政法，更强调公民的自治和参与。因此，现代行政法所理解的政府与个人的关系是合作信任关系，相应地公共行政模式也就是合作行政”[③]。

行政合作理论的产生和发展具有深厚的哲学、政治学、法学理论基础，是行政法学研究中必须涉及的，“行政合作理论的理论基础主要是源于马克思总体性哲学、博弈论和治理理论”[④]，这些理论无不是以多主体合作为中心，并且与环境行政代履行制度有着密切的联系。有学者认为：“总体性哲学认为，无论是个体、社会，还是历史，都是由全部构成因素组成的综合性整体。这些因素的构成是有机联系、相互作用、相互依存

① 贺乐民、高全：《论行政法的合作理念》，《法律科学》（西北政法大学学报）2008年第4期。

② 同上。

③ 同上。

④ 同上。

的。因此，从总体性哲学中我们可以推导出，个体、社会和历史有走向和谐而不是斗争的趋势。”① 因此，在公共行政领域和环境行政代履行过程中，任何的行政活动实质上都是以一个整体性存在的，各种行政活动、各方行为主体都是一个有机的整体，看似相互对立的环境行政代履行中的行政机关与当事人之间的关系实际上是既对立又合作，在经过行政合作的程序后达到和谐共处。这一理论最终要达到的结果就是公共行政资源的高效、合理配置。“治理理论强调去中心化、多中心、多种层次的治理与多种工具使用的并存”②，治理理论要求公共服务的参与者必须是多元的，这样才有利于发挥各方特长，其核心就在于弱化中心在于治理中的主导作用，讲求各方主体之间的合作，通过多元共治实现治理的科学合理。

二　行政合作理论与环境行政代履行制度

行政合作理论是处理行政关系、各方主体关系的重要理论，其为政府转变行为模式、正确处理各方主体关系提出了新的思路。仔细研究行政合作理论有关的成果，不难发现不少学者在论及行政合作的时候，往往主张多元主体的合作，但是其实质上都是围绕行政机关和当事人的合作进行讨论。在环境行政代履行中，环境行政机关和当事人之间的关系不同于环境行政机关与第三人之间的关系，两个不同关系导致对于前者合作的探讨无法包含后者，但实际上环境行政机关与第三人的关系同样对于行政合作具有重要意义，是不能被忽略的，这与多元共治的理念要求我们凝聚各方力量，共同推进环境行政代履行的要求相一致。

环境行政代履行是环境行政机关进行环境行政管理的一种重要方式，这种行政管理方式的顺利推进有赖于环境行政机关与第三人的密切合作。一般而言，环境行政机关在启动行政代履行程序之前必须遵循“最小损害原则”，即鼓励当事人主动履行环境义务，避免给当事人造成不利的负担，申言之，唯有“穷尽了非强制手段时，才能实施行政强制代履行”③。在环境治理领域，当出现环境义务“履行不足问题”时，传统的处置手段往往疲于应对，但又苦于缺乏有效的规制手段。为有效破解环境义务

① 贺乐民、高全：《论行政法的合作理念》，《法律科学》（西北政法大学学报）2008 年第 4 期。

② 王诗宗：《治理理论与公共行政学范式进步》，《中国社会科学》2010 年第 4 期。

③ 侯如玉：《我国行政强制代履行制度研究》，硕士学位论文，大连海事大学，2013 年。

“履行不足问题”，立法者才将行政代履行引入环境污染治理与自然资源保护领域，借由第三人的代履行行为来确保环境义务的实际履行。在环境义务行政代履行过程中，环境行政机关必须选择适格的第三人从事行政代履行活动，同时也可为第三人提供必要的协助，以共同实现环境监管目标。

诚然，环境行政代履行制度体现了行政合作精神。在环境义务行政代履行的过程中，环境行政机关不再单纯地依靠自身的管理职权，而是与第三人签订行政契约，调动专业环保公司参与到环境治理中。显而易见，环境行政代履行制度凝聚了环境行政机关与第三人的协商与合作，也充分发挥了第三人的专业特长与环境行政机关的监管和服务职能，实现二者的优势互补。如此一来，不但节约了环境行政成本，提高了环境行政效率，而且缓和了环境行政机关与当事人之间的对抗与冲突。更重要的是，环境行政代履行制度的贯彻落实能有效调动第三人的积极性，助力环境行政机关实现环境监管目标。可以说，在环境治理领域上引入行政代履行制度就是行政合作的产物，也是行政合作的具体实践。因此，行政合作理论当为环境行政代履行制度的理论基础。

第三节　新公共管理理论

一　新公共管理理论简述

作为一种全新的社会管理理论，新公共管理理论兴起于 20 世纪 70 年代的西方国家，它是“一场以‘经济人’假设（hypothesis of economic man）为前提，以市场价值导向为取向，追求经济（economy）、效率（efficiency）和效果（effect）的政府公共管理革命”[①]。与传统的行政管理相比，新公共管理在理论基础、主要主张方面有很大的不同。传统的公共管理以马克斯·韦伯所论及的官僚科层制理论[②]、托马斯·威尔逊的政治与

① 梅志罡：《新公共管理理论及其借鉴意义》，《行政论坛》2006 年第 1 期。

② 最早对官僚科层制进行详尽分析的是马克斯·韦伯，在韦伯看来，集权制的行政管理，具体表现为权力层级分明、官员训练有素、分工明确、统一严格行使职权，易于达到行政管理效果。［德］马克斯·韦伯：《支配社会学》，康乐译，广西师范大学出版社 2004 年版，第 21 页。

行政两分法[①]作为其理论基础，主要追求行政高效的价值目标。与传统公共管理不同的是，新公共管理以经济学理论和私营部门的管理方法作为自己的理论基础，它首先假定政府是一个市场上的“理性经济人”（rational economic man），以市场或顾客为导向，既追求行政效率，又注重服务的质量和成本收益。基于此假定，政府在实施管理时以经济、效率与效果为最终目标。

新公共管理理论的基本主张主要包括：第一，在公共行政管理中，政府的角色是政策制定者而非政策的实际执行者，在此角色定位下，可避免政府过度介入公民生活，进而缩小政府规模、减少行政开支以及提高行政效率；第二，以市场或者顾客为导向的政府服务，有助于改变政府与公民、社会组织之间的“管理者与被管理者”关系，使政府作为服务者，既可满足公民的多样化需求，又可提升政府的管理质效；第三，为让政府可以更为迅速地应对急剧变化的社会管理，政府应当采取授权或者分权的方式进行管理，将社会服务与管理的权限下放给社会的基层单元，通过向社会组织“借力”来实现社会管理目标；第四，政府管理应当借鉴私营部门的管理经验，以降低成本、提高效率为目标；第五，充分开放公共服务的供给，让更多的私主体参与其中，进而形成公共服务供给中的市场竞争机制，有助于提高公共服务的质量；第六，政府应当高度关注其所提供的公共服务的效率、效果以及质量；第七，政府可以尝试放松严格的行政规则，实施明确的绩效目标控制，进而提升效率和创新精神；第八，应当正视公务人员的政治功能，公务人员于执行政策之外，还可以主动参与公共政策的设计，进而使政策能更为有效地发挥社会功能。[②] 概括而言，新公共管理理论的核心意涵在于：一方面，政府与公民的关系不再是“管理者和被管理者”，而是“服务者与被服务者”；另一方面，政府在公共服务中，应当鼓励个人、企业、社会组织等参与公共服务，以更有效地实现政府管理之经济、效率与效果目标。

---

① 托马斯·威尔逊最早对政治与行政进行了区分，后弗兰克·古德诺于其《政治与行政——政府之研究》中进行了更为详尽的论述。政治与行政的二分法理论认为政治是国家意志的体现，行政是实现国家意志（即政治）的手段，二者不能混为一谈，但也不能决然分开。Woodrow Wilson, “The Study of Administration”, in *The Papers of Woodrow Wilson*, ed. by Arthur S. Link et al., 69 vols., Princeton, N.J., 1966-1993, vol. 5.

② 梅志罡：《新公共管理理论及其借鉴意义》，《行政论坛》2006 年第 1 期。

二 新公共管理理论与环境行政代履行制度

新公共管理理论可以作为环境行政代履行制度的构建或者完善的理论基础，原因主要体现在以下几个方面。第一，新公共管理理论认为政府扮演的是服务者角色，且应当鼓励社会主体参与公共服务。正如学者所言，“对于管理者要树立‘顾客’意识，以政治眼光对待公共管理与外部环境的交互作用，积极发挥社会各方主体的力量，由政府提供信息和服务，组织全社会参与到社会事务的管理中”①。在环境污染治理与自然资源保护领域引入行政代履行制度，即体现了政府在环境行政代履行过程中扮演的服务者角色，积极为当事人与第三人参与公共服务履行服务、引导与保障职能。第二，新公共管理理论以经济、效率和效果为目标。这意味着，公共事务的管理者必须具有一定的专业素质，而且其应当被安排在符合其专业能力的岗位上。对于管理者所不擅长的领域应当选择更具效率和合理性的方式解决，而不应当大包大揽，否则只会降低行政效率。在环境污染治理与自然资源保护领域引入行政代履行制度，既体现了政府在管理效率与管理效果上的追求，传统以直接强制为主的监管手段往往难遂人愿，也无法应对一些具有现实和紧迫治理需求的环境污染或者生态破坏，行政代履行制度的引入为环境行政机关实施监管提供了另外的出路，即环境行政机关可选择第三人来替代当事人履行环境义务，在第三人的助力下，无疑有助于提升环境监管的效率与效果，对环境污染治理与生态环境修复也大有裨益。第三，新公共管理理论主张通过市场竞争机制的作用来实现管理目标。事实上，“竞争和私营部门管理是市场取向中两个具有普遍性的问题：其一，在公共部门内部创立市场竞争机制，通过竞争实现高效率和低成本，以改进政府绩效；其二，将私营部门的管理理念和管理技术应用于公共部门，打破公私管理之间的界限”②。在环境污染治理与自然资源保护领域引入行政代履行制度，即体现了政府通过市场竞争机制的作用，通过“招拍挂”等方式选择具有专业能力的第三人来实施环境污染治理与生态环境修复，通过竞争实现高效率和低成本，通过第三人的介入打破公私管理之间的界限，实现环境管理目标。

---

① 黄小勇：《新公共管理理论及其借鉴意义》，《中共中央党校学报》2004 年第 3 期。

② 同上。

新公共管理作为一种新的管理模式，已成为多国行政管理改革的方向。传统环境行政管理手段，特别是行政强制方式，更多的是消极的二元对立，强调的是单中心、封闭性，这些都与新时期公共治理的均衡化趋势相背离，① 这在环境管理领域也体现得较明显。当前环境行政机关在实施环境监管时倾向于“以罚代管”“一罚了事”，但“罚”字当头下的环境监管模式并不利于环境污染治理与生态环境修复，客观上也损害了当事人的利益。因此，环境行政机关有必要创新管理方式，创建一种更为实用、高效和经济的管理模式，注重将市场竞争机制引入环境监管领域，借助市场的力量实现环境管理目标。而最典型的例子莫过于在环境污染治理与自然资源保护领域引入行政代履行制度。当出现环境义务“履行不足问题”时，环境行政机关可通过竞争性招标选择专业的第三人代为履行环境义务，由于第三人具有环境污染治理与生态环境修复的专业能力，因此往往可以提高环境治理的效率和效果。在环境行政代履行制度中，环境行政机关扮演的是“服务者”角色，始终对行政代履行过程进行居中监管，同时也为第三人参与行政代履行活动提供相应的指导和必要协助，共同实现环境监管目标。所以说，引入环境行政代履行制度就是创新行政管理方式的具体表现，也是新公共管理理论在环境行政法上的具体应用。

第四节 服务型政府理论

一 服务型政府理论简述

所谓服务型政府，是指“在公民本位、社会本位理念指导下，在民主制度框架内，把服务作为社会治理价值体系核心和政府职能结构重心的一种政府模式或曰政府形态”②。服务型政府模式以公民和社会为本位，主张利用民主机制，通过提供公共服务的方式来改造政府的行政管理模式。关于服务型政府的内涵，有学者认为：“服务型政府就是为人民服务的政

① 刘平、程彬、王天品：《代履行制度的法律关系辨析——兼论民事法律制度在行政法中的引入》，2008 年政府法制研究论文，上海，2008 年 6 月。

② 施雪华：《“服务型政府”的基本涵义、理论基础和建构条件》，《社会科学》2012 年第 2 期。

府，它把为社会、为公众服务作为政府存在、运行和发展的基本宗旨”；有学者认为：“服务型政府与管制型政府的核心差别在于究竟是‘官本位、政府本位、权力本位’，还是‘民本位、社会本位、权利本位’，并认为服务型政府就是在公民本位、社会本位理念指导下，在整个社会民主秩序的框架下，通过法定程序，按照公民意志组建起来的以为公民服务为宗旨并承担着服务责任的政府”；有学者认为：“公共服务型政府的基本内涵即为全社会提供基本而有保障的公共产品和有效的公共服务，以不断满足广大社会成员日益增长的公共需求和公共利益诉求，在此基础上形成政府治理的制度安排”；还有学者认为：“服务型政府是把服务作为管理的出发点和归宿，管理是为了更好地服务，服务也是体现管理的一种方式，在许多情况下管理就是服务。”① 综上可见，服务型政府的本质特征在于将政府定位为服务者，政府行政应以增进社会福利为终极目标。

服务型政府的内涵主要包括以下几点：第一，社会服务是政府的主要职能，服务精神应当贯穿于政府部门的一切活动中；第二，政府提供何种服务、如何提供服务，取决于公民意愿与要求，因此，服务型政府倡导公民积极参与，畅通公民参与和互动渠道，健全公民参与机制；第三，政府与公民之间是平等合作的互动关系；第四，服务型政府从根本上改变了传统政府模式的基本结构，价值导向亦发生转变，申言之，服务型政府以增进社会福利、维护社会正义为终极目标。诚如学者所言，“服务型政府论就是说在现代行政法中，行政法重要的价值取向在于维持社会正义、增进社会福利。在服务型政府下，行政法的重心在于服务行政，政府应扮演‘服务者’的角色，为国民和社会提供优质高效的公共服务，并创造和增进国民的福祉。为了使政府能够更有效地提供公共服务，法律授予其各种必要的职权，使其能够凭借该职权积极处理行政事务”②。

传统管理型政府向服务型政府转变，既是我国社会转型的现实需要，也是我国社会转型的应然结果。之所以要转型成服务型政府，具体缘由有：第一，服务型政府的建设与市场经济的发展密切相关，一方面，市场竞争要求政府为企业和社会组织提供或者通过组织来提供各种公共服务；另一方面，市场经济的有序运行，需要政府解决市场竞争可能产生的各种

---

① 何水：《国内服务型政府研究述评》，《政治学研究》2008 年第 5 期。

② 江必新：《行政法基本理论的反思与重构》，《行政管理改革》2010 年第 4 期。

负面问题以维持社会稳定和秩序。第二，服务型政府的建设与民主政治的推进密切相关，公民权利观的增强要求政府转型为服务者，纳税人观念的增强对政府形成了为纳税人服务的压力，进一步要求构建服务型政府。第三，服务型政府的建设与法治政府的建设密切相关，一方面，法治的首要目标是人权保障，而人权保障必然要求政府以人为本，以保障公民的权益和增进公民的福祉为其一切工作的宗旨；另一方面，法治的基本要义是控权，控权必然要求政府减少规制、增进服务，保证权力真正为民所用，为服务公民所用。①

二　服务型政府理论与环境行政代履行制度

环境行政代履行制度的构建与完善，应当以服务型政府理论为理论基础。在环境义务行政代履行过程中，环境行政机关要明确自身定位，将自己定位为环境行政管理服务的提供者，首要目的是协助第三人和当事人履行环境义务，最终目的在于保护环境公共利益。以此理念为指导，才能有效消解环境行政机关与当事人之间的对立，促进当事人与环境行政机关共同推进环境保护事业的发展，共同实现环境管理目标。服务型政府理念的确立，有利于我们从如下不同视角来审视与解决环境义务行政代履行中的制度构建和制度运行问题。

第一，从政府与公民关系的视角看，政府只是社会服务的提供者，政府在作出任何行政行为时，其出发点都在于公民和社会整体的利益，政府应当考虑的首要问题是设身处地为人民着想、努力提高服务质量。具体到环境行政代履行制度中，政府行政的出发点绝不应当是通过实施制裁获得“单位利益”，而应是满足社会公众对于美好环境的利益诉求，因此采用行政代履行的方式不是单纯以制裁当事人为目的，而是以解决现实紧迫的环境污染与生态破坏问题为目的。

第二，从政府职能重塑的角度看，服务型政府应该转变行政管理方式，不应当直接参与或者不应当过多地直接干涉社会事务，而应通过提供服务的方式来推动社会事务的发展。在环境行政代履行制度中，政府的职能由实施制裁转变为当事人履行义务提供必要服务，协助其寻找“物美价

① 姜明安：《建设服务型政府应正确处理的若干关系》，《北京大学学报》（哲学社会科学版）2011 年第 6 期。

廉”的环境义务履行方式，既有效解决了环境污染与生态破坏问题，又维护环境公共利益，降低了当事人自行履行的成本，还推动了环保产业的发展壮大。可见，政府职能的转变有助于实现社会整体利益的最大化。

第三，从政府类型历史演进的视角看，政府类型实现了或者正在实现从统治型向管理型再向服务型“三阶段”的演变历程，政府类型的转变充分体现了政府类型的发展趋势，这一发展趋势有其历史必然性，而行政管理理念的发展也基本与其同步，环境行政代履行制度明显体现了服务型政府理念。详言之，在环境义务行政代履行过程中，环境行政机关更多的是扮演服务者角色，从第三人的选择到行政代履行费用的征收与偿付再到行政代履行的实施，均可见环境行政机关提供的是“公共服务”而非“行政管理”。

第五节　行政效率理论

一　行政效率理论简述

行政法上所指称的效率是指行政法的制定、实施的成本与其所能够实现的行政主体（行政机关）行政活动以及行政相对人（当事人）行为的成果之间的比例，即行政主体（行政机关）行政活动的效率与行政相对人（当事人）行为效率的统一。[①] 行政效率既是行政法所实现的法律价值之一，亦是行政法的基本原则之一。作为行政法基本原则，效率原则是指以最小的行政法的制定、实施成本获得最大的行政机关的行政活动以及当事人行为的成果，即以最小的行政法的制定、实施的成本尽可能地促进行政机关的行政活动的效率与当事人行为效率的提高。简言之，就是以最小的行政成本取得尽可能大的行政效益。行政法的效率原则要求行政法注重保障行政管理的顺利进行和促进行政效率的提高，并促进当事人行为效率的提高，在行政组织机构的设置上注重各行政机关之间相互配合作用，鼓励为提高行政效率而进行行政委托，在行政程序上强调程序的协调、迅

① 王成栋：《论行政法的效率原则》，《行政法学研究》2006 年第 2 期。

速、便利，行政活动的过程、步骤力求紧凑，重视行政程序的可操作性。①

归纳而言，行政法上的效率原则有两项基本内涵：第一，行政效率原则必须要贯穿在整个法律制度的制定过程中，在贯彻落实这些法律制度时也要遵循效率原则。更准确而言，“在整个行政立法、行政组织、行政监督、行政程度和行政救济等方面，都必须要满足上述的效率原则”②。第二，行政法上的效率原则与当事人行为的效率略有区别，但是两者所涉及的效率都可能影响到行政效率，也都应当属于行政效率的一部分。行政法效率原则与当事人行为效率相比，有着一些特殊的含义，需要实现行政效率与当事人行为效率的有机统一。进一步而言，影响行政效率的因素不仅仅是行政机关的行政效率，也包含当事人的守法效率，唯有当事人主动守法乃至积极参与行政管理，行政机关的管理效率才可能得到质的提升。

二　行政效率理论与环境行政代履行制度

在环境行政代履行制度中，要求环境行政机关用最小的制定和实施法律制度的成本促进行政管理活动的效率与当事人行为效率的提高仅仅是行政效率原则的一方面，更重要的是，环境行政代履行制度注重通过社会分工来提高环境行政效率。在环境义务行政代履行过程中，环境行政机关是行政代履行程序的启动者、居中监督者与服务者，尽管我国《行政强制法》（2011）明确规定行政机关可以作为行政代履行人，但是基于环境污染治理或者生态破坏修复的复杂性、专业性，原则上环境行政机关并不实际参与环境污染治理与生态环境修复活动；第三人作为行政代履行人，其运用自身技术、设备、人才和管理经验治理环境污染并获取行政代履行费用，相较于环境行政机关与当事人，第三人具有环境污染治理与生态环境修复上的诸多优势，由其代为履行排除妨碍、恢复原状等环境治理义务具有更及时、更专业和成本更低的优势。事实上，将本来“应该”由当事人完成的环境义务交由专业的第三人代履行，无疑会提升环境污染治理与生态环境修复效率；对于环境行政机关而言，其可以借助第三人的履行行为来实现环境监管目标，并能够腾出精力去为社会公众提供更多其他方面

① 王成栋：《论行政法的效率原则》，《行政法学研究》2006年第2期。

② 李国平：《论行政法的效率原则》，《经济与法》2015年第32期。

的服务，而不是花更多的成本和时间做一些自己不擅长的事务，这无疑有助于提升环境行政机关的监管效率。

从分工与效率角度看，环境行政代履行制度完美诠释了“分工出效率，无分工则无效率”。环境行政代履行中存在三方主体：环境行政机关、当事人与第三人，每一方主体都需要各司其职、相互合作，共同促成环境行政代履行制度的实施。其中，环境行政机关负责选择市场上专业的第三人从事污染代治理，并且为第三人的行政代履行活动提供服务甚至“保驾护航”；当事人在环境行政代履行过程中应当及时足额缴纳行政代履行费用，并且容忍第三人的行政代履行行为，必要时还应当提供适当协助；而第三人则运用自己的专业技术专长来实施行政代履行并获取行政代履行费用。显而易见，环境义务行政代履行中的三方主体均有明确“分工”，特别是在第三人的强大助力下，环境污染更易得到高效率的治理，生态破坏更易得到高效率的修复，环境行政机关的监管目标也更容易实现。毫无疑问，环境行政代履行制度的实施流程体现了“分工出效率”，符合行政法上的效率原则。

第六节　义务重心理论

一　义务重心理论简述

义务重心理论是法理学中的重要理论问题，但一直不为法学界所重视，鲜有学者对此进行深入研究。“义务重心”的概念，最早可以追溯于张恒山教授在《义务先定论》中所提出的“义务重心说”，他认为，“义务重心说”是指法作为社会控制、规范手段，主要通过义务性规范来实现自己试图达到的目的。[①] 也就是说，当法的价值目标确定之后，或者说，在阶级社会里，统治阶级意志明确之后，立法者应将侧重点、注意力放在法的义务规范以及违反这些义务规范所要招致的不利后果的精心设定上，以便使法具有可操作性。[②] 根据以上定义可知，义务重心理论侧重于对当

① 张恒山：《义务先定论》，山东人民出版社 1999 年版，第 11 页。

② 同上。

事人义务的配置和履行，注重义务的可操作性。为落实义务重心理论，亟须在立法和实践中拓展义务的履行方式，以提升法律法规的可操作性。毕竟，一项法律制度能否取得预期成效，既取决于该项制度是否具有科学性、合理性和正当性，亦取决于该项制度是否具有可操作性。

义务重心理论从法律技术角度，以法的操作性为切入点研究义务性规范之配置与操作的问题，这当然为政府的行政管理提供了另外一种思考路径。义务重心理论的核心观点有：第一，立法者应当侧重通过设定大量、明确、操作性强的义务性规范来确保行政管理秩序的相对稳定和公民权利的最终实现。第二，除了要设立大量可操作性的义务性规范，还要精心设置违反此义务性规范的法律后果。第三，立法者在设置法律义务时，应当注重扩充积极义务的内容与增加法律义务的履行方式，譬如允许义务人（当事人）通过行政代履行的方式来履行义务。从立法价值上看，义务重心论的价值在于通过义务人（当事人）对法定义务的有效履行来提升法的可操作性，增进法的实效性。

二　义务重心理论与环境行政代履行制度

按照义务重心理论，法律义务的履行方式可以是多种多样的，不管是当事人自己履行还是他人代为履行，只要能及时、有效地实现社会管理目标而又不违背社会公共利益，都值得鼓励和支持。具体到环境行政管理领域，环境行政机关实施监管的主要目标是保护和改善环境，促进环境、经济、社会的全面协调可持续发展。为实现这个目标，环境行政机关常常过分依赖手中的管理职权，热衷于对当事人适用关停、罚款、限期治理等直接制裁手段，而忽略了对当事人义务履行的引导或者促进。这些直接制裁手段的运用往往难以实现预期目标，毕竟一味地强调义务人（当事人）自行履行环境义务以及违反此义务的法律后果，结果势必无法促使义务人（当事人）“心悦诚服”地履行义务。加之，并非所有的环境义务均适合由义务人（当事人）亲自履行，特别是在环境污染第三方治理市场逐渐完善的情况下，由市场上专业的第三人履行环境义务可能更为经济和效率。

环境行政代履行制度的核心意涵就是由第三人替代义务人（当事人）履行环境义务，体现了义务重心论所蕴含的“精心配置法律义务以及增加法律义务的履行方式”之要求。申言之，行政代履行不但拓展了环境义务的履行方式，更是把环境义务履行到最佳。对于当事人（即义务人）而言，其更容易履行从环境义务转化而来的金钱义务，有助于减弱其对直接制裁手段的抵触或者对抗情绪；对于环境行政机关而言，行政代履行实现了环境行政机关—当事人—第三人的共同合作，不但有利于提高环境行政管理效率，也有利于减少环境行政机关与当事人的直接对抗和冲突；对于第三人而言，它用自身的专业技能履行"行为义务"来换取金钱收益。因此，环境义务行政代履行是义务重心理论运用到环境与资源保护法领域的最好典范，通过义务的履行不仅顾及了行政代履行三方当事人的具体利益，而且实现了环境效益、经济效益和社会效益的有机统一。

第四章

环境义务行政代履行的条件与程序

尽管我国2011年颁布的《行政强制法》及相关的环境与资源保护法律法规对环境义务行政代履行的条件和程序均缺少细化规定，但是值得庆幸的是主要大陆法系国家的行政强制立法对行政代履行的条件和程序均有比较全面的规定，可资我国立法与相关研究加以借鉴。因此在研究环境义务行政代履行的条件与程序时，有必要借鉴德国、奥地利、日本、韩国等国家的立法例与学术观点，避免我国在完善环境行政代履行制度时走弯路。本章所借鉴的域外立法主要包括德国的《联邦行政强制执行法》(1953) 和《莱茵州柏尔兹行政强制执行法》(1957)、奥地利的《行政强制执行法通则》(1925)、日本的《行政代执行法》(1948)、韩国的《行政代执行法》(1954) 以及中国台湾地区的“行政执行法”(2010) 等。

第一节 环境义务行政代履行的条件

行政代履行作为一种间接强制执行方式，势必对当事人的权利产生影响，因而对于行政代履行的启动条件和运作程序也必须作出明确规定，以此防止当事人的实体和程序方面的权利受到不法侵害。就环境行政代履行制度而言，只有在满足相应条件的情况下，该制度才能启动和运行。因此，环境行政机关要想启动行政代履行程序必须满足实体和程序上的必要条件。在实体方面，唯有当事人对环境义务“履行不足”且该环境义务具有可替代性，环境行政机关才能启动行政代履行程序。在程序方面，环境行政机关在实施行政代履行制度时原则上必须要遵循告诫、发布环境义务行政代履行决定书、三日前催告、收取行政代履行费用、实施行政代履行等程序，防止出现程序瑕疵。

一 当事人对环境义务“履行不足”

环境行政机关启动行政代履行程序的首要条件是环境义务未被当事人实际履行，换言之，当事人对环境义务“履行不足”。由于环境行政代履行制度的实施势必对当事人的权益产生一定实质影响，因此环境行政机关必须准确把握环境义务“履行不足”的内涵及其表现形式。笔者认为，应当从实体和程序两方面来理解环境义务“履行不足”。

在实体方面，当事人的环境义务“履行不足”是启动行政代履行的前提条件。主要理由在于，如果当事人在法定期限内积极主动履行了排除妨碍、恢复原状等环境治理义务，那么环境行政机关就没有启动行政代履行程序的必要。需要注意的是，当事人主动履行环境义务主要包括两种方式：一是当事人有履行能力而自行履行环境义务；二是当事人没有履行能力或者自己不适合履行环境义务时委托第三人履行了环境义务。不管是何种方式的主动履行环境义务，环境行政机关都应首先鼓励和支持当事人自行履行环境义务，尽量避免行政强制权（行政代履行即属于行政强制的一种）的过早介入。若当事人在告诫期后仍对环境义务“履行不足”的，环境行政机关方可实施行政代履行，但究竟何谓环境义务“履行不足”呢？前文已做了界定，即环境义务“履行不足”主要表现在四方面：拒绝履行、迟延履行、履行不当和履行不能。事实上，当事人在履行环境义务时只要具备以上四种情形之一的，环境行政机关就可以启动行政代履行程序。

在程序方面，当事人对环境义务“履行不足”有一定的期限要求，[①] 即当事人在一定期限过后仍然对环境义务“履行不足”的，环境行政机关即可实施行政代履行；反之，若当事人在期限内履行了环境义务，环境

① 《行政强制法》（2011）第50条规定：“行政机关依法作出要求当事人履行排除妨碍、恢复原状等义务的行政决定，当事人逾期不履行，经催告仍不履行，其后果已经或者将危害交通安全、造成环境污染或者破坏自然资源的，行政机关可以代履行，或者委托没有利害关系的第三人代履行”，其中“当事人逾期不履行”规定即是“期限限制”，此“期限”规定旨在鼓励当事人自行履行环境义务。

行政机关就不得启动行政代履行程序。法律对“法定期间”设定的目的在于鼓励当事人自行履行，因此，只有在当事人超过法定期间仍对环境义务“履行不足”时，环境行政机关才能决定由第三人代为履行。值得一提的是，这里的“法定期间”并不是绝对的，当出现紧急情况且不及时履行环境义务会严重地损害公共利益时，环境行政机关可以立即决定由第三人实施行政代履行，而不受“法定期间”的限制，之所以能够并且需要对紧急情况下的即时处理作出专门规定，主要原因在于，环境污染治理与生态环境修复往往具有现实性和紧迫性，若不及时有效处置，可能会对他人或者公共安全产生严重危害，甚至产生不可弥补的损害后果。因此当出现一些突发性和紧迫性的环境污染与生态破坏时，环境行政机关启动行政代履行程序可不受“法定期间”的限制。

二 环境义务可替代履行

对于启动行政代履行程序的实质条件，除了满足环境义务“履行不足”外，还要求该项环境义务为非专属性义务，即具有可替代性。因为，环境行政代履行制度追求的目标不是为惩罚当事人，而是为及时有效地治理环境污染与修复受损害的生态环境，换言之，及时治理环境污染与修复受损害的生态环境是环境行政代履行制度所追求的最终目标。按照《行政强制法》（2011）第50条的规定，唯有当事人对排除妨碍、恢复原状等义务“履行不足”，环境行政机关才能启动行政代履行程序，由此可见，可替代履行的环境义务（即排除妨碍、恢复原状等义务）必须是应当作为的行为义务，而不是金钱义务与不作为义务。申言之，环境行政代履行制度仅适用于可替代性作为义务的情形，相反，不作为义务、容忍义务和具有人身属性的义务应该排斥行政代履行制度的适用，因为这几类义务都只能由义务人（当事人）亲自履行。之所以将可替代的环境义务限定为应当作为的行为义务，主要理由在于：首先，可替代性义务只有是积极的作为义务，第三人代为履行才能达到当事人自行履行相同的效果。譬如，专业的环保公司代为处置固体废弃物、代为处理污水、代为治理海洋油污等，这些义务就是积极的作为义务。相反，不作为义务、容忍义务不具有可替代性，必须由当事人亲自履行。其次，可替代的环境义务不能具有人身属性。如果某项环境义务规定只能由当事人履行，那么第三人代为履行则既无必要也不现实，譬如环境行政拘留，第三人不可能代替当事人履行。基于以上分析，环境行政代履行制度中所涉及的环境义务必须具有可替代性，环境行政机关才能选择第三人替代当事人履行。

三 经过法定程序

毋庸讳言，行政代履行的目的不是惩罚当事人，而是实现环境义务的实际履行，使受污染的环境得到及时治理，受损害的生态环境得到有效修复。但是行政代履行的本质属于行政强制执行方式，其实施过程中必然会危害当事人的利益，因此有必要通过一些程序性规定来规范环境行政机关的行政强制权。法国著名思想家孟德斯鸠曾言："有权力的人使用权力一直遇到有界限的地方才休止。"① 为了限制政府权力，保障当事人的合法权益，就需要设定严格的法律程序。为确保环境行政代履行制度的有效落实，现行立法对行政代履行的实施程序作了明确规定，《行政强制法》(2011) 第51条规定："（一）代履行前送达决定书，代履行决定书应当载明当事人的姓名或者名称、地址，代履行的理由和依据、方式和时间、标的、费用预算以及代履行人"。第38条又规定："催告书、行政强制执行决定书应当直接送达当事人。当事人拒绝接收或者无法直接送达当事人的，应当依照《中华人民共和国民事诉讼法》的有关规定送达"。根据以上条款可知，环境行政机关在实施行政代履行制度时必须经过告诫、发布行政代履行决定书、三日前催告、收取代履行费用、实施行政代履行等基本程序。

在环境行政代履行过程中，告诫是环境行政代履行的前置性程序，即环境行政机关在实施行政代履行之前，必须以书面的形式告诫当事人，要求其在一定期限内履行行政决定要求的环境义务。若当事人自行履行环境义务或者委托第三方代为履行了该义务，则无实施环境行政代履行的必要；若当事人在超过告诫的期限后仍然对环境义务"履行不足"，环境行政机关方能继续实施行政代履行。不过，在实施行政代履行之前，环境行政机关应首先向当事人送达行政代履行决定书，一来再次提醒、鼓励当事人主动自行履行义务，二来预告当事人关于实施行政代履行的基本情况，如行政代履行的事由、法律依据、第三人的基本情况、行政代履行费用等。总之，只有告诫无效，发布行政代履行决定书

① ［法］孟德斯鸠：《论法的精神》（上），张雁深译，商务印书馆1961年版，第154页。

后，当事人仍对环境义务“履行不足”的，环境行政代履行程序才会继续进行。不过上述程序性规定也存在漏洞：环境行政机关实施行政代履行后，当事人开始自行履行环境义务，环境行政机关是否需要告知第三人停止行政代履行？对此，我国《行政强制法》（2011）未作明确规定，理论界也很少探讨此类实践中可能出现的情形。笔者认为，环境行政机关可视情况中止甚至终止行政代履行程序。理由在于，行政代履行制度的设计初衷就是为了履行义务而非惩罚当事人，既然当事人自行履行义务，就应当提倡和鼓励。但是，环境行政机关应当对当事人的履行能力、履行意愿与履行进度进行有效监管，避免当事人借此拖延时间，阻碍环境污染的及时治理与生态环境的有效修复。不过，当环境行政机关中止甚至终止行政代履行程序时又会出现另外一个问题，即第三人已经履行部分环境义务，那么行政代履行费用应当如何计算与偿付？笔者认为，环境行政机关可坚持“实际支出”原则来核定行政代履行费用，及时向当事人收取并将该费用偿付给第三人。

事实上，以上程序都是基于正常情况下的讨论，当出现紧急情况且不及时履行环境义务会严重地损害公共利益时，环境行政机关可以绕过一般行政代履行程序所必经的告诫、发布行政代履行决定书、收取行政代履行费用等基本程序，直接启动即时行政代履行程序。如此看来，告诫、发布行政代履行决定书、收取行政代履行费用等法定程序不是启动行政代履行程序的绝对必要条件，环境行政机关完全可以根据环境污染治理与生态环境修复的现实情况来决定是否启动即时行政代履行程序。

第二节　环境义务行政代履行的一般程序

行政代履行程序是环境行政代履行制度中的关键环节，若缺乏健全的程序性规定，环境行政代履行制度的实施成效将可能大打折扣。目前，我国现行法律、行政法规、地方性法规对行政代履行制度的规定较为粗疏，严重阻碍了环境行政代履行制度的贯彻实施。与我国所不同的是，一些发达国家的立法在行政代履行制度建设方面积累了不少成熟的经验，因此我们可以借鉴域外立法的先进经验以便完善我国的环境行政代履行制度。譬如，德国《联邦行政强制执行法》（1953）第13、14、15条[①]规定了行政代履行的具体程序，基本可归纳为：告诫（包括行政代履行费用的缴纳）、行政代履行的决定、行政代履行的实施等环节。日本《行政代执行法》（1948）同样规定了告诫、发布代执行令书、代执行的实施和费用征收等环节，只不过把行政代履行费用的收取作为一项单独程序。[②] 韩国《行政代执行法》（1954）以日本《行政代执行法》（1948）为模板来制定，其行政代履行程序的规定与日本《行政代执行法》（1948）大体一致。

综合上述三国的立法规定，不难看出，行政代履行的一般程序包括告诫、确定第三人、行政代履行决定的书面通知、行政代履行的实施、行政代履行费用的缴纳等必要环节。不同国家可能会在具体程序的先后顺序的规定上有所差别，比如在费用的缴纳上就分为事先缴款和事后缴款两种，比如日本就将费用的缴纳放在最后。在行政法理论研究方面，有学者把行政代履行的程序区分为普通程序和简易程序。[③] 普通程序是完整性的程序，包括行政机关作出告诫、发布行政代履行决定书、行政代履行实施和行政代履行费用的缴纳等全部程序；而简易程序则相对简洁，指当符合法律规定的条件时，环境行政机关可以绕过行政代履行的告诫、发布行政代履行通知书（简易程序也同样应该要求行政代履行通知书）等基本环节，立即决定实施行政代履行的程序，这类似于我国的即时行政代履行程序。国内外立法在规定行政代履行程序时，一般未区分普通程序与简易程序，取而代之的是规定一般行政代履行程序和紧急情况下的行政代履行程序。笔者认为将环境义务行政代履行程序分成普通程序和简易程序并不合理，而应当分为一般行政代履行程序和即时行政代履行程序（亦指紧急情况下的行政代履行或行政代履行程序的例外适用）。

就我国而言，《行政强制法》（2011）第50条第1款规定了行政代履

① 德国《联邦行政强制执行法》（1953）第13条规定："无须及时适用强制方法时，须对其以书面方式作出告诫……应以义务人（当事人）承担费用方法（代执行）实施行为时，须在告诫中列出预定的费用数额"；第14条规定："义务人（当事人）在告诫所定期限内未被履行时，由执行机关决定强制方法"；第15条规定："强制方法依法决定用……"

② 杨建顺：《日本行政法通论》，中国法制出版社1998年版，第485—486页。

③ 刘平、程彬、王天品：《代履行制度的法律关系辨析——兼论民事法律制度在行政法中的引入》，2008年政府法制研究论文，上海，2008年6月。

行的实施程序，行政代履行应当遵守四个程序或者步骤：第一，作出并送达行政代履行决定书。行政代履行决定书应当载明当事人的姓名或者名称、地址，行政代履行的理由和依据、方式和时间、标的、费用预算以及代履行人。送达行政代履行决定书是实施行政代履行行为的必经环节。第二，催告。行政代履行 3 日前，应催告当事人履行。如果当事人履行义务的，则停止行政代履行。第三，实施行政代履行。在行政代履行过程中，作出决定的行政机关应当指派工作人员到场监督，为确保行政机关依法实施行政代履行，现行立法对行政机关做了必要限制，即不得在夜间或者法定节假日实施行政代履行，不得对居民生活采取停止供水、供电、供热、供燃气等方式实施行政代履行，不得对当事人采取暴力、胁迫等方式实施行政代履行。第四，制作行政代履行执行文书。行政代履行完毕，行政机关到场监督的工作人员、代履行人和当事人或者见证人应当在执行文书上签名或者盖章。

一　告诫

告诫作为环境行政代履行的前置程序，是不可或缺的重要环节，这在很多大陆法系国家（地区）的立法中均有体现，对“告诫”程序的明文规定是对公权的一种程序性限制，是对私权的保障。所谓“告诫”，是指当事人对环境义务“履行不足”时，环境行政机关督促其及时、主动履行环境义务而作出的书面训诫或建议。诸如德国《联邦行政强制执行法》（1953）第 10 条①、日本《行政代执行法》（1948）第 3 条和第 4 条、奥地利《行政强制执行法通则》（1925）第 5 条、中国台湾地区“行政执行法”（2010）第 27 条②均规定了行政代履行前的告诫程序。告诫的实际作用不仅在于督促，更在于环境行政机关对当事人的提醒，告知当事人应该如何履行义务以及不履行义务的法律后果。告诫的目的还在于“再次给当

① 德国《联邦行政强制执行法》（1953）第 10 条规定：“行政强制代履行指的是当相对人（当事人）不履行义务时，行政机关委托他人代为履行该义务，费用由原义务人（当事人）承担的法律制度，这种方法适用于可替代和非人身的义务。”朱新力：《外国行政强制法律制度》，法律出版社 2003 年版，第 74 页。

② 中国台湾地区“行政执行法”（2010）第 27 条规定：“依法令或本于法令之行政处分，负有行为或不行为义务，经于处分书或另以书面限定相当期间履行，逾期仍不履行者，由执行机关依间接强制或直接强制方法执行之。前项文书，应载明不依限履行时将予强制执行之意旨。”

事人自己履行之时机，以减轻当事人与行政机关之间的对抗情绪；同时，可以提升行政效率，减少行政强制所致的社会负面影响"①。总之，当当事人在法定期限内对环境义务“履行不足”，且经过告诫后仍然对环境义务“履行不足”的，环境行政机关才可启动行政代履行程序。

理解告诫，需要注意以下几点：第一，告诫必须以书面的形式作出。不管是日本的《行政代执行法》(1948)、德国的《联邦行政强制执行法》(1953)、韩国的《行政代执行法》(1954) 还是中国台湾地区的“行政执行法”(2010)，对告诫的形式都有书面形式的要求，因此告诫也称为“告诫书”。告诫程序的设置，不仅是保护当事人知情权的需要，也是规范政府依法行政的内在要求。第二，告诫的内容必须具体、明确。日本《行政代执行法》(1948) 中规定的告诫内容可归纳为：“(1) 明确的应履行之义务；(2) 应履行义务之最后期限，至于期限长短法律无明确规定，应由行政厅就个案依义务内容、性质及相关情况，以社会之情理等作出裁量；(3) 将来可采取代执行手段之法律依据。”可见，日本《行政代执行法》(1948) 规定的告诫内容较为详细具体，有助于充分保障当事人的知情权。笔者认为，告诫书主要内容应包括：告诫的法律依据、告诫的期限、应自行履行事项、不履行的法律后果、告诫的救济途径等。此外，告诫书必须送达当事人，自行履行期限以告诫书送达当事人为准，从送达之日起算。第三，允许当事人对告诫提出异议。对于当事人提出的告诫异议，环境行政机关需要及时作出答复，但在异议期间已经下发环境义务行政代履行决定书的情况下，基于“公定力优先”原则对行政代履行不停止执行。② 对于当事人的异议，环境行政机关应当及时审查，再视情况停止、维持、变更或者终止相应的行政代履行程序。

二 发布环境义务行政代履行决定书

当当事人超过告诫书中所规定的履行期限仍对环境义务“履行不足”时，环境行政机关必须以书面的形式对其发布行政代履行决定书（亦称行政代履行书面通知）。不过，德国《联邦行政强制执行法》(1953) 为了再次鼓励、提醒当事人自行履行义务，在发布行政代履行决定书之前规定

① 章剑生：《现代行政法基本理论》，法律出版社 2008 年版，第 28 页。

② 刘佳奇：《论我国环境行政代履行制度的构建》，硕士学位论文，辽宁大学，2011 年。

了一项特殊程序——“特别催告”程序[①]，即在作出行政代履行决定书之前且非紧急情况下，环境行政机关以“特别催告”的方式再给予当事人一周的时间以实现其自觉履行义务。经“特别催告”后，当事人仍对环境义务“履行不足”的，环境行政机关才发布行政代履行决定书。值得一提的是，我国《行政强制法》（2011）第51条同样规定了“特别催告”程序，不过与德国立法所不同的是，我国《行政强制法》（2011）仅规定的是“三日前催告”，有别于德国的“七日前催告”。笔者认为，“特别催告”程序是行政法上间接强制优先于直接强制理念的直接体现，是为了对当事人的再次说服教育，有助于实现当事人自行履行的目的，但此程序应谨慎使用，否则不能达到其真正的目的——环境行政机关在适用“特别催告”程序之前，应对环境污染或者生态破坏的具体情况作出准确评估，如果情况并不紧急或者污染情形并不严重，则可适用该程序。设置“特别催告”程序的目的在于督促当事人自行履行环境义务，其实质还是为了尽可能避免行政代履行制度的适用。事实上，环境行政机关启动行政代履行程序难免会浪费行政执法资源，且可能会给当事人造成一定的经济负担，因此德国立法设置了“七日前催告”程序。笔者对“七日前催告”程序的设置较为认可，认为该项程序既可避免行政强制的死板僵化和不够人性化，同时可以提高当事人自行履行环境义务的积极性与主动性，从而有助于缓解环境行政机关与当事人之间的对立情绪。

值得一提的是，环境行政机关所发布的行政代履行决定书应当载明具体事项，譬如中国台湾地区“行政执行法施行细则”第32条规定：“执行机关依本法第二十九条[②]第一项规定，委托第三人或者指定人员履行时，应以文书载明下列事项，送达于义务人（当事人）：一、执行机关及义务人（当事人）。二、受委托之第三人或指定之人员。三、代履行之标的。四、代履行费用之数额、缴纳处所及期限。五、代履行之期日。”我国《行政强制法》（2011）第51条也作了相应规定：“（一）代履行前送达决定书，代履行决定书应当载明当事人的姓名或者名称、地址，代履行

---

① 德国《联邦行政强制执行法》（1953）第3条规定：“作出执行命令之前，应对债务人以另一星期的支付期限为特别催告。”

② 中国台湾地区“行政执行法”（2010）第29条规定：“以法令或本于法令之行政处分，负有行为义务而不为，其行为能由他人代为履行者，执行机关得委托第三人或指定人员代履行之。”

的理由和依据、方式和时间、标的、费用预算以及代履行人。”之所以要在环境义务行政代履行决定书载明具体事项，主要目的还在于保障当事人对行政代履行（譬如费用收取）的知情权。

环境义务的行政代履行决定书不仅是环境行政机关据以推动行政代履行制度运行的依据，还是环境行政机关与当事人基于行政代履行而产生的权力和权利划分的确认书，而且它对环境行政机关行为的监督和对当事人权利的救济均有着重要的作用。环境义务行政代履行决定书的作出是现代行政法治程序正义的体现，同时保证了当事人的知情权，使当事人明晰自己义务的履行方式和权利的救济方式。笔者认为，环境义务行政代履行决定书应当载明如下内容：适用环境义务行政代履行的法律依据、行政代履行的具体时间、行政代履行的范围、第三人的基本情况、大致估算的代履行费用、行政代履行费用的支付方式和缴纳期限、当事人的救济途径等。由于环境义务行政代履行可能对当事人的财产和人身产生重要影响，其必须以书面的形式作出，送达当事人，且允许当事人对行政代履行决定提出异议，具体规定可与告诫书的程序一样。

三　环境义务行政代履行的实施

发布行政代履行决定书后，如果在“三日前催告”后当事人仍然对环境义务“履行不足”，环境行政机关应立即决定第三人实施行政代履行活动。在环境义务行政代履行过程中，行政代履行中的三方主体应当积极履行各自义务或职责，同时以合作、配合的态度促成行政代履行的实施。毫无疑问，环境行政机关履行其职责是行政代履行制度的重要内容，毕竟唯有环境行政机关履行其职责，第三人才能代替当事人实际从事污染代治理工作，环境污染才可能得以有效治理，生态破坏才可能得以有效修复。环境义务行政代履行的实施需要环境行政机关、当事人与第三人的共同参与，但每个主体在行政代履行中的义务或者职责也有所差异。总体而言，环境行政机关的主要职责是行政监管并提供必要的服务，保障行政代履行制度的有效实施；第三人的义务就是依据行政契约的约定修复受损的生态环境；当事人的义务就是提供必要的协助，及时缴纳行政代履行费用。

首先，环境行政机关必须对行政代履行过程进行全程监管，并对行政代履行的实施提供必要的信息、技术服务。之所以环境行政机关必须对环境义务行政代履行过程进行全程监管，主要是由环境行政机关在行政代履行制度中所处的地位和自身的职责所决定的。环境行政机关在行政代履行中是公共利益的维护者，保护生态环境是其实施行政代履行的根本目标。为实现环境保护目标，环境行政机关必须根据污染治理的需要选择适格的第三人，同时确保第三人能够获得预期利益。显而易见，环境行政机关的主要职责在于推动和监督行政代履行制度的顺利实施，保护当事人和第三人的合法权益。基于此，环境义务行政代履行中环境行政机关的主要职责有：第一，实现环境监管目的，确保“履行不足”的环境义务得到实际履行；第二，切实保障环境利益，确保被损害的生态环境得到及时有效的修复；第三，保护当事人与第三人的合法权益，一是督促当事人及时、足额缴纳行政代履行费用，二是监督第三人采取适当的污染代治理措施以降低治理成本，不恶意增加污染治理成本，避免给当事人造成额外负担；第四，排除来自其他主体（特别是当事人）的干扰，保证环境行政代履行制度的顺利实施。

在行政代履行的实施过程中，作出行政代履行决定的环境行政机关应当派员到场监督，行政代履行完毕后，到场监督的工作人员、代履行人和当事人或者见证人应当在执行文书上签名或者盖章，以保证行政代履行活动的依法开展。为保障环境义务行政代履行程序的公正及当事人的知情权，日本《行政代执行法》（1948）还规定了“携带证件”的条款，该法第 4 条规定：“为代执行（代履行）而派到现场的执行负责人，必须携带足以证明自己为执行负责人的证件，必要时，无论何时都必须出示。”需要注意的是，在环境义务行政代履行过程中，当事人往往以各种方式阻碍行政代履行的实施或者是第三人违法实施行政代履行，当出现前述情况时，环境行政机关应当如何履行监管职责或者说环境行政机关可以采取何种排除妨碍措施呢？针对以上问题，笔者认为可以分如下两种情况进行探讨：第一种情况，如果环境行政机关是代履行人，在遭遇当事人阻碍时，环境行政机关可以依法采取一切可采用的行政强制手段或者行政处罚手段来排除妨碍；第二种情况，如果是第三人是代履行人，那么第三人该采取何种手段来排除妨碍以及环境行政机关是否有义务进行协助呢？对于这个问题，德国《联邦行政强制执行法》（1953）规定了应对办法，即构建了“实力排除反抗”规则，该法第 15 条规定：“义务人（当事人）在代执行（代履行）或直接强制过程中反抗时，可对其采取强力。根据执行机关的请求，警察须提供职务协助。”德国《莱茵州柏尔兹行政强制执行法》

(1957)也有类似的规定，该法第10条明确规定："对执行行为所为之抵抗，得以体力破除。"除此之外，中国台湾地区"行政执行法"（2010）也值得借鉴，该法规定"当代履行受阻时，可视情况转为直接强制方法执行"①，奥地利也有类似规定，② 以确保环境义务行政代履行的顺利进行。

概言之，如果当事人抗拒或者阻碍行政代履行的实施，环境行政机关可采取必要的行政强制手段或者行政处罚手段确保行政代履行活动的正常进行。不过，环境行政机关在采取"实力排除反抗"时必须遵循"最小损害原则"，在实现"排除妨碍"目的的基础上把对当事人的影响降到最低。除了要监督当事人，行政代履行中的环境行政机关还要监督代履行第三人，避免代履行第三人随意扩大行政代履行的范围、延长行政代履行的时间以及额外增加行政代履行的成本。为确保环境义务行政代履行的顺利进行，环境行政机关还要为实际参与行政代履行活动的第三人提供必要的信息、技术服务，这既是政府作为公共利益维护者与公民福祉保障者的应有之义，也是政府落实环境保护责任的必然要求。毕竟，当环境破坏行为对公民环境利益构成巨大危害时，"人们迫切需要政府承担起对这些利益进行保护的责任"③。作为环境保护的主管部门，环境行政机关的主要职责在于保护和修复环境，为第三人提供必要的协助与支持有助于更好地保护与修复环境。

其次，第三人应依法、诚信实施行政代履行，接受环境行政机关的监管。由于第三人与环境行政机关签署协议属于行政委托合同，根据公法契约说，其所代理的事务实际上涉及社会公共利益，两者在地位上并不平等，环境行政机关对第三人还具有监管权。退一步讲，即便按照双方合同约定，环境行政机关也有权对第三人进行监管，这一监管的目的主要是保证第三人履行方式的合理、合法，进而达到各方所期待的行政代履行结果，实现行政合同所约定的目的。我国《行政强制法》（2011）第51条第3款规定："代履行不得采取暴力、胁迫以及其他非法方式"，据此而言，代履行人除必须遵守行政协议中约定义务之外，还必须尽"善良管理

---

① 中国台湾地区"行政执行法"（2010）第32条规定："经间接强制不能达成执行目的，或因情况急迫，如不及时执行，显难以达成执行目的，执行机关得依直接强制方法执行之。"

② 奥地利的《行政强制执行法通则》（1925）第7条规定："如无其他方法可为执行，或有不能及时执行之虑时，得为符合裁决之要求，使以直接强制，但法规别有规定者，从其规定。"

③ 徐祥民、孟庆垒：《政府环境责任简论》，《学习论坛》2007年第12期。

人”之注意义务，“在实际代履行工作中尽量保护好义务人（当事人）的财物”①。当然，行政代履行实践中也会出现这样的棘手问题：第三人违法行政代履行、不合理行政代履行，应如何保障当事人的利益呢？根据环境行政机关、当事人和第三人之间的法律关系可知，环境行政机关对第三人的行政代履行工作负有监管职责，为防止第三人违法实施行政代履行以及切断第三人非法牟利的途径，防止产生超出实际支出的额外行政代履行费用，环境行政机关应当派员进行实时监督。当环境义务行政代履行工作停止后，第三人有义务把污染代治理的完成情况、所需费用等及时通知环境行政机关，接受环境行政机关的监管和检查。

再次，当事人有义务自行履行环境义务或者在行政代履行过程中配合第三人从事行政代履行工作。之所以对当事人有这样的要求，是因为当事人是环境污染或者生态破坏的直接产生者，也最为了解环境污染或者生态破坏的产生原因、时间、地点、污染物的种类等基本情况。若当事人选择自行履行环境义务，那么环境行政机关无须启动行政代履行程序；若当事人不自行履行环境义务，环境行政机关应选择第三人实施行政代履行，此时当事人应当根据自身所掌握的情况积极为第三人提供必要协助。应当注意的是，环境行政机关启动行政代履行程序并不意味着免除了当事人的环境义务，其实质是为当事人履行环境义务提供便利，即以履行付费义务来替代行为义务。事实上，在非突发性、非紧迫性的环境污染治理与生态环境修复中，鼓励当事人自行履行环境义务应是环境行政机关选择行政强制方式之前的优先选项。

正因如此，在环境行政机关实施行政代履行之前，为了再次鼓励当事人自行履行义务，《行政强制法》（2011）明确设置了“三日前催告”程序。《行政强制法》（2011）第51条就有规定：“代履行三日前，催告当事人履行，当事人履行的，停止代履行。”详言之，行政代履行决定书送达后，环境行政机关应当向在实施行政代履行的三日前，向当事人再次发出催告履行的通知，督促其自行履行环境义务，否则第三人将直接替代其履行环境义务。《行政强制法》（2011）之所以要规定“三日前催告”程序，主要体现了“义务人（当事人）自行履行优先”原则，即尽可能督

① 刘平、程彬、王天品：《代履行制度的法律关系辨析——兼论民事法律制度在行政法中的引入》，2008年政府法制研究论文，上海，2008年6月。

促当事人自行履行行政决定确定的义务，有助于减少环境行政机关与当事人之间的直接对抗。笔者认为，《行政强制法》（2011）将“三日前催告”作为行政代履行制度的一项重要程序，环境行政机关在实施行政代履行时应当严格执行该程序；在具体执行该程序过程中，环境行政机关应当采取书面形式进行催告，并由当事人在送达回证上签字，充分保障当事人的知情权。

诚然，“三日前催告”程序是“义务人（当事人）自行履行优先”原则的充分体现，它旨在时刻提醒环境行政机关：在非紧急的情况下，应当充分鼓励当事人自行履行环境义务，而非一味地通过行政强制手段来迫使当事人履行环境义务。正如胡建淼教授所言：“行政代执行（代履行）作为行政管理的一种必要手段，必须贯彻行政合作精神，尽量期待行政相对人（当事人）自觉履行行政义务，不到万不得已的情况下，不采用强制手段。”① 即便环境行政机关启动行政代履行程序后，当事人仍然可以选择自行履行环境义务，毕竟第三人实质上只是对当事人提供了一种环境义务履行上的“服务”，而这一环境义务本身还是属于当事人，而非第三人。当事人的环境义务并没有因行政代履行程序的启动而被免除，如果当事人愿意选择自行履行环境义务，该义务仍然有被环境行政机关要求其实际履行的可能性。由于当事人对自己造成的环境污染或者生态破坏的状况最为了解，其往往掌握的都是环境污染或者生态破坏最直接和最精确的信息，如果当事人愿意提供信息或者技术等方面的协助，这势必会提高第三人的行政代履行效率，降低其行政代履行成本，最终还是有利于当事人自身的利益。概言之，即便环境行政机关启动行政代履行程序后，环境行政机关仍然有必要再次催告当事人自行履行环境义务，只有在万不得已的情况下才选择第三人实施行政代履行。不过值得强调的是：如果当事人不愿意选择自行履行环境义务，那么在行政代履行过程中当事人就应尽量配合第三人开展行政代履行活动，不能用暴力、胁迫以及其他非法方式阻碍第三人正常开展行政代履行工作。

最后，环境行政机关应当充分履行其监督职责，行政代履行工作的流程和详细情况都必须以现场笔录的形式记录下来。行政代履行结束后，环境行政机关应当对行政代履行的整个过程有一个完整的记录，并将记录存

① 胡建淼：《行政强制法研究》，法律出版社2003年版，第145页。

档备查。因此，《行政强制法》（2011）要求“代履行时，作出决定的行政机关应当派员到场监督，代履行完毕，行政机关到场监督的工作人员、代履行人和当事人或者见证人应当在执行文书上签名或者盖章”。据此规定，环境行政机关所派到现场监督的行政执法人员，应当根据行政代履行现场实际情况，就行政代履行的时间、地点、方式、过程、结果等情况记录备案。除了制作书面的“现场笔录”外，环境行政机关还可以通过现场拍照、录音、录像等方式，全方位记录行政代履行的全过程，并作为证据入卷，以备行政复议、行政诉讼审查之用。

四　环境义务行政代履行费用的收取

行政代履行费用由当事人承担，已成为多国的共识，但是费用由谁收取、如何确定行政代履行费用、以什么方式收取费用等问题，各国立法在规定上不尽相同。但是想要解决行政代履行费用的收取问题，首先应该对行政代履行费用的性质进行准确的界定，笔者认为收取行政代履行费用是一种“公法债权”，具体理由会在下文进行详述。基于这样的性质定位，行政代履行费用由谁收、如何收等问题便理所当然要围绕公法债权展开。与行政代履行费用收取和偿付有关的主体有当事人、第三人、环境行政机关，在环境义务行政代履行中，第三人与当事人不存在直接的法律关系，且第三人不具有行政强制执行权，因此第三人原则上不能针对当事人直接成为行政代履行费用的收取者。行政代履行费用的产生以环境行政机关与当事人之间的行政管理关系为基础，因此毋庸讳言，环境行政机关才是行政代履行费用的收取者。有学者认为，行政代履行费用虽然不是罚款，但应当适用行政法上“罚缴分离”原则，所谓“罚缴分离”原则是目前我国行政处罚之罚款征收的基本原则，其规定行政机关作出处罚决定后，除少数情况可以当场收缴罚款，将不再采取直接收缴罚款方式，而是由收到行政处罚决定书的当事人，在十五日内到指定的银行缴纳罚款，由银行直接上缴国库，这一原则的意义在于防止行政机关非法挪用、占用、侵吞行政代履行费用。在行政代履行费用的缴纳上，行政代履行实际上是为当事人提供了便利，通过行政代履行的方式使当事人可以以金钱给付的方式代替履行行为义务。行政代履行费用缴纳是否应当遵循“缴罚分离”原则？当事人是否将行政代履行费用交由银行代收？笔者认为，环境义务行政代履行费用的缴纳也可以适用“缴罚分离”原则，作出行政代履行决定的环境行政机关不允许亲自收取行政代履行费用，当事人应当将行政代履行费用缴纳至指定银行账户，以避免环境行政机关非法挪用、占用、侵吞行政代履行费用，如此一来，既可以限制环境行政机关的权力，又可以保护第三人的权利。

至于行政代履行费用的确定方式和收取方式，立法上虽有规定，但远远不足以满足环境义务行政代履行的现实需要。对于行政代履行费用的确定方式，我国《行政强制法》（2011）第51条规定："代履行的费用按照成本合理确定，由当事人承担。但是，法律另有规定的除外。"在该条法律条文中，至于如何解读"按照成本合理确定"，这应当有一个明确且可执行的标准。在行政代履行实践中，各国普遍采取"实际支出费用"的标准向当事人收取费用，费用的收取以第三人在行政代履行过程中实际付出的人力、物力、财力为限，同时参考市场上的平均治污成本计算。值得注意的是，《行政强制法》（2011）第51条仅原则性规定"费用按照成本合理确定"，其并没有说明该"成本"是"平均成本"还是"实际支出成本"。笔者认为，按照文义和立法目的解读应当是按照"实际支出成本"，而非"平均成本"，因为第三人的选择往往是通过招投标的方式进行，而招投标的中标方一般都是满足条件的成本最低的竞标方，其履行成本往往低于市场"平均成本"，因此按照"实际支出成本"更加符合"最小损害原则"，更有利于保障当事人的合法权利。"实际支出费用"固然是最终确定费用的重要依据，但是为了保障第三人适当获利，在计算行政代履行费用时既要坚持"实际支出成本"，也要兼顾"市场平均成本"。毕竟，如果没有一定的经济诱惑，我们很难期待第三人会从事行政代履行行为。关于行政代履行费用的收取方式，有预先缴纳和事后收取两种，两种方式基于不同的出发点，都有一定的实际意义，笔者认为在建立配套的环境保险制度和环境保护基金制度的前提下，事先缴纳不仅具有更符合本书讨论的行政代履行管理理念的优势，而且能够解决目前环境行政代履行制度中存在的部分现实问题，具体将在环境义务行政代履行的费用一章节详述。

第三节 环境义务行政代履行的特别程序

以上告诫、发布行政代履行决定书等必要程序是环境义务行政代履行程序的一种常态化设计，但是环境问题的特殊性在于环境污染或者生态破坏具有突发性、紧迫性，不得不对其进行及时有效治理或者修复，否则将可能导致社会和公众的整体环境利益的严重损害，也有悖于环境行政代履行制度的设立初衷。基于此，日本、韩国等国都设立了非常态化的行政代履行程序，有学者称为行政代履行制度的“简易程序”，而笔者称为“即时行政代履行程序”。之所以称为“即时行政代履行程序”而非“简易行政代履行程序”，是由该程序的性质决定的。简易程序的关键在于将程序的描述界定为“简易”，言外之意是对复杂的程序化繁为简，使其程序更为简洁、易于操作。按照我国现行立法规定，将环境义务行政代履行的特别程序称为“即时行政代履行程序”更为妥当。《行政强制法》（2011）第 52 条规定：“需要立即清除道路、河道、航道或者公共场所的遗洒物、障碍物或者污染物，当事人不能清除的，行政机关可以决定立即实施行政代履行；当事人不在场的，行政机关应当在事后立即通知当事人，并依法作出处理”，根据该条款的规定，唯有“需要立即清除”的情况下才适用即时行政代履行程序，这也说明环境污染或者生态破坏具有突发性、紧迫性，污染治理或者生态修复已是刻不容缓，《行政强制法》（2011）中的“即时”较为贴切地表述了这种污染治理或者生态修复迫在眉睫、刻不容缓的状态，因此将环境义务行政代履行的特别程序称为“即时行政代履行程序”更为合理。

一些国家或地区的行政强制立法对适用即时行政代履行的情形、程序以及救济等方面均作了详尽规定，譬如日本《行政代执行法》（1948）第 3 条第 3 款规定：“在特殊或危险紧急情况下，对迅速实施该行为有紧急的需要，并没有时间采取第二款规定的程序时，可以不按其程序实施代执行（代履行）。”[①] 同样，日本《海岸法》（1956）第 12 条第 3 款规定：“被违法放置与河川及海岸上的工作物，在管理中无法通知成为监督处分对象人的，便不能进入代执行（代履行）程序，因而在个别上承认了简易代执行（代履行）的方法。”[②] 韩国《行政代执行法》（1954）第 3 条

① 日本《行政代执行法》（1948）第 3 条第 2 款规定：“在义务人（当事人）接到前款的告诫，到指定期限仍不履行义务时，该行政机关以代执行令书，把要进行代执行的时间、为代执行而派遣的执行负担人的姓名以及代执行所需费用估计的概算通知义务人（当事人）。”

② ［日］南博方：《行政法》，杨建顺译，中国人民大学出版社 2009 年版，第 126 页。

规定："非常时或存在眼前的、紧迫的危险，要求迅速执行。"从上述国家的法律规定可知，当出现紧急情况，不及时处理可能危害公共利益，环境行政机关可以不经告诫、催告、发布行政代履行决定书等必要程序而立即实施行政代履行。

立足于我国《行政强制法》（2011）的相关规定，是否启动即时环境行政代履行程序，应由环境行政机关决定。一般而言，启动即时行政代履行程序应当符合以下基本条件：出现紧急情况或者危险。紧急情况的具体内容在不同的法律语境下应有所不同，需要结合实际情况加以综合判断。在环境污染防治与自然资源保护领域，紧急情况一般是指环境污染或者生态破坏如不及时采取措施就可能严重危及财产或者人身安全，具有相当的急迫性和危险性，譬如，海上石油泄漏，如不及时治理油污，泄漏的燃油在很短的时间内会对海洋环境和周边的生物造成灾难性的影响。所以，环境行政机关在评估、认定这个"紧急情况"之时，应当坚持两个标准：一是时间上的紧迫性，治理污染刻不容缓；二是危害上的严重性，如不立刻治理，可能对环境生态造成毁灭性的危害。只有坚持这两个标准，才能准确认定是否属于"紧急情况"，才能更好地发挥行政代履行制度的作用。毋庸讳言，环境问题一般都具有较强的紧迫性、扩散性、复杂性和不可逆性，如果无法在一定时间内进行有效的治理，将会对发生化学反应并对周边环境进行污染，产生更加严重的、不可逆的危害，而且这种危害并不会因为所在场所的不同产生性质上或后果上的差异。因此，环境行政机关应当准确把握环境污染或者生态破坏之"紧急情况"的认定标准，以期即时启动行政代履行程序来修复受损的生态环境。当然，环境行政机关在实施即时行政代履行程序时，应当充分保障当事人的知情权和其他权益。申言之，环境行政机关需要把实施即时行政代履行的缘由、当事人的违法事实、行政代履行法律依据、行政代履行范围、第三人的基本情况、行政代履行费用、救济措施等基本情况及时通知当事人，这样才能维护当事人的知情权，保障当事人的合法权益。

第五章

环境义务行政代履行中的第三人

在环境义务行政代履行过程中，作为行政代履行工作的实际参与者，第三人是否能够有效完成行政代履行工作，直接关系到环境行政代履行制度的目的能否顺利实现，可见行政代履行中第三人的重要性不言而喻。尽管国内外行政强制立法对作为行政代履行人的第三人均作出了相应规定，但是对有关第三人的履职条件、组织形式等重要内容均缺乏具体明晰的规定，立法的简单与粗疏意味着环境行政机关在选择第三人以及监管第三人时欠缺具体、统一、细化的依据，客观上造成了环境行政机关在选择与监管第三人时拥有较大的自由裁量权。若不合理限制环境行政机关的自由裁量权，则行政代履行程序的公平与公正将会备受质疑，环境义务行政代履行过程可能还会滋生腐败，最终环境义务“履行不足问题”也可能无法得到有效解决。因此，在本章节中，笔者拟重点探讨第三人的履职条件、组织形式、确立方式以及对第三人的运行监管等实际操作问题。

第一节　环境义务行政代履行第三人的履职条件

环境义务行政代履行第三人的履职条件，顾名思义，是指第三人自身能够从事行政代履行工作的基本条件，是对第三人“基本”素质的要求，只有满足这些“基本”条件，第三人才有资格参与行政代履行。之所以对第三人提出资格条件要求，主要原因在于环境义务行政代履行的目的是第三人代替当事人履行环境污染治理与生态环境修复义务，第三人所从事的行政代履行工作具有较强的专业性，不具有相应资格条件的主体难以胜任。环境治理义务的履行不同于简单的拖运、清除障碍等行政义务的履行，对环境义务行政代履行的第三人提出了较强的专业性要求，这种专业性要求就为特定主体从事行政代履行工作设置了较高的技术门槛。事实上，并不是任何主体都能够从事环境义务的行政代履行工作，不适格的第三人履行环境义务不仅不能治理环境污染或者生态破坏，反而会加剧环境污染或者生态破坏，产生适得其反的效果。因此，环境行政机关在选择第三人时，必须对第三人的履职条件进行严格审查。

关于环保企业的资质认定，原环保部2014年3月下发的《关于改革环境污染治理设施运行许可工作的通知》与原环保部办公厅2014年6月发布的《关于做好停止实施环境污染治理设施运行许可后续工作的通知》作了相应规定，上述两项规定均要求各地政府不应再变相设置“服务市场许可准入条件”（即环保企业的准入条件），其本意在于“‘引导和鼓励治污服务供需双方市场主体自主交易，建立或完善公平竞争、优胜劣汰的良性市场机制’，但是这将导致环境治理企业门槛过低”①。环保企业准入门槛低可能导致大量不适格的企业进入环境污染第三方治理市场，导致市场秩序的混乱，既不利于环境行政机关的监管，也不利于环境污染第三方治理的规范化、专业化和市场化。在理论界，学者们普遍认为应当对第三人的履职条件进行严格限制。在这一思路的指引下，学者们讨论的焦点集中于第三人应具备哪些资格条件以及环境行政机关应如何审查第三人的履职条件。有学者认为，第三人应当符合以下条件：具有独立的主体资格、不能以行政代履行作为创收业务以及具有民事赔偿能力。② 也有学者认为，第三人成为行政代履行人必须具备如下条件：第一，依法成立的事业组织或者企业；第二，具有熟悉有关法律、法规、规章和业务的工作人员；第三，具有符合相应法律法规所要求的资质；第四，具有相应的设备、设施以及工具。③ 通说认为，公开招标程序是环保企业成为第三人的必经环节，第三人要想成为行政代履行人必须在技术、设备、人员、资金等方面达到投标人的基本条件。

---

① 刘俊敏：《环境污染第三方治理的法律困境及其破解》，《河北法学》2016年第4期。

② 刘平、程彬、王天品：《代履行制度的法律关系辨析——兼论民事法律制度在行政法中的引入》，2008年政府法制研究论文，上海，2008年6月。

③ 李大勇、李潇吟：《公私合作背景下的代履行——以行政强制法草案相关条文为分析对象》，《陕西行政学院学报》2011年第2期。

关于第三人的履职条件，我国《行政强制法》(2011) 作了笼统规定，该法第50条规定："行政机关依法作出要求当事人履行排除妨碍、恢复原状等义务的行政决定，当事人逾期不履行，经催告仍不履行，其后果已经或者将危害交通安全、造成环境污染或者破坏自然资源的，行政机关可以代履行，或者委托没有利害关系的第三人代履行。"根据这一条款，行政机关和第三人均可充当行政代履行人，但行政代履行人究竟该具备哪些条件，《行政强制法》(2011) 则未作具体规定。笔者认为，《行政强制法》(2011) 中的规定适用于整个行政强制领域，虽然行政领域的强制手段要求的技术含量并不高，[①] 但是环境保护领域的行政强制有其特殊性，在环境污染第三方治理市场和机制尚不健全的情况下，《行政强制法》(2011) 规定环境行政机关可以充当行政代履行人也是无奈之举，毕竟环境行政机关较之尚在成长阶段的环保企业，在环境治理上具有一定的优势。即便如此，现行立法允许环境行政机关充当行政代履行人也存在较大的负面影响：第一，扩大了环境行政机关的自由裁量权，在环境义务行政代履行过程中，环境行政机关既作"裁判员"又作"运动员"，不仅公平与公正会备受质疑，还可能成为滋生腐败的温床；第二，环境行政机关的主要职责在于环境监管，在大多数情况下其并不具备环境污染治理与生态环境修复的专业技术，有违"让专业的人干专业的事"这一专业化分工理论。基于以上分析，笔者认为环境行政机关不宜作行政代履行人，环境义务行政代履行人由且只能由第三人担任。事实上，无论是德国、奥地利还是中国台湾地区的行政强制立法，均明确将行政机关排除在行政代履行主体之外，以避免其滥用职权，影响行政代履行的效果。

通过对国内外立法例以及学术观点的分析，笔者认为，第三人的履职条件一般应包括但不限于以下几个方面：第一，具有独立的主体资格。独立的主体资格，意味着第三人不隶属于任何行政机关，与行政机关无利害关系，这有助于遏制行政机关滥用职权，有助于防止其利用行政代履行来牟取非法利益，保证行政代履行过程的公平与正义。独立的主体资格还意味着，实际参与行政代履行的环保公司应当依法成立，并符合相关法律、法规的要求，最重要的是具备独立承担责任的能力。第二，具备行政代履行能力。行政代履行的能力要求代表从事行政代履行工作的最低标准，环

① 比如清理障碍、拖吊车辆。

境义务行政代履行不同于一般义务的行政代履行，其具有很强的专业性和复杂性，不是普通企业所能够胜任的，参与行政代履行的环保企业不仅要具备一定的技术、设备、人才、管理经验、经济能力，还要在市场上有一定信誉。第三，在满足上述实质条件的基础上，第三人还要满足相应的程序要件，即环境义务行政代履行第三人要经正当的遴选程序产生。为保证行政代履行活动的公开、公正，第三人必须经法定的遴选程序产生，一旦被选为第三人，应该与环境行政机关签订行政契约，通过协议明确双方的权利和义务。总之，第三人的称谓是相对于环境行政机关和当事人而言的，只有经过法定程序遴选并且具备从事行政代履行工作的能力，环保企业才可称为“第三人”。

第二节 环境义务行政代履行第三人的组织形式

笔者认为，公民、国家以及国家机关原则上不适宜成为环境义务行政代履行中的第三人，也基本认可环境义务行政代履行人的主体应为第三人，这里所指的“第三人”主要是指市场上专业的环保企业。具备一定资格条件是环保企业成为第三人的核心要素，而组织形式则是环保企业成为第三人的外在表现形式。第三人的组织形式，简言之，就是指第三人的存在方式，它反映着第三人的性质、地位、作用和行为方式，并且往往能够反映其是不是合法的、能够独立承担法律责任的主体。毫无疑问，第三人只有选择了合理的组织形式，才能有助于其充分调动各方面的力量参与行政代履行工作，使之充满生机和活力。组织形式是对一个主体能够具备相应的履行能力的初步证明，正如一个上市公司和一个个体经营户所代表的履行能力具有显著差别一样。

关于环境义务行政代履行第三人的组织形式，主要存在两种：一是事业单位，即政府投资、运营和管理的治污单位；二是公司企业，即专门从事治污工作的营利性组织。对于前者，最具代表性的就是政府主导建立的污水处理厂，由政府投资、主管和运营，从业人员具有事业编制。对于后者，也有两种存在形式：其一，成立的专业环保有限责任公司，如北京中科通用能源环保有限责任公司，此种组织形式的公司的优势在于设立程序简单，内部机构设置灵活，易于最大限度地鼓励有专业技术的第三人从事行政代履行工作。其二，成立从事环保服务的股份有限公司。此种组织形式的公司的优势在于能够充分利用民间环保组织力量，能够吸纳社会资金或者吸收外资，能够调动广大科研院所及科技人员以技术入股的主动性和积极性，这“既是依靠群众保护环境基本原则的时代诠释和体现，也是适应我国环保产业成为新的经济增长点的需要，同时也是向环境保护国际化的努力和迈进”①。事实上，环保企业的组织形式除了以公司、事业单位的形式呈现外，其组织形式还可以是合伙企业，目前我国就存在不少专门从事环境治理和服务的合伙企业，如南京荟智环境科技合伙企业、上海世翔环境治理合伙企业、台州苏环环境检测治理服务中心等，这些合伙企业也都具备一定的环境治理能力，可以充当行政代履行人参与环境污染治理与生态环境修复。

在美国的环境污染第三方治理制度中，环保 NGO 也可以成为替代他人治理环境污染的主体，而第三方治理与环境行政代履行制度的区别也主要是选择行政代履行人的主体和方式不同，② 其运行逻辑大体是一样的。事实上，美国环保 NGO 在环境污染治理与生态环境修复的人员、知识与经验上具备一定优势，完全可以胜任部分技术含量较低的行政代履行工作。与美国相比，我国环保 NGO 发展起步晚、力量弱小，无论在资金、人才还是技术上往往都不具备治理污染的能力，至多只能够承担对行政代履行的社会监督工作，因此我国环保 NGO 目前基本上不具备从事行政代履行的能力。正因如此，我国环境义务行政代履行的主体还是应选择具备一定经济实力的企事业单位更为合适。当然，若环保 NGO 在不远的将来能够满足污染治理的资金、技术、人才、经验等方面的要求，也可以成为行政代履行主体。综上可见，环境义务行政代履行第三人的组织形式主要包含两种：事业单位和公司企业，若环保 NGO 具备一定条件，也可充当行政代履行主体。诚然，不管是何种组织形式的第三人，只要能发挥其环境治理优势，运用自身的专业技术从事好行政代履行工作，都应得到鼓励和支持。不过，从环境污染治理与生态环境修复的产业化、专业化与市场化角度看，市场化运营的专业环保公司担任第三人是最好的选择。

---

① 赵旭东：《限期治理污染的代履行初探》，《环境保护》1999 年第 8 期。

② 通俗而言，环境污染第三方治理与环境义务行政代履行均属于代履行的范畴，其中前者属于民事代履行，后者属于行政代履行。

第三节 环境义务行政代履行第三人的确定方式

在环境义务行政代履行过程中，环境行政机关负责选择第三人。为了确保环境污染或者生态破坏得到及时、有效的治理或者修复，环境行政机关有义务选择最“优质”的第三人从事行政代履行工作，因此环境行政机关在选择第三人时必须做到尽可能客观、公正与谨慎。具体而言，环境行政机关在选择第三人时至少需要坚持做到以下三点：一是在行政代履行程序启动之前就应选定第三人；二是明确遴选标准，确保选择最“优质”的第三人；三是第三人遴选程序要公开、公正。简言之，就是切实把握准环境义务行政代履行第三人的遴选时间、遴选标准与遴选方式。

第一，关于环境义务行政代履行第三人的遴选时间。理论上主要有两种看法，一种观点认为，第三人的确定应作为行政代履行程序的一部分，选择第三人的时间理应在行政代履行程序启动以后；与此观点相左的另一种观点认为，为维护行政管理秩序的及时与有效，环境行政机关事先就应与第三人签订行政协议，约定行政代履行事项，一旦发生需要行政代履行的情况，就应当立即指定第三方从事行政代履行工作。通说观点认为，第一种观点主要着眼于选择第三人的针对性和有效性，因为当环境污染或者生态破坏发生后，环境行政机关能够及时掌握污染的种类、范围、程度等，此时再选择第三人从事行政代履行工作，更具针对性，也更为高效；第二种观点则注重于治理污染的及时性，毕竟事先与第三人签订行政协议，有助于立即指定第三人从事行政代履行工作，当环境污染或者生态破坏发生时，环境行政机关只需通知第三人从事行政代履行活动，行政代履行程序就可马上启动。

笔者认为，第三人的事先选定和事后选定各有优劣，事后选定相对于事先选定更能保证污染治理的专业性，能够最大限度地保证找到最适合的环保企业，但是其问题在于，选择第三人的招标过程可能会很漫长，环境污染治理与生态环境修复极可能因第三人的遴选而被延误。对比而言，事先选择第三人的方式更为合理。理由有两个：一方面，事先确定第三人可以及时治理污染。环境行政代履行制度的优越性之一就是保证治理污染的及时性。环境行政机关事先与适格的第三人签订合同，约定由其实施某类行政代履行事务，当出现适用行政代履行的情形时，环境行政机关立刻启动行政代履行程序由第三人代为履行义务，从而省去了“确定第三人”的环节，保证了治理污染的及时性，尤其是面对突发性环境污染事件，其发挥的作用更加突出。鉴于“术业有专攻”，环境行政机关对所遴选的第三人应做到分类明确、详细，因为并不是每个第三人都能完成任何一项环境治理任务，这就要求在条件允许的情况下，环境行政机关尽量针对不同类型的环境污染选择不同的第三人，并对第三人的专长进行明确的界定和细分，这样才能真正保证污染治理的专业性，从而实现环境义务行政代履行的目的。另一方面，事先选择第三人有利于确保程序正义。法谚有云：“正义不仅应得到实现，而且要以人们看得见的方式加以实现”，其言外之意是，程序正义和实体正义同等重要。在选择第三人的时候，无论实体正义能否实现，程序正义都应当得到保证。试想，若发生环境污染时才选择第三人实施行政代履行，且不说环境污染是否能够得到及时治理，环境行政机关是否能够有充足的时间严格按照法定程序选择到适格第三人都将成为现实问题。而事先选择第三人，赋予了环境行政机关选择第三人的充足时间，其可采取招投标的方式选择专业的行政代履行人，不会受时间的限制，而且可以增加公众参与环节，对招投标进行适时监督，还可对招投标结果有异议的竞标方提供时间作出完善与改进，同时还能遏制环境行政机关的恣意妄为。进一步而言，事先选择第三人最能实现效率价值与公平价值的统一。因此，为保证环境污染的及时处置，防止错过治理污染的最佳时机，环境行政机关应事先选择适格的第三人，约定由其实施某类性质的行政代履行业务。

第二，关于环境义务行政代履行第三人的遴选标准。环境行政机关在选择第三人时应当秉持“质优价廉”原则，选择适格的第三人从事行政代履行工作。因为，行政代履行的目的不在于惩罚当事人，而是促进环境污染或者生态破坏的及时有效治理或者修复。为了确保环境污染或者生态破坏得到及时有效治理或者修复，第三人需要具备一定的治污能力，同时给出的报价应当合理。因此，环境行政机关在遴选第三人过程中，应至少坚持以下几项标准：一是优先考量第三人的履行能力。由于第三人履行结果的好坏直接关系到环境行政代履行制度的成效，因此履行能力是环境行政机关遴选第三人的最基本标准，对于不符合履行能力要求的环保企业，环境行政机关要进行一票否决。环境行政代履行制度的首要目标是修复生态环境，实现环境管理秩序，第三人的履行能力也就显得至关重要，一般而言，第三人的履行能力主要包括专业能力、技术水平、人员素质、设备配置和管理经验等，环境行政机关需要对以上几个方面加以全面考量，选择最优的第三人。二是考量第三人的收费标准。对于环境行政机关而言，选择第三人时要尽量做到以最低的收费获取最佳的行政代履行服务；对于当事人而言，其最为关注的莫过于行政代履行的收费情况，因为合理的收费标准才能促使当事人积极承担行政代履行费用。三是考量第三人的营业状况、行业口碑、公司信誉、经济实力等。环境行政机关在遴选第三人时，应尽量选择一些运营效益好、口碑佳、信誉度高、经济实力雄厚的专业环保公司，旨在确保环境污染治理与生态环境修复的效果。总之，环境行政机关在选择的第三人时应进行综合考虑，尽可能选择到“质优价廉”的适格第三人。

第三，关于环境义务行政代履行第三人的遴选方式。笔者认为，招投标方式是遴选第三人的最科学方法，该方法被广泛运用于市政公用事业选择合作对象之中，取得了较好的实施效果。在采用招投标方式遴选第三人时，环境行政机关一定要保证信息发布的公开性、透明性，使公众能够参与到行政代履行人选取的监督中，避免出现利益输送和暗箱操作等问题。事实上，信息发布的公开透明不仅能够遏制招投标中的官商勾结与腐败滋生，还能吸引更多的环保企业参与招投标工作，确保环境行政机关选到最“优质”的行政代履行人。关于行政代履行人的选取程序，环境行政机关可先发布行政代履行招标公告，公告内容包括行政代履行的具体事项、行政代履行范围、行政代履行人的资格条件、行政代履行的费用、双方的权利义务等要求，公开招标或者邀请特定或不特定的单位在规定的时间、地点按照一定的程序进行投标。具体程序可以参照《市政公用事业特许经营管理办法》（2004）第8条之规定：“（一）提出市政公用事业特许经营项目，报直辖市、市、县人民政府批准后，向社会公开发布招标条件，受理投标；（二）根据招标条件，对特许经营权的投标人进行资格审查和方案预审，推荐出符合条件的投标候选人；（三）组织评审委员会依法进行评审，并经过质询和公开答辩，择优选择特许经营权授予对象；（四）向社会公示中标结果，公示时间不少于20天；（五）公示期满，对中标者没有异议的，经直辖市、市、县人民政府批准，与中标者签订特许经营协议。”中标的环保企业与环境行政机关签订行政代履行协议，即行政协议。当发生某一类型的环境污染或者生态破坏且需要实施行政代履行时，环境行政机关应指定特定的第三人参与行政代履行工作，此时第三人应立即投入行政代履行工作并在完成后获取行政代履行费用。基于事先与环境行政机关签订的行政协议，第三人必须按照环境行政机关的指示代为履行环境义务，不得拒绝。

第四节 对环境义务行政代履行第三人的运行监管

在环境义务行政代履行过程中，环境行政机关有义务选择适格的第三人从事行政代履行工作，但同时也不能忽视对第三人的运行监管，以监督其有效参与行政代履行工作，同时避免其损害当事人的利益。环境行政机关对第三人的运行监管主要包括如下两方面。

第一，对第三人的行政代履行行为进行全程派员监管。我国《行政强制法》（2011）第51条规定："代履行时，作出决定的行政机关应当派员到场监督，代履行完毕，执行机关到场监督的工作人员、代履行人和当事人或者见证人应当在执行文书上签名或者盖章。"根据该条文，对第三人实施监管不仅是环境行政机关的权力，也是其必须履行的法定职责。派员监督第三人，既可保护当事人的合法权益，又能在必要时协助第三人从事行政代履行工作。具体而言，环境行政机关必须履行对第三人监督的职责，当第三人的行政代履行行为违法时，环境行政机关可视情况中止、中断或终止行政代履行行为；当第三人的行政代履行行为不适当时，环境行政机关必须及时加以制止、纠正或予以正确指导。虽然我国现行《行政强制法》（2011）并未明确规定第三人违法行政代履行、不适当行政代履行应承担的法律后果，但是基于传统的合同法和侵权责任法理论，当第三人的违法行政代履行、不适当行政代履行行为对他人或者当事人的权益造成损害时，可以依照侵权责任法来追究第三人的责任。当事人或行政机关均存在过错的，责任可以按照共同侵权的过错比例进行分担。当第三人的违法行政代履行、不适当行政代履行行为影响到行政代履行工作的顺利开展时，环境行政机关可依据行政协议关系追究第三人的合同责任，抑或视情况解除其与第三人的行政合同。

第二，对第三人的行政代履行工作进行必要的指导和帮助。为了保证行政代履行工作的顺利进行，除了对第三人进行实时监督外，环境行政机关还有必要对第三人的行政代履行工作给予必要的指导和帮助。在行政代履行活动中，环境行政机关因其所处的优越地位容易掌握环境污染或者生态破坏的第一手资料和其他便利条件，而第三人在实施行政代履行活动时往往比较被动，主要表现在需要掌控污染情况、需要及时拿出行政代履行方案、需要调集专业设备等，为确保行政代履行工作的有序、高效推进，环境行政机关对行政代履行工作的指导和帮助就显得不可或缺。譬如，当海事行政机关指定专业的环保公司在代为履行治理海上油污污染时，有必要给第三人提供必要的污染数据、信息服务以及其他的必要帮助，这些必要帮助包括油污发生的准确位置、污染范围、油污种类、数量、浓度等。在海事行政机关的帮助下，第三人实施行政代履行工作会变得相对容易和有效率，环境污染治理与生态环境修复目标也会更易于实现。总之，环境行政机关的必要协助可以帮助第三人提高履行效率，降低履行成本，这充分体现了服务型政府理念。

第五节　促进第三人实现“专业化、产业化和市场化”

任何一项法律制度的有效运作都离不开良好的法治环境、社会环境和经济环境，环境行政代履行制度亦不例外。环境行政代履行制度为第三人开拓第三方治理市场创造了条件，客观上也推动了环境污染治理产业化的发展。在此过程中，国家应当为环境行政代履行制度的有效运行着力创造一个良好的外部环境。就我国情况看，环境行政代履行制度运行的主要问题在于缺乏一个发育成熟的市场以及配套的保障机制。详言之，作为第三人的环保企业的发展步履维艰、资金短缺、技术薄弱，相关机制建设（如行政代履行费用收取与偿付机制、环境义务行政代履行基金）严重滞后于环境行政代履行制度的需要。目前，环境行政代履行制度主要由国家机关的行政指令来强力推动，市场激励的作用有限。在此情形下，环保企业之间无法形成有效的竞争机制，结果势必制约第三方治理的顺利推进与环保企业的发展壮大。要破解以上难题，国家迫切需要引入市场机制并且创造有利条件，促进第三人实现“专业化、产业化和市场化”经营。法律在这一过程中的作用在于，明晰权属、定纷止争，为环境义务行政代履行创造一个公平公正的市场环境。为了实现这个目标，笔者认为亟须从以下几方面加强立法。

首先，明确第三人的法律地位，减少对其行政干预。科斯提出的“交易成本”理论认为，市场经济中存在很多在交易过程中产生的成本；威廉森在科斯的基础上分析了“交易成本”的产生原因，他认为，产生“交易成本”一个重要原因是市场的不确定性与复杂性（uncertainty and complexity），由于市场交易充满不可预期性以及各种变化，交易双方均将未来的不确定性及复杂性纳入契约之中，使得交易过程增加不少签订契约时的议价成本，并使交易困难度上升。立足于科斯和威廉森的“交易成本”理论，由于行政代履行中第三人的法律地位未得到明确，其参与行政代履行工作的成本明显畸高，往往会弱化第三人参与行政代履行的积极性和主动性。加之第三人从事行政代履行活动尚未形成市场竞争机制，因此第三人是否参与行政代履行以及能否发展壮大存在很大的不确定性。基于此，应当在立法上明确环境义务行政代履行中第三人的法定范围，笔者认为，宜将第三人定位于依法成立、以市场化运营的公司企业而非事业单位或政府的附属组织，鼓励第三人自主经营、自负盈亏，走“专业化、产业化和市场化”发展之路。

其次，鼓励对第三人的多元投资和国际合作。由于受资金、技术、人才等诸多因素的限制，第三人有必要吸引社会主体对其进行投资，也有必要参与国际合作，以增强自身的实力。应当注意，这里的多元投资不仅仅包括投资主体的多元化，也包括投资内容的多元化。这体现在，一方面，第三人可以通过股权融资的形式充分利用个人、企业和其他组织的社会闲散资金来充实自身的经济实力；另一方面，投资内容不应局限于资金投资，也可以是技术、设备、专利等方面的投资。除了对第三人进行多元投资，也要鼓励第三人积极参与国际合作，通过引进他国企业的资金、先进技术和人才、管理经验等来提升本土第三人治理环境污染的能力。

最后，建立和完善行政代履行费用的征收办法。统一、完善行政代履行费用的收费标准是促进第三人实现“专业化、产业化和市场化”的重要内容。只有公平合理的费用标准才能保证公平有序的竞争环境，可以说，合理透明的价格确定机制对于任何产业的发展而言都是不可或缺的，行政代履行费用的确定就必须以市场为基点，再综合行业协会、工商、环保等部门发布的指导性意见，合理确定行政代履行费用的收取标准。除此之外，为缓和当事人对环境行政代履行制度的抗拒心理，应当明确行政代履行费用的计算方式和计算标准。

第六章

环境义务行政代履行的费用

“获得代履行费用是第三人参与行政代履行的终极目的，也是驱使其从事代履行活动的原动力”①，这决定了我们必须重视环境义务行政代履行费用的制度设计。正是基于此，《行政强制法》（2011）第51条第2款对行政代履行费用的收取作出专门规定：“代履行的费用按照成本合理确定，由当事人承担。但是，法律另有规定的除外。”对这一条款，应从两个方面来理解：第一，行政代履行的费用应当由当事人承担。行政代履行的“本质是将当事人作为义务通过代履行的方式转化为金钱给付义务，因此，由当事人负担代履行费用是理所当然的”②。申言之，行政代履行产生的费用源于当事人不履行行政义务，基于公平原则，行政代履行费用理应由当事人负担，但是，法律另有规定的除外。③ 应当注意的是，这里的

---

① 唐绍均、蒋云飞：《环境行政代履行制度：优势、困境与完善》，《中州学刊》2016年第1期。

② 江必新主编：《〈中华人民共和国行政强制法〉条文理解与适用》，人民法院出版社2011年版，第264页。

③ 不过也有学者指出，行政代履行费用由当事人承担也有例外，即存在免费行政代履行之情形。譬如《森林病虫害防治条例》（1989）第19条规定的“在一定情况下，政府应当适当扶持和补助森林经营单位或个人的森林病虫害防治费用等”即是当事人承担行政代履行费用的例外。全国人大常委会法制工作委员会行政法室：《〈中华人民共和国行政强制法〉释义与案例》，中国民主法制出版社2012年版，第280页；刘磊：《免费代履行之检视》，《甘肃政法学院学报》2017年第2期。笔者认为，基于污染者负担原则以及维护社会公平之需要，现实中并不存在当事人不用承担行政代履行费用之情形，《行政强制法》（2011）中规定的“但是，法律另有规定的除外”不能成为当事人不承担行政代履行费的依据，即便行政机关代当事人负担行政代履行费用，其随时可向当事人追偿。

法律应从狭义上理解，即仅指全国人大及其常委会制定的基本法律和一般法律。第二，行政机关收取行政代履行费用不是对当事人的惩罚。基于此，为防止行政机关滥用行政强制执行权，不过分加重当事人的负担，行政代履行费用应当按照执行成本合理确定，并保障第三人的获利空间。总之，环境义务行政代履行的主要目的就是促进当事人履行环境义务，修复和治理受污染的环境，而之所以需要行政代履行，就是源于当事人基于各种理由无法履行这一义务。对于当事人来说，行政代履行的作用在于将当事人无法履行的行为义务转化为可以被强制履行的金钱给付义务，确保环境行政管理目标的实现，但现有研究在理论上对行政代履行费用问题关注不够，缺乏系统、成熟的理论指导。与我国一样，一些国家或地区的行政强制立法虽然都有规定行政代履行的费用由当事人承担，但是对于第三人如何实现行政代履行费用，行政代履行费用的负担范围、缴纳方式，行政代履行费用“负担不足”的救济途径均未作出详细规定。行政代履行费用理论研究的不足与相关立法的严重缺失，无疑给行政机关在行政代履行费用征收过程以极大的自由裁量空间，不利于对第三人、当事人的权益保护。基于此，本章节对环境义务行政代履行费用的性质、确定机制、负担范围、收取方式、“负担不足”问题的解决方式进行详细分析，同时对促使当事人积极承担行政代履行费用作进一步的制度安排。

第一节　环境义务行政代履行费用的性质

尽管《行政强制法》（2011）第51条第2款对行政代履行费用作了规定，但由于该条款过于笼统和粗疏，使得费用问题成为制约环境行政代履行制度适用的瓶颈所在，最终导致该项制度的适用频率极低且普遍“不被执法人员看好”①。究其原因，一方面，是因为环境行政机关难以向当事人收取行政代履行费用甚至产生不必要的纠纷，因而作为环境行政管理者的一方不敢轻易启动行政代履行程序；另一方面，是因为第三方治理市

① 竺效、丁霖：《论环境行政代履行制度入〈环境保护法〉——以环境私权对环境公权的制衡为视角》，《中国地质大学学报》（社会科学版）2014年第3期。

场尚未发育完全，第三人因自身能力的不足而无法有效参与环境污染代治理。但是，随着《国务院办公厅关于推进环境污染第三方治理的意见》的出台以及第三方治理市场的勃兴，第三人参与污染治理的能力以及积极性势必大为提升。为鼓励、吸引更多市场上专业的环境治理企业参与环境行政代履行，必须注重对行政代履行费用的制度设计，尤其是在明确行政代履行费用性质的基础上建立科学、合理的费用收取与偿付机制，确保参与环境污染代治理的第三人及时、足额地获得行政代履行费用。基于行政代履行费用“定性”对行政代履行费用制度设计的重要性，在探究费用问题之前，亟须明确行政代履行费用的法律属性。

对于环境义务行政代履行费用的法律性质，我国环境与资源保护法律法规均未明确规定，理论上也有不小争议，直接影响了环境义务行政代履行费用的收取与偿付，导致第三人对行政代履行活动“望而却步”。目前，学界关于行政代履行费用的法律性质主要有以下两种观点。

第一，公法债权说。该学说认为，行政代履行费属于公法之债，[①] 即“代履行费用与税收、财产刑、财产罚等同为公法债权”[②]，“行政机关对代履行费用享有公法上的请求权”[③]。之所以将行政代履行费用视为公法债权，公法债权说论者给出的理由是“行政机关可利用环境税征收的部门对其费用进行征收”[④]，换言之，允许国家动用公权力来征收环境义务行政代履行费用，可使该费用的收取更为简易。目前，不少国家和地区的行政强制立法均明确规定，行政代履行费用的执行按照金钱给付义务的规定执行（即将收取行政代履行费用视为公法债权）。譬如，奥地利的《行政强制执行法通则》（1925）第11条第1款规定：“执行之费用应由义务人（当事人）负担，并按照第三条关于金钱给付义务执行的规定征收之”；

① 有学者认为，行政代履行费用与执行罚一样均属于公法之债，均可通过国家公权强制征缴。于立深：《〈行政强制法〉实施中若干争议问题的评析》，《浙江社会科学》2012年第7期。

② 吴恩玉：《行政法上代履行费用的若干问题研究——兼及〈行政强制法（草案）〉的完善建议》，《政治与法律》2010年第1期。

③ ［德］哈特穆特·毛雷尔：《行政法学总论》，高家伟译，法律出版社2000年版，第485页。

④ 同上。

中国台湾地区的“行政执行法”（2010）[①] 第34条规定：“代履行费用，逾期未缴纳者，移送行政执行处依第二章关于金钱给付义务的规定执行之”；日本的《行政代执行法》（1948）第6条规定：“代执行所需要的费用，可比照拖延交纳国税处分的规定征收。”[②] 从分析实证主义法学角度看，奥斯丁指出“实际存在的法才是法律学科应该研究的对象”，而各国法律实际上都是按照当事人公法上的金钱给付义务来收取行政代履行费用，这说明公法性质的行政代履行费用已经得到一些国家的立法认可，这种规定更有利于保护各方利益，尤其是社会公共利益。将其界定为单纯的私法性质的合同关系会使行政机关在采取监管等行为时基于“法无授权即禁止”而受到诸多限制，不利于对社会公共利益的维护。从我国的环境司法实践看，公法债权说也得到环保部门与司法部门的一致肯定。在2015年苏州市姑苏区人民法院审理的“苏州市旭东科技发展有限公司与苏州市吴中区环保局行政强制纠纷案”（以下简称“苏州废代案”）[③] 中，苏州市吴中区环保局在收取当事人（即苏州市旭东科技发展有限公司）的行政代履行费用时，明显将收取该费用视为“公法债权”，并动用公权力进行收取。

第二，私法债权说。该学说认为，行政代履行费属于私法之债。其主张者给出的理由是，行政代履行费用不具有行政费用的特点和性质，且“将代履行费用视为民事责任性质的债权（即‘私法债权’）更有利于费用的有效偿付”[④]。这一观点在海洋环境保护研究领域颇有“市场”，其主张者认为，强制清污费（即行政代履行费）属于民事责任，行政主管机关的强制清污措施不改变清污费用的民事责任性质，且“强制清除污染费用产生的

---

① 中国台湾地区“行政执行法”（2010）在1998年曾有修正，其中修正的重要内容之一便是明确了行政代履行费的执行程序。

② 吴恩玉：《行政法上代履行费用的若干问题研究——兼及〈行政强制法（草案）〉的完善建议》，《政治与法律》2010年第1期。

③ 在“苏州废代案”中，苏州市吴中区环保局向苏州市旭东科技发展有限公司发布了行政告知书，向其告知苏州市吴中区环保局已代履行处置，要求其承担处置费用并及时予以交付。内容见“苏州市旭东科技发展有限公司与苏州市吴中区环境保护局行政强制一审行政判决书”，苏州市姑苏区人民法院行政判决书（2015）姑苏环行初字第00001号。

④ 刘长霞：《强制清污费用法律问题研究》，《中国海洋大学学报》（社会科学版）2015年第2期。

根本原因在于清污单位的清污行为，而不是海事局的行政行为。可见，强制清污费用不同于行政费用”[①]。就我国的海洋环境保护司法实践看，私法债权说也得到了司法部门的一定认可。譬如，在“2002 年深圳市海隆实业有限公司诉广东省东莞市水上运输石龙水上运输公司、阳明海运股份有限公司强制打捞及清除油污纠纷案”（以下简称“海隆公司诉石阳公司案”）[②]中，主审法官认为海隆公司的行政代履行行为构成无因管理，由此产生的费用收取属于私法债权，作为当事人的石阳公司应予以偿付。

毋庸讳言，以上学说及理由均有一定道理，公法债权说立足于行政代履行费用征收视角，该学说认为借由国家公权力来收取行政代履行费用，有助于及时有效地向当事人收取费用，保障第三人获得足额费用；私法债权说立足于行政代履行费用产生视角，该学说认为行政代履行费用的产生主要源于第三人的行政代履行行为，其根本目的在于偿付第三方行政代履行行为的对价，因此该费用的性质属于民事责任的范畴，不宜动用国家公权力来解决强制收取费用。笔者认为，理论界将行政代履行费用视为公法债权或私法债权均不妥当。主要理由在于，行政代履行费用本质上属于“费用”范畴，即行为义务转化为金钱义务后的标的物，而不是所谓的“债权”[③]。按照《辞海》之解释，债权是指“债权人要求债务人为或不为特定行为的权利”[④]，包含给付请求权、给付受领权、保护请求权。公法债权说与私法债权说将基于行为义务转化而来的“费用”等同于“债权”，明显混淆了标的物与债权的关系。准确而言，请求当事人支付或受领行政代履行费用才是所谓的“债权”。基于此，无论是公法债权说与私法债权说都没有解释行政代履行费用的性质。笔者认为，行政代履行费用归根结底属于“费用”，且属于一种基于公法之债的“费用”，抑或是

① 曹宝根：《强制清污费的法律性质研究》，《集美大学学报》（哲学社会科学版）2008 年第 3 期。

② 内容见“深圳市海隆实业有限公司诉广东省东莞市水上运输石龙水上运输公司、阳明海运股份有限公司强制打捞及清除油污纠纷案”，广州海事法院（2002）广海法初字第 106 号。

③ 在《现代汉语词典》（第 6 版）中，债权意指依法要求债务人偿还钱财和履行一定行为的权利。中国社会科学院语言研究所词典编辑室：《现代汉语词典》，商务印书馆 2012 年版，第 1634 页。

④ 夏征农、陈至立主编：《辞海》，上海辞书出版社 2009 年版，第 2867 页。

“具有行政法律性质的费用”①。

之所以将行政代履行费用界定为公法之债的费用而非私法之债的费用，原因有两个：第一，从行政代履行费用的产生原因看，该费用的产生主要原因是当事人对环境义务“履行不足”，环境行政机关将该行为义务交由第三人替代履行会转化为金钱义务，换言之，当事人违反行政决定或不履行行政义务在先，而后由环境行政机关实施行政代履行后才产生相应费用，很显然，行政代履行费用的产生以环境行政机关与行政相对人（当事人）之间的环境行政法律关系为基础，若无该基础法律关系则无所谓行政代履行费用，可见该费用的产生具有明显的公法属性。第二，从行政代履行费用的收取与偿付看，该费用也具有明显的公法属性。根据《行政强制法》（2011）第51条的规定，行政代履行决定书应当载明行政代履行费用预算。据此可以推测，行政代履行费用的预算、评估与收取均由行政机关负责，在行政代履行费用难以及时有效收取时，行政机关还可能动用行政权予以强制征缴。正如日本《行政代执行法》（1948）第6条规定的那样，“代执行所需要的费用，可比照拖延交纳国税处分的规定征收”。从环境行政执法实践看，也不乏行政机关运用公权力征缴行政代履行费用的案例，在前文所提及的“苏州废代案”中，苏州市吴中区环保局就以自身名义并运用行政强制权向当事人苏州市旭东科技发展有限公司收取行政代履行费用，客观上有助于费用的有效收取与偿付。

基于以上分析可知，环境义务行政代履行费用既非公法债权也非私法债权，而是一种基于公法之债的费用。申言之，行政代履行费用的产生以环境行政法律关系为基础，无此基础法律关系也就没有行政代履行费用，同时行政代履行费用由环境行政机关强制收取，以偿付第三人的行政代履行服务对价为根本目的，因此该费用具有明显的行政法律属性。

第二节 环境义务行政代履行费用的确定机制

环境义务行政代履行费用制度设计的首要之义是建立科学、合理、清

① 王威：《中国强制清污费用的法律性质探析》，《广西民族大学学报》（哲学社会科学版）2013年第6期。

晰的费用征缴标准。[①] 关于行政代履行费用征缴（收取）标准，《行政强制法》（2011）的51条规定："代履行费用按照成本合理确定，由当事人承担。但是，法律另有规定的除外"。显而易见，该条款仅原则上解决了行政代履行费用的计算基准问题，属于金额计算的实体问题，这为计算行政代履行的费用提供了依据，但是最终如何确定具体标准，费用的确定是否合理等也同样重要，而保证费用确定合理就需要恰当的程序设置。

在实体规定方面，行政代履行费用的确定需要平衡第三人和当事人的利益。第三人愿意实施行政代履行，其直接目的显然不是社会公益，而是通过谋取利润获得私人利益，要是对第三人的利润进行过度压缩只会阻碍行政代履行制度的发展。相反，如果对行政代履行费用没有合理的确定方式，那么第三人可能会千方百计地提高行政代履行费用来赚取最大利润，这样就有违行政代履行的初衷，损害当事人利益。作为行政代履行费用的实际承担者，当事人当然希望该笔费用尽可能最小化，但是利润的过度压缩在长远上对于当事人整体是不利的，因为行政代履行制度本身就有服务属性，既为环境行政机关服务也为当事人服务，利润空间太小势必会打击第三人参与行政代履行的积极性，降低第三方治理产业的市场化程度。

在程序规定方面，行政代履行费用的确定对第三人和当事人的利益而言也是一对矛盾，而这一矛盾如何协调可以借助于公平合理的第三人确定程序来实现。现行最合理的第三人确定方法就是竞争性招标程序，通过招标方式事先选出能够以最低行政代履行费用履行环境义务的第三人，既有助于在需要行政代履行的时候能够迅速应对，还有助于在选择行政代履行第三人的过程中尽量避免第三人和行政机关串通危及当事人合法利益的情况。而招标的过程中，笔者认为行政机关应该尽量做到分门别类，因为不同的方式、不同领域、危害不同客体的污染其处置方式具有很大的区别，很少有单一企业能够完成所有项目，因此应当做好预案，在启动行政代履行的时候由专门企业去完成特定领域的代履行行为。需要指出的是，不管是竞争性较高的公开招标还是其他形式的第三人确定机制都需要在费用问题上引入公众参与机制，防止行政机关在费用确定问题上的裁量权介入，成为对当事人"合法伤害"的手段。因此在招标的过程中要合理设置信

---

① 蒋云飞、唐绍均：《论环境行政代履行费用的性质与征缴》，《北京理工大学学报》（社会科学版）2018年第2期。

息公开机制和公众参与的机制与途径。如果将行政代履行中的当事人视为公共服务的使用者，行政机关则是公共服务的购买者，显然当事人作为使用者必须能够通过一定的途径表达其意愿或者诉求。具体而言，费用不能由行政机关封闭确定或者行政机关与第三人双边协商，必须通过制度性的规范防止行政机关在费用问题上弃权或者被第三人收买，形成官商勾结的共谋局面。[①]

针对行政代履行费用的收取，《行政强制法》（2011）第51条仅原则性地规定"代履行费用按照成本合理确定，由当事人承担"。部分环境单行法及地方性法规中虽也规定了代履行费用，但绝大多数单行法也仅原则性规定"代履行费用由当事人承担"[②]。至于行政代履行费用应采取何种核算方式，如何理解"由成本合理确定"，是否允许第三人获利，现行立法均未作明文规定，若以上问题得不到有效解决，第三人势必怠于参与行政代履行活动，从而弱化环境行政代履行制度的实践价值。鉴于此，本书在考察域外立法例以及学术观点的基础上，对以上问题作出回应。

第一，行政代履行费用应当如何核算？目前，行政代履行费用的计算主要有两种方式：一种是"实际支出"方式，顾名思义，该计算方式"以代履行实际支出的人力、物力为限"[③]，也就是说，行政代履行费用实

① 苇云飞、唐绍均：《论环境行政代履行费用的性质与征缴》，《北京理工大学学报》（社会科学版）2018年第2期。

② 目前，我国至少有11部环境单行法引入了行政代履行制度并规定了费用问题，这些法律及条款分别是《野生动物保护法》（2018）第54条，《土壤污染防治法》（2018）第94条，《水污染防治法》（2017）第84条、第85条、第88条、第90条，《固体废弃物污染环境防治法》（2016）第55条和第67条，《防洪法》（2016）第56条和第57条，《动物防疫法》（2015）第73条，《水土保持法》（2010）第55条和第56条，《放射性污染防治法》（2003）第56条，《海域使用管理法》（2001）第47条，《草原法》（2003）第71条，《森林法》（1998）第39条和第44条；四部行政法规及条款分别是《城镇排水与水污染处理条例》（2013）第53条、《放射性废物安全管理条例》（2011）第37条和第38条、《防治海洋工程建设项目污染损害海洋环境管理条例》（2006）第49条、《放射性同位素与射线装置安全防护条例》（2014）第59条；一部部门规章及条款为《环境行政执法后督查办法》（2011）第9条；另外，贵州、广西、湖北、广东、浙江、江苏、四川、海南、北京、重庆等省（自治区、直辖市）制定的地方性环境保护法规均有行政代履行规定，在此不再具体列出，以上立法均或多或少规定了行政代履行费用的承担问题。

③ 刘平、程彬、王天品：《代履行制度的法律关系辨析——兼论民事法律制度在行政法中的引入》，2008年政府法制研究论文，上海，2008年6月。

际花了多少，当事人就应当承担多少费用；另一种是“市场平均成本”方式，该计算方式以第三人治理同类同质污染物的市场价与市场平均成本为基准。对比而言，“实际支出”方式可有效避免行政代履行费用的多退少补，但该计算方式具有极大的不确定性与随意性，实践中第三人为了获得更多收益往往扩大污染治理的范围或延长治理时间，导致行政代履行费用大幅上涨。在前述“海隆公司诉石阳公司案”中，原告海隆公司与被告石阳公司就被告在代清理油污时使用的吸油毡、救生衣、浮灯的数量以及费用争论不休，原告认为被告在行政代履行中随意扩大行政代履行费用的实际支出成本，导致行政代履行费用居高不下，使原告难以承受。相较而言，“市场平均成本”方式具有避免第三人随意扩大支出成本的功能，但是也存在一个不利因素，即行政机关必须有能力对环境污染治理与生态环境修复的市场成本作准确的分析与评估，并提出一个使当事人和第三人都能接受的行政代履行费用收取方案，这对行政机关而言无不是一个巨大挑战。综合比较来看，笔者认为行政代履行费用核算应当坚持“市场平均成本”方式，由政府根据市场上治理各类环境污染的平均成本来核算行政代履行费用，借此提出一个使当事人和第三人都能接受的费用负担方案。但需要注意的是，政府在遵循“市场平均成本”方式的同时，应当保障第三人的获利空间，以体现《行政强制法》（2011）中的“成本合理确定”精神。

第二，行政代履行费用按照成本合理确定中的“合理”如何理解？是否允许第三人获利？针对这些问题，学界有着不同理解。有学者指出：“收取当事人的代履行费用应当合理，以履行义务的实际支出为限，不得盈利。”[①] 不过，不少学者认为“《行政强制法》第51条中的‘合理’二字表明，行政代履行并没有绝对排除第三人的适当获利空间”。毫无疑问，“费用的收取固然应该合理，但是从‘合理’却不能推导出不得盈利的结论，第三人之所以愿意积极地参与行政代履行，其目的在于利润，无视这一点，第三人参与行政代履行的积极性将大大降低，不利于行政代履行制度的实施；其次，向相对人（当事人）收取行政代履行费用仅仅是将作为义务转化为金钱给付义务，并非意味着惩戒，否则将加重相对人

① 江必新主编：《〈中华人民共和国行政强制法〉条文理解与适用》，人民法院出版社2011年版，第264页。

(当事人)的负担，行政代履行将异化为一种变相的惩罚机制，这显然不符合立法者对行政代履行的性质定位”[①]。笔者认为，《行政强制法》(2011)第51条中的“合理”二字表明，立法者允许第三人获利，毕竟营利本质决定了企业对“成本—收益”的敏感性，灵活合理的费用机制可有效提升第三人参与行政代履行的积极性与主动性，除此之外，允许第三人适当获利，才能进一步推进第三方治理产业的发展与壮大。但应当注意的是，收取行政代履行费用并不是惩罚当事人，为了“不过分加重行政相对人(当事人)的负担，行政代履行费用应当按照执行成本合理确定”[②]。

基于以上分析，本书提出行政代履行费用收取应当坚持“市场平均成本加指导利润率”原则。所谓“指导利润率”，是指行政机关通过基准价和浮动幅度、差率与最高最低限价来合理决定第三人参与污染治理的利润空间，即既可确保第三人适当获利，提升第三人参与环境污染代治理的积极性，又能将利润率控制在一定范围之内，从而避免给当事人造成过重负担。在“指导利润率”原则的指引下，行政机关必须出台环境污染代治理费用收取的指导性意见[③]并及时予以修订，为行政代履行费用的收取提供明确、详细的规范指引，借此更好地发挥环境行政代履行制度的价值功能。

第三节　环境义务行政代履行费用的负担范围

所谓行政代履行费用的负担范围，是指行政代履行实施过程中所发生的具体费用，当事人应该承担的数额和种类。一般而言，行政代履行费用的负担范围主要包括三个方面：第一，行政机关为启动和推进行政代履行所支出的管理费用；第二，第三人为了代替当事人履行所产生的“实际支

---

① 杜国强：《代履行：费用基准、确定机制与征收路径》，《陕西行政学院学报》2016年第2期。

② 湛中乐、高俊杰：《代履行的适用条件、主体、程序和方式》，《中国工商报》2012年8月9日。

③ 譬如，2011年四川省发改委与四川省环保厅联合发布《四川省危险废物委托处置收费指导意见》，该指导意见对危险废物代处置的收费标准作了详细规定，体现了“指导利润率”原则。

出费用”；第三，第三人参与行政代履行所应得的合理利润。以上三方面的费用都是在行政代履行过程中产生的，但是对于哪些应当属于行政代履行费用应当负担的范围还需要进一步探讨。在行政代履行制度中，由行政机关决定向当事人收取行政代履行费用，然而在行政代履行费用的收取之前，行政机关应该对行政代履行费用进行科学估算，合理确定行政代履行费用的负担范围。[①] 关于行政代履行费用的负担范围，实践上普遍采取“实际支出费用”的标准向当事人收取行政代履行费用。如前所述，实际支出费用是指第三人在实施行政代履行的过程中应当以行政代履行实际支出的人力、物力为限，同时参照从事同类业务的社会一般收费标准来计算。需要注意的是，行政机关在行政代履行中所支付的行政管理开支、第三人在行政代履行过程中的日常必要开支不应属于行政代履行费用的负担范围。在行政代履行决定书中就应列明行政代履行费用的预算负担范围，让行政机关在事先就有成本控制意识，避免出现费用过高的问题。毋庸置疑，第三人的合理利润属于当事人所应承担的费用范围，但是利润数额的确定要根据行业标准作出大致限制，毕竟行政代履行在一定程度上是为了维护公共利益。行政代履行利润虽然属于行政代履行费用的负担范畴，但实际上可以并入实际支出费用进行计算，在费用结算过程中，只要算入利润的“实际支出费用”不超过行业标准，利润率不至于过大，都是当事人所应支付的费用范围。实际上，环境污染或者生态破坏所造成的损失不单单只包含这些，因为环境污染或者生态破坏具有很强的负外部性，会对社会整体利益产生负面影响。社会公共成本十分模糊，无法简单地计算进来，因而对于这部分损失的收费因其模糊性无法进行，但在条件允许的情况下也应当进行适当考虑。

也有学者明确列举了行政代履行费用的负担范围，主要包括：“第一，确定实际行政代履行单位的费用；第二，实际行政代履行单位的劳酬；第三，设备使用和材料消耗的费用；第四，相关的补偿费用；第五，其他实施环境义务行政代履行而产生的合理费用。”[②] 针对以上观点，笔者认为，环境义务行政代履行费用的范围指第三人的行政代履行酬劳和确定行政代

① 蒋云飞、唐绍均：《论环境行政代履行费用的性质与征缴》，《北京理工大学学报》（社会科学版）2018 年第 2 期。

② 刘佳奇：《论我国环境行政代履行制度的构建》，硕士学位论文，辽宁大学，2011 年。

履行单位的费用，其他各项均不属于行政代履行费用的负担范围。具体而言，设备使用和材料消耗的费用是第三人为完成行政代履行工作必须消耗的，这属于第三人实施行政代履行的工作成本，已经核算至第三人的酬劳，不宜重复计算。值得一提的是，2004年《厦门市环境保护局行政代执行实施办法（试行）》以列举的方式规定了行政代履行费用的负担范围，该办法第5条第4款规定："本办法所称代执行费用指环保分局启动行政代执行后，行政代执行实施单位为组织行政代执行所发生的全部费用，包括：前期费用、组织实施、实际执行及其他实际发生的费用。"通过这一款可知，行政代履行费用的收取坚持的是"实际支出费用"标准，以实际支出的必要费用种类作为行政代履行费用的负担范围。无独有偶，中国台湾地区"废弃物清理法"（2001）第71条也以列举的方式明确行政代履行费用的负担范围，即"代履行清理、改善及衍生之必要费用"①，同时还规定，若还不能准确预估代清理费（特别是估算"衍生之必要费用"），环境行政机关有权进行个案判断。② 笔者认为，中国台湾地区"废弃物清理法"（2001）第71条的规定可资我国大陆地区环境行政代履行制度立法之借鉴，毕竟环境治理具有相当的复杂性、紧迫性与重要性，个案判断可作为环境行政机关预估行政代履行费的特殊或备用手段，以准确估算行政代履行费。

综上所述，行政代履行费用的负担范围应当统一、明确，计算时以"实际支出费用"的标准向当事人收取，不宜片面扩大行政代履行费用的负担范围，在特殊情况下允许环境行政机关采取"个案判断"方式确定行政代履行费用的负担范围。除此之外，行政机关对于行政代履行费用的负担范围及计算方式，应当及时向当事人说明情况，并允许当事人质疑，使其有权利选择救济的路径和平台。笔者认为，行政代履行费用负担范围的确定以"实际支出费用"为准是比较合理的，但是"实际支出费用"意味着事后结算，这与事先选定第三人存在一定冲突。事先选定第三人往

---

① 内容见中国台湾地区"废物清理法"（2001）第71条第1款规定："针对居期不依规定清理、处理之废弃物，得由主管机关或执行机关代为清除、处理，并向行为人求偿代履行清理、改善及衍生之必要费用。"

② 中国台湾地区"行政院环境保护署"认为，"代履行清理与改善之费用"易于确定与估算，但"衍生之必要费用"则很难把握，实践中亦缺少明确标准，行政机关可就个案判断。具体内容见中国台湾地区"行政院环境保护署"发字第0960053534号档。

往通过招标的方式进行，对于第三人的确定是以报价高低为标准，这意味着行政代履行的费用已经大致确定，其变化的范围有限。行政代履行费用是采用预先缴款的方式缴纳，对于实际支出与招标确定的行政代履行费用存在较大差异等问题还需要审慎解决，避免第三人与当事人在费用问题上出现争执。总之，行政代履行费用的范围必须要科学合理地确定，兼顾第三人与当事人的利益，未来立法应在坚持“实际支出费用”标准的基础上，通过列举的方式来明确行政代履行费用的负担范围，若行政代履行费用仍不能明晰，应当允许环境行政机关进行“个案判断”。

第四节　环境义务行政代履行费用的收取方式

行政代履行的费用由当事人负担，这已成为学界和实务界共识。行政代履行费用由当事人承担，既体现了对不履行义务的当事人的制裁，也是对第三人劳动的补偿。如果行政代履行实施完毕后，无须向当事人征收必要费用，则该项制度的设立就失去了意义。[①] 尽管国内外立法明确规定行政代履行费用由当事人承担，但是有关行政代履行费用的收取方式，各国的做法并不一致。日本《行政代执行法》(1948)、韩国的《行政代执行法》(1954) 采用事后追缴的方式；奥地利的《行政强制执行法通则》(1925) 和中国台湾地区“行政执行法”(2010) 都规定了预先缴纳，然后计算，多退少补的缴费模式，德国也采取此法。法国《环境法典》(2000) 采用了事先抵押和事后补偿相结合的方式，即以押金方式保障费用的承担，必要时，可以进行收缴，但有别于收取税金和国有财产的国家债券的方式将这笔款收回。此外，还有学者主张：“立法设立专门的环境行政代履行基金，使当事人预先缴纳‘押金’归入基金，然后由基金全额垫付履行费用，再由该基金向义务承担者追偿，且基金垫付履行费用不以当事人预先缴纳‘押金’为前提条件。”[②] 这种做法的好处是减轻行政机关的负担，还规避了事后缴款的“全体国民代为受过”的问题。考察

① 罗文燕：《行政法与行政诉讼法》，浙江大学出版社 2008 年版，第 222 页。

② 竺效、丁霖：《论环境行政代履行制度入〈环境保护法〉——以环境私权对环境公权的制衡为视角》，《中国地质大学学报》2014 年第 3 期。

国内外立法例及学术观点，目前行政代履行费用收取大致存在以下三种方式。

第一，事先缴纳方式。所谓事先缴纳，是指在启动行政代履行程序后实施行政代履行之前向当事人收取行政代履行费用。奥地利和中国台湾地区均采用事先预缴方式。奥地利《行政强制执行法通则》（1925）第4条第2款规定，在义务人（当事人）不为履行或不为全部履行的情形，执行官署得先令缴纳费用，随后补行计算，此项预先缴纳之命令，亦得为执行名义；中国台湾地区“行政执行法”（2010）第29条第2款规定：“前项代履行之费用，由执行机关估算其数额，命义务人（当事人）缴纳；其缴纳数额与实支不一致时，退换其余额或追缴其差额。”[①] 以中国台湾地区为例，其行政代履行的费用收取程序可以概括为：告诫（并估算行政代履行执行所需数额）—预缴费用—行政代履行实施—费用的多退少补。在告诫中设置预估数额事先缴付的规定，其主要目的在于从心理上间接强制，督促当事人能尽早主动履行，以达到“不战而屈人之兵”的效果。此程序设计有以下几方面的优点：首先，当事人不履行义务所产生的费用，不应由财政预先支出；其次，如当事人届期仍不缴纳，可直接依金钱给付义务的强制手段，强制收取因行政代履行而估算的费用，这并不影响行政代履行的速度；再次，可以间接测探当事人的金钱负担能力，一旦强制征收发现当事人的经济能力的确无法负担行政代履行的费用，主管行政机关尚有机会迅速更换其他强制方法，否则，如事后追缴才发现当事人财力不足，案件将有难以了结之弊；[②] 最后，可以避免当事人采取转移资产等方式来逃避金钱给付义务。不过，事先缴纳的方式也有缺陷，它要求行政机关在告诫时就得对行政代履行的费用作出科学、合理的估算，可能因行政代履行费用的计算繁杂而造成行政代履行程序的迟延；再者，事先对行政代履行费用进行预估可能因估算不准确而发生二次征收的问题。[③] 但笔者认为，随着行政代履行制度的发展，上述问题将会得到解决。经过长时间的行政代履行费用估算会形成一套比较切实可靠的计算体系，这样就能解决估算不够准确问题，但是履行费用的追缴能力并不会因此而提高。

① 翁岳生：《行政法》（下册），中国法制出版社2009年版，第1192页。

② 城仲模：《行政法之基础理论》，三民书局1994年版，第271页。

③ 王知：《论行政代履行》，硕士学位论文，中国政法大学，2011年。

第二，事后追缴方式。所谓事后追缴，是指行政代履行工作实施完毕后，行政机关按照行政代履行实际所支出的费用，向当事人追缴行政代履行费用。事后缴纳费用的流程比较简单，以日本《行政代执行法》（1948）为例，该法规定代执行的费用不得预先征收，而是由行政厅先行垫付费用，等待执行实施完毕，再以书面载明所需费用之金额及缴纳期限，命义务人（当事人）缴纳，如义务人（当事人）拒交，则依国税滞纳处分条例，进行强制征收。[①] 其事后追缴的步骤可概括为：国家预先垫付费用—完成行政代履行—计算费用—追缴费用。事后追缴方式的优点在于：其一，不需要提前预估行政代履行费用，行政代履行程序得以迅速启动和实施；其二，行政代履行实际支出费用一目了然，不存在二次征收问题；其三，行政代履行费用便于结算，避免多退少补问题。不过，事后征收的缺陷也是明显的，主要表现在当事人无力支付行政代履行费用或者故意隐匿、转移财产，导致行政代履行费用难以支付。有学者指出："如果从制度经济学契约理论的角度进行分析，事前征收较事后征收更为可取。事后模式的最大问题在于可能出现由国库负担行政代履行费用的局面，即纳税人为违法者的违法或者过错行为承担责任。"[②] 依该学者之言，事后追缴模式可能导致最终由国家负担行政代履行费用，这不仅有悖污染者负担原则，也有损公平正义理念，因而不宜采取事后追缴方式。

第三，行政机关自由裁量决定。此观点认为，究竟是事先缴纳还是事后追缴行政代履行费用，"可由行政机关根据实际需要裁量之，但均需在行政代履行决定书中载明预估的行政代履行费用的具体数额和计算方法"[③]。换言之，"可明确授权行政机关根据实际情况自由裁量采取何种方式"[④]，"预先缴纳和事后追缴行政代履行费用皆可"[⑤]。行政机关自由裁量模式的优势在于，行政代履行费收取更加灵活和多元，更能适应环境污染第三方治理的现实需要，但其不利影响是，自由裁量模式可能扩张行政机

① 朱新力：《外国行政强制法律制度》，法律出版社 2003 年版，第 104 页。

② 杜国强：《代履行：费用基准、确定机制与征收路径》，《陕西行政学院学报》2016 年第 2 期。

③ 信春鹰主编：《〈中华人民共和国行政强制法〉释义》，中国法制出版社 2011 年版，第 255 页。

④ 莫于川：《行政强制操作规范与案例》，法律出版社 2011 年版，第 142 页。

⑤ 陈敏：《行政法总论》，新学林出版股份有限公司 2011 年版，第 874—875 页。

关的自由裁量权，与行政代履行制度背后彰显的私权控制公权理念背道而驰。从现实层面观察，无论是环境保护领域的执法实践，还是其他领域的执法实践，均未出现由行政机关自由裁量行政代履行费用何时收取的案例，这也从另一个侧面说明，行政机关自由裁量模式并不可取。

总体而言，无论是事先缴纳行政代履行费用还是事后追缴费用，二者各有利弊优缺。诚如我国著名行政法学者应松年所言，“事先缴纳，会给当事人造成心理压力，促其履行义务，这就起了类似于执行罚的作用；事后追缴，便于结算，避免因事先预收而多退少补”①。不管是何种行政代履行费用缴纳方式，都有利弊，关键在于结合现有法律体系和社会背景，对两种方式进行权衡和选择。例如，在社会保险或环境保护基金等制度健全的法律体系下，完全可以采用事后缴纳方式，即使当事人无力承担费用，也有多种保障方式能够保障金钱给付义务的履行。若社会风气良好，人人重信用能够信守履行承诺，则不必担心恶意逃避的问题，但是反观我国现有法律体系和社会背景，这些条件都不具备。因此，笔者认为，在环境保护领域，应采用预先缴纳方式，② 具体原因如下：首先，预先缴纳可以从心理和物质上给当事人以强制，促使其自觉履行义务。预先缴纳行政代履行费用的作用在于时刻警示着当事人：只要启动行政代履行程序，就要收取行政代履行费用。在这种心理暗示下，当事人为避免不利负担，很可能主动履行环境义务。正所谓，“事先征收‘不战而屈人之兵’的心理效果，亦能在此起到催促相对人（当事人）自愿履行行政义务的效果”③。其次，预先缴纳行政代履行费用可确保第三人的预期收益。在预先缴纳的情况下，一旦发现当事人无支付能力，可以及时采取其他措施应对，避免出现行政代履行费用“负担不足”的问题。如果第三人在完成行政代履行任务时发现当事人根本无力支付行政代履行费用，不仅在经济上处于不

---

① 应松年：《论行政强制执行》，《中国法学》1998年第3期。

② 从法理层面看，在法无明文规定的情况下，环境行政机关不得作出对当事人不利的行政行为，因此，环境行政机关无权要求当事人预先缴纳行政代履行费用。但从现实层面看，预先缴纳行政代履行费用比事后追缴行政代履行费用更容易督促当事人自行履行环境义务、更易于保障第三人的预期收益以及更容易吸引第三人参与环境污染代治理，总体上而言确立预先缴费方式利大于弊。据此，本书主张环境行政机关有权通过预先缴费方式来收取行政代履行费用。

③ 杜国强：《代履行：费用基准、确定机制与征收路径》，《陕西行政学院学报》2016年第2期。

利的地位，而且会严重打击其从事行政代履行工作的信心。尽管采取预先缴纳费用的方式可能对当事人不利，也可能因预先收费程序复杂影响到行政代履行的实施，但预先缴纳能督促当事人自行履行义务，也符合第三人的预期收益，更有利于行政代履行程序的正常运行。在确立预先缴纳方式的前提下，还应在具体操作上作出适当改进，譬如可参照法国事先与事后相结合的模式，采取部分或分期的方式缴纳修复费用。具体操作上，行政机关的管理费用由行政机关确定，关于第三人实施的行政代履行的“实际支出费用”，由第三人与行政机关事先签订的合同标准来确定，分期付款方式由行政机关与当事人根据当事人的资金、财产状况确定，理论上不超过实际支出费用和行政机关管理费用的总和，对于实施行政代履行的利润部分可以以事后缴纳的方式缴纳，这样既能减轻当事人的负担，又能缓解双方对立，激励当事人主动履行义务，是政府运作模式向服务型政府转变的体现。

在即时行政代履行程序中，行政代履行费用的收取并不能简单适用事先缴纳或事后追缴方式，主要原因在于，即时行政代履行的启动程序与普通行政代履行的启动程序存在较大差异，普通行政代履行的启动需要经过发布行政代履行决定书、催告、实施行政代履行以及收取费用等必经程序，但是在即时行政代履行程序中，由于环境污染治理或自然资源保护形势的紧迫性与严峻性，因此不可能像普通行政代履行那样在实施行政代履行之前就向当事人收取行政代履行费用，而只能是在行政代履行实施过程中或行政代履行完毕之后，由环境行政机关向当事人收取行政代履行费用，同时向当事人告知行政代履行费用的具体数额、计算依据、缴纳期限与救济途径等。除了在即时行政代履行程序中，预先缴纳模式还存在其他的适用例外，即行政代履行费用极为高昂且当事人在短时期内确实无力支付费用，此时环境行政机关不应采取事先缴纳方式，而是允许当事人以分期付款或者提供担保的方式缴纳行政代履行费用，以避免行政代履行费用收取给当事人造成巨大经济负担，甚至拖垮当事人。

在研究行政代履行费用收取方式之余，还有一个问题值得注意，即第三人能否向当事人收取行政代履行费用？按照《行政强制法》（2011）第51条之规定，行政代履行的费用由当事人承担，且行政机关应当在行政代履行决定书中载明费用预算。但究竟由谁收取行政代履行费用，现行立法并未明文规定。正因如此，有学者提出，行政代履行费用由谁收取的

“关键是委托机关与私第三人之间有无委托收取行政代履行费用的约定。如果有约定，那么由私当事人收取有关费用是合法的，但是，委托机关不能放弃监督之职”①。按照该论者的观点，只要环境行政机关将行政代履行费用收取事项委托于第三人，那么“私第三人”就有权向当事人直接收取行政代履行费用。笔者认为，环境行政机关固然有权将行政代履行费用收取委托给第三人，但是该做法并不妥当。主要理由在于：第一，按照现行行政代履行制度的设计，行政代履行费用由行政机关支付给第三人，但是由第三人收取行政代履行费用极可能省略了“行政机关支付代履行费用”这一环节，由于当事人与第三人之间可能存在共谋，此时行政代履行费用收取可能不公开、不透明；第二，第三人一般为市场上专业的环境治理企业，其是否具有足够的能力与手段向当事人收取行政代履行费用，这一点颇令人怀疑。

第五节 环境义务行政代履行费用“负担不足”问题的解决途径

在环境义务行政代履行过程中，并非所有的当事人都愿意及时与足额地缴纳行政代履行费用，当然也并非所有的当事人都有能力缴纳行政代履行费用。因此，为保障第三人及时与足额获得行政代履行费用，必须建立相应的费用保障机制，以完善行政代履行费用“负担不足”问题的解决途径。一般而言，环境义务行政代履行费用“负担不足”问题的处理要从两方面考虑，一是帮助当事人履行，即指导、协助当事人积极承担行政代履行费用；二是强迫当事人履行，即当事人拒不履行缴纳行政代履行费用义务时，环境行政机关必须通过各种手段督促乃至强制其履行缴纳费用的义务。这两种方式在笔者看来同等重要，它们都是行政法“保障公民权利”这一目的的体现，这里的“公民”既包括社会公众，又包括第三人，而没有救济就无法保障第三人的权利，没有强迫就无法促使当事人履行义务，最终极可能影响行政代履行制度的实施效果。

行政代履行费用“负担不足”成为行政代履行过程中时常出现且非

① 邹焕聪：《“私代履行人”的理论定位及规范建议》，《行政法学研究》2013 年第 1 期。

常重要的一个问题。在对行政代履行费用“负担不足”问题的解决途径进行探讨前，有必要对“负担不足”问题作出必要解释。所谓行政代履行费用的“负担不足”，可分为主观上的“负担不足”和客观上的“负担不足”，前者是指当事人拒不支付、迟延支付行政代履行费用，后者是指当事人虽然主观上愿意支付行政代履行费用，但是实际没有能力支付。不管何种类别的“负担不足”问题，都会严重影响第三人的经济利益和行政代履行制度的顺利实施，都会影响第三人参与行政代履行的积极性与主动性。为确保第三人及时、足额地获得行政代履行费用以及有效发挥行政代履行在环境治理与自然资源保护领域的制度功能，应当完善环境义务行政代履行费用“负担不足”问题的解决途径。

从本质上看，通过立法完善行政代履行费用“负担不足”问题的解决途径属于对第三人救济的范畴。一般而言，现行立法对第三人的救济措施主要有五种：第一，行政机关可以直接向法院申请执行行政代履行费用。《行政强制法》（2011）第13条规定：“法律没有规定行政机关强制执行的，作出行政决定的行政机关应当申请人民法院强制执行。”根据这一条款，若环境行政机关没有行政强制执行权，可向法院申请执行当事人应缴纳的行政代履行费用，现实中已经得到部分省市的实践，譬如《江苏省建设行政处罚文书格式文本》中就包括了《责任支付行政代履行费用通知书》，该通知书称：“逾期拒不缴纳的，本机关将依法申请人民法院强制执行。”[①] 再如，在固体废弃物代处置过程中，若危险废弃物生产者拒不承担代处置费用，第三人可以根据行政代处置决定和监督记录向人民法院申请支付令，或者要求环境保护主管部门向人民法院申请强制危险物生产者支付代处置费用。[②] 第二，将行政代履行费用比照税款征收。法国、德国、日本等国都采用了这种方式来处理行政代履行费用无法缴纳的问题，比如日本《行政代执行法》（1948）第6条第1款规定：“对于代执行（代履行）所征收的费用，可比照拖延交纳国税处分的规定征收。”将当事人拖欠的行政代履行费用视为公法债权，可利用环境税征收的行政主管部门对其费用进行征收，这样既能节约行政资源，避免环保机关行政

① 邹成俊、赖长浩、邹元龙、曹小春：《用代处置手段加强危险废物的管理》，《环境保护》2005年第7期。

② 刘佳奇：《论我国环境行政代履行制度的构建》，硕士学位论文，辽宁大学，2011年。

权力滥用，又能确保环境义务行政代履行费用的征收，落实“污染者付费”的原则。第三，对当事人加处罚款或滞纳金。当当事人拒绝支付、拖欠行政代履行费用时，行政机关可视情况对其加处罚款或滞纳金。我国《行政强制法》（2011）第45条明确规定，行政机关依法作出金钱给付义务的行政决定，当事人逾期不履行，行政机关可以依法加处罚款或滞纳金。除此之外，我国《固体废物污染环境防治法》（2016）第76条也规定：“违反本法规定，危险废物产生者不处置其产生的危险废物又不承担依法应当承担的处置费用的，由县级以上地方人民政府环境保护行政主管部门责令限期改正，处代为处置费用一倍以上三倍以下的罚款。”第四，可以设立有关保护环境的基金，将一部分资金作为清偿行政代履行的费用。环境保护基金设立的目的就是保护环境，为治理环境污染或者修复生态破坏提供资金支持，虽然行政代履行中环境义务的来源是当事人的违法行为，但是这实质上和环境保护基金的目的并不冲突，环境保护基金所考虑的是是否能够有效地推动环境保护事业的发展，努力改善生态环境，而行政代履行中基金的作用仅仅是垫付资金，只要配套措施完善能够保障收回款项，通过这种方式达到保护环境的目的，其实质对于环境保护是有利的。“就像美国的‘超级基金制度’，其主要来源是美国国内生产石油和进口石油产品税、化学品原料税、环境税、罚款等。超级基金主要用于治理全国范围内的闲置不用或被抛弃的危险废物处理场，并对危险物品泄漏作出紧急反应。尽管联邦政府为‘超级基金制度’设置了专项支持经费”①，但是“超级基金制度”一直秉持的是“污染者负责治理污染”的基本原则，其严格的污染责任追究制度迫使污染“潜在责任方”承担了整个“超级基金”治理项目当中的主要费用，实质上还是由污染者来承担污染费用，基金在实质上是起到一个垫付的作用。第五，环境保险制度，规定高污染企业必须强制购买最低限度的环境污染责任保险，或者自行购买相关商业保险来保证企业在无法缴纳行政代履行费用的情况下由保险公司代为偿还。环境责任保险制度能够将实际侵权人的部分责任转嫁给保险公司，以缓解实际侵权人能力有限与环境侵权责任过大之间的矛盾，减轻侵权人责任负担，最重要的是为治理环境提供资金支持，保护了第三人

① 杜昀轩、姚瑞华、赵越：《国外环境保护基金的经验分析及启示》，《环境保护》2014年第16期。

和社会公众合法权益，免除了第三人参与行政代履行和政府的后顾之忧，还避免由行政机关代为清偿费用，毕竟行政机关的资金来源是税收。

此外，在行政代履行实践中，经常出现这么一个问题，即当事人申请破产或客观上无力支付行政代履行费用时，应当如何保障第三人的预期收益？美国的一些州的环境立法规定，对可治理的被污染不动产的代治理费应优先于一切担保债权受偿。不过，也有学者指出，只有那些为保护公众免受即刻的环境损害危险而花费的必要代治理费才能享受超级优先权地位，其他情况下的代治理费只能作为一般的无担保债权对待。日本的《行政代执行法》（1948）在世界行政法律法规中较为先进和完备。关于此问题，该法第6条规定，行政机关具有仅次于国税及地方税地位的优先取得权。日本最新一次修改的公司法中将税收、财产刑（罚金、刑事没收）、财产罚（罚款、行政没收）的清偿顺序排列为：担保物权>劳动债权>税收>普通民事债权>财产刑、财产罚，该立法规定与我国的《企业破产法》（2006）规定大体一致。[1] 行政代履行费用实际上相当于是普通债权，但是由于行政代履行关涉公共利益，又因为第三人代当事人履行环境义务，因此宜将其定位在劳动债权和普通债权之间。在税收和行政代履行费用的顺位问题上，行政代履行费用在最终无法缴纳的情况下部分国家会通过抵扣税金的方式缴纳，因此将其置于税金之后，所以当当事人破产时，各项费用的受偿顺位应该为：担保物权>劳动债权>税收>行政代履行费用>普通民事债权>财产刑（财产罚）。不过，要使第三人得到最有效的救济，并不是事后用优先权制度来确保行政代履行费用追缴到位，而是建立健全环境保护基金。值得注意的是，在强调对第三人救济的同时，法律也应当考虑到实际情况，根据行政代履行义务的缓急程度和当事人实际支付能力综合判断，在特殊情况下允许当事人缓交、减交或者免交行政代履行费用，以体现法律对特定群体的救助。[2]

概言之，若当事人对环境义务行政代履行费用“负担不足”的，没有行政强制权的环境行政机关有权选择向人民法院申请强制执行，有行政强制权的环境行政机关可将行政代履行费用比照税款征收或对当事人加处罚款或滞纳金。同时，为避免当事人无力支付行政代履行费用（譬如企业

① 范明星：《行政强制执行中的代履行制度研究》，硕士学位论文，辽宁大学，2014年。

② 张锋、杨建峰主编：《行政强制法释论》，中国法制出版社2011年版，第256页。

破产、费用高昂）而损害第三人的预期债权，此时应当由国家出面保障第三人的收益。就国外而言，无论是美国、日本、法国还是德国均设立了环境保护基金，且均允许将基金的一部分用以清偿行政代履行费用。以美国为例，美国《超级基金法》规定在责任人无法确定、无力承担或者明确拒绝负担清污费时，政府可动用超级基金支付行政代履行人的报酬。正因如此，我国也有学者呼吁“探索设立环境行政代履行基金，借此推动环保部门及时采取行政代履行措施治理环境污染”①。笔者认为，为确保第三人及时足额获得行政代履行费用与提升环境行政代履行制度的适应性，我国有必要建立环境义务行政代履行基金，并允许基金管理部门对当事人进行追偿。为充实环境义务行政代履行基金，环境行政机关应积极拓宽基金的来源渠道，譬如加强财政划拨、拓宽捐赠范围以及强化对当事人行政代履行费用的追缴力度。

第六节　促进当事人积极承担代履行费用的制度安排

作为“理性经济人”（rational economic man）的第三人，其从事行政代履行工作应以“经济人”假设②为前提，基于此，第三人实施行政代履行行为应是以获取经济利益为目的，环境行政机关要确保环境行政代履行制度的有效实施，必须保障第三人及时、足额地获得行政代履行费用。如果第三人获取行政代履行费用这一经济利益受到影响，环境行政代履行制度就很难得到第三人的积极响应，进而就可能阻碍环境行政代履行制度的有效实施，因此本节所论之促使当事人积极承担行政代履行费用的制度安

① 叶真：《加强环境资源司法保护》，《联谊报》2016 年 2 月 4 日。

② “经济人”假设是解释人类行为的最普遍、最有效、最成功的工具，是庞大经济学体系的重要支点，其基本内涵是：每个人都能够通过成本—收益比较或趋利避害原则来对其所面临的一切机会和目标及实现目标的手段进行优化选择，且当遵守法律比不遵守法律似乎给他们带来更大好处或更小坏处时，他们才会愿意去遵守。张曙光：《制度·主体·行为》，中国财政经济出版社 1999 年版，第 64 页；李树：《经济理性与法律效率——法经济学的基本理论逻辑》，《南京社会科学》2010 年第 8 期；［英］霍布斯：《论公民》，应星等译，贵阳人民出版社 2003 年版，第 53 页。

排就显得较为重要。申言之，如果当事人积极承担行政代履行费用，不仅第三人的预期收益可能获得有力保障，而且行政代履行工作也可以得到顺利开展。但是，在行政代履行实践中，并不是所有的当事人都会积极承担行政代履行费用，部分当事人往往可能以种种理由拒付、不完全支付或者拖欠行政代履行费用。为了保障第三人的预期收益，有必要进一步做出促使当事人积极承担行政代履行费用的制度安排，以便引导、促使当事人积极承担行政代履行费用。

第一，明确并公开行政代履行费用的收取标准。由于实施行政代履行的第三人都是环境行政机关事先遴选的，因此当事人对于第三人的收费标准并不十分了解，要想保障当事人利益，环境行政机关有必要向当事人公开第三人的收费标准，以消除当事人心中的收费疑虑。事实上，当事人不积极承担行政代履行费用的重要原因之一就是对行政代履行费用的收取标准心存疑虑，害怕过高的行政代履行费用对自身形成不利负担，最典型的例子就是经常见诸报端的“天价拖车费事件”[①]。现实中，除了天价拖车费，其他乱收行政代履行费用的情况也不鲜见，基于此，为了防止行政代履行费用被第三人漫天要价，保证行政代履行费用计算的公正合理，环境行政机关须向当事人明确并公开行政代履行费用的收费标准。具体而言，环境行政机关可以通过听证方式对行政代履行费用的计算标准和计算方式进行多方征求意见或建议，并接受公众监督。在实施行政代履行之前，环境行政机关应当将行政代履行的收费标准及时通知当事人并允许其提出质疑、申诉和抗辩。对于当事人的质疑、申诉和抗辩，环境行政机关应及时答复并说明理由。退一步讲，即便缺少明确的行政代履行收费标准，环境行政机关也应该考虑参照当地物价主管部门制定的其他收费标准对行政代履行费用的收取标准加以明确并公开。事实证明，只有透明、公开、公正的行政代履行费用收费标准才能让当事人信服，也才能有助于促使当事人积极承担行政代履行费用。

第二，采用分期付款方式支付行政代履行费用。环境行政代履行制度

① 2013 年 5 月廊坊就发生一起“天价拖车费事件”，范某的货车在高速公路上抛锚，交警大队指定拖车将范某的抛锚车辆拖行了 30 公里，交警大队在拒不出示收费标准的情况下收取范某 4 万元的拖车费用，导致范某难以支付巨额拖车费。晏扬：《天价拖车费背后是权力腐败》（http：//opi-nion. hexun. com/2013-05-27/），2018 年 5 月 22 日访问。

设立的最终目的在于通过第三人的行政代履行行为来修复被破坏的生态环境与保护自然资源，而非单纯地惩罚当事人。在行政代履行过程中，第三人是行政代履行活动的实际参与者，其运用自身的技术、设备、人力和管理经验治理环境污染与保护自然资源，因此环境行政机关有保障第三人实现预期利益的职责。事实上，保障第三人的利益是环境行政代履行制度得以顺利运行的关键，正因如此，能够促进行政代履行实施的措施就应该被排在优先序位。基于由当事人支付行政代履行费用是第三人能够获得预期利益的最主要方式，为贯彻服务型政府理念和确保行政代履行顺利进行的现实要求，亟须我们为行政代履行费用的缴纳提供创新方式，其中一个既不损害第三人利益，又不为当事人增加额外负担的方式就是分期付款。对于具体的分期付款方式和可用于分期付款的范围，在上文中已经说明，此处不再赘述。由于行政代履行费用的承担不具备惩罚性质，不是给当事人增加的额外负担，而是当事人理应支付的代价，分期付款方式不仅有助于明确政府的服务地位，也有助于弱化政府强制管理方式对当事人造成的抵触情绪，防止环境行政机关与当事人间的对立。事实上，允许当事人通过分期付款的方式缴纳费用，还有助于缓解其一次性缴纳行政代履行费用而造成沉重的经济负担。

第三，建立、健全行政代履行费用支付的诚信档案。建立、健全诚信档案实质上是一种信誉管理手段，所谓信誉管理，即“政府对各类经济组织履行各种经济承诺的能力，以及可信任程度的综合判断和评定”①。通过信誉管理手段，环境行政机关可有效督促当事人及时缴纳行政代履行费用。在现代企业发展过程中，诚信已经不仅具有道德属性，而且具有很强的经济属性，诚信是每个企业赖以生存的无形资产，加之企业都对自己的诚信记录十分重视，因为现代企业的诚信程度已经是关系其生死存亡的重要指标。② 实践中，环境行政代履行制度实施完毕，如果当事人拒付、拖延支付或不完全支付行政代履行费用，说明其有不想支付行政代履行费用的主观动机，为避免此类情况的发生，环境行政机关有必要建立、健全行政代履行费用支付的诚信档案，将当事人拒付、拖欠、不完全支付行政代履行费用的所有记录纳入诚信档案，甚至可以把不良记录披露于报刊、网

① 金代志、石春生、刘任重：《信誉管理理论的文献综述》，《商业研究》2007 年第 4 期。

② 吴敏：《从中西诚信观看中国企业诚信体系建设》，《企业经济》2013 年第 2 期。

络等。环境行政机关或公众平台可以根据企业的信用记录进行企业信用评级，并建立统一的诚信记录网站，供公民和企业查询，投资者和消费者可以根据企业信用评级作出判断和选择，银行也可根据该企业的信用评级发放贷款，可以说诚信档案不仅影响企业的名声，更会直接影响企业的经济利益，最终很有可能使其受到的无形损失远超缴纳行政代履行费用所造成的经济负担。

第四，完善配套的制裁措施。美国著名法哲学家博登海默曾指出："只有那些以某种具体的和妥协的方式将刚性与灵活性完美结合在一起的法律制度，才是真正伟大的法律制度。"① 诚然，环境行政代履行制度要想成为一项高效、操作性强的法律制度，亟须进行合理的制度设计以便能够促使当事人积极承担行政代履行费用。当当事人拒不承担行政代履行费用时，环境行政机关不仅可以再次责令其承担行政代履行费用，而且可以对其进行相应的行政处罚，以维护法律的刚性与严肃性。这些行政处罚措施包括：警告、罚款，情节严重的可责令其停产停业、暂扣或吊销许可证等。就国外而言，德国与日本的立法主要是通过执行罚来保障行政代履行费用的收取，德国《联邦行政强制执行法》(1953) 第 11 条规定："义务人（当事人）无力支付他人执行产生的费用时，可科处执行罚"；日本《行政代执行法》(1948) 第 6 条规定："代执行所需要的费用，可比照拖延交纳国税处分的规定征收。" 由此可见，德国、日本两国均强调以执行罚来促使当事人积极承担行政代履行费用，这对我国而言不无借鉴价值。毕竟，环境行政机关依据行政法律实施的制裁措施是颇具威慑力的管理手段，罚款、责令停产停业可以直接对企业的生产经营造成一定影响，这是当事人较为忌惮的制裁措施，通过行政处罚措施以及执行罚的实施，有助于促使当事人缴纳行政代履行费用。

① ［美］E. 博登海默：《法理学：法律哲学与法律方法》，邓正来译，中国政法大学出版社 2004 年版，第 424 页。

第七章

环境义务行政代履行中的法律责任与权利救济

第一节 环境义务行政代履行中的法律责任

法律责任作为法律运行的保障机制，是法治不可缺少的环节，[①] 为确保环境行政代履行制度的有效落实，须构建科学、合理的法律责任追究机制。从概念上看，法律责任有广义与狭义之分。广义上法律责任的概念包含法律义务与狭义上法律责任的概念，即不仅包含第一性法律义务，还包含违反第一性义务所导致的第二性法律义务（即狭义上的法律责任）。但本章所论述的法律责任是指法律关系主体违反法定义务、违反约定义务或者法律直接规定而应承担的不利法律后果，亦即由于违反第一性法律义务而导致的第二性法律义务，当为狭义上法律责任概念的使用。

从法理角度分析，法的作用在于调整社会关系。详言之，立法者通过立法设定法律上的权利、义务、职权、职责来保障一般（或者正常）情况下的社会关系得以被调整，即形成调整性法律关系。而法律责任设定的目的就在于通过对违反法定义务、违反约定义务的特定主体进行惩罚，使其承担相应不利的法律后果，来保障法律上的权利、义务、职权、职责得以实现，形成保护性法律关系。事实上，不管形成的是调整性法律关系还是保护性法律关系，最终目的均在于实现对特定社会关系的有效调整，以

---

① 张文显：《法哲学范畴研究》，中国政法大学出版社 2001 年版，第 101 页。

维护社会公共利益。一般而言，如果通过调整性法律关系可以实现对社会关系的调整，则无须建立保护性法律关系；只有在调整性法律关系受到破坏，无法实现对社会关系有效调整，“不得已”才建立保护性法律关系，以期实现对遭到破坏的调整性法律关系的恢复或者矫正。概言之，立法者通过立法设定法律责任的目的就在于在“不得已”的情况下确保实现法的功能与权威，保障法的有效实施。

环境义务行政代履行中的法律责任是指环境行政机关、当事人与第三人在环境义务行政代履行过程中因违反法定义务、违反约定义务所应承担的不利法律后果。环境义务行政代履行过程中的法定义务当然会分别涉及行政机关的法定义务、当事人的法定义务以及第三人的法定义务。环境义务行政代履行中的约定义务当然会分别涉及行政机关的约定义务、当事人的约定义务以及第三人的约定义务。前述法定义务，从法律性质而言，可能为民事义务，可能为行政义务，也可能为刑事义务；前述约定义务，从法律性质而言可能为民事约定义务，也可能为行政约定义务，但一般不存在刑事约定义务。基于环境义务行政代履行中的法律责任是因违反法定义务、违反约定义务或者法律直接规定而所应承担的不利法律后果，从法律责任性质而言，环境义务行政代履行中的法律责任既可能为民事责任，也可能为行政责任，还可能为刑事责任。

环境义务行政代履行中的法律责任具有惩罚功能，就是惩罚在环境义务行政代履行过程中违反法定义务、违反约定义务的行政机关、当事人与第三人，维护社会安定与秩序。除了惩罚功能外，环境义务行政代履行中的法律责任具有救济功能，即救济当事人与第三人在环境义务行政代履行过程中受到的损失，恢复或补偿受侵犯的权利。环境义务行政代履行中的法律责任具有预防功能，就是通过让在环境义务行政代履行过程中违反法定义务、违反约定义务的行政机关、当事人与第三人承担法律责任，对环境义务行政代履行参与主体产生威慑作用，预防环境义务行政代履行过程中的一般违法行为、犯罪行为或者违约行为。基于此，建立健全环境义务行政代履行中的法律责任制度，有助于环境义务行政代履行各环节能够真正得到实施，以及有助于对环境义务行政代履行三方主体按照法定程序履行法定义务、约定义务起到保障作用。正如李昌麒教授所言：“法律制度的法律责任同样是该制度中不可或缺的环节，法律对责任的合理规定在很大程度上决定了法的强制力和执行力。”① 因此，在构建与完善环境行政代履行制度时，有必要明确环境义务行政代履行中环境行政机关、当事人和第三人的法律责任，借此确保代履行制度的有效实施。

一 环境行政机关的法律责任

在环境行政代履行制度中，环境行政机关可能具有“双重身份”，即既是负有环境监管职责的环境行政机关，又可能是实际从环境污染代治理业务的“代履行人”②。基于此，本章节所指的“环境行政机关的法律责任”，应既包括环境行政机关作为“行政主体”的法律责任，也包括环境行政机关作为“代履行人”的法律责任。在探讨行政机关的法律责任之前，有必要再重述其与当事人、第三人之间的法律关系。前文已知，环境行政机关与当事人之间属于环境行政法律关系，而行政机关与第三人属于行政合同关系。无论属何种法律关系，只要行政机关的行为违反法定义务、约定义务给当事人、第三人的权益造成侵害，均可能承担相应的法律责任。在环境义务行政代履行过程中，环境行政机关违法行使法定职权或者违法履行法定职责，给当事人或者第三人之外的主体之权益造成侵害的，应当承担行政侵权责任；或者行政机关违反与第三人的行政合同③，给第三人权益造成侵害的，应当承担违约责任或行政侵权责任。为确保环境行政机关有效地承担法律责任，首先得明确其承担责任的前提——环境行政机关的违法履职行为，即环境机关违反法律规定或者违反合同约定的行为。

---

① 李昌麒：《经济法学》，法律出版社2008年版，第688页。

② 我国2011年《行政强制法》第50条规定：“行政机关依法作出要求当事人履行排除妨碍、恢复原状等义务的行政决定，当事人逾期不履行，经催告仍不履行……行政机关可以代履行，或者委托没有利害关系的第三人代履行。”其中“行政机关可以代履行”之规定意味着，环境行政机关可以充当“代履行人”角色，以自己的技术、设备和人力来代替当事人履行环境义务。

③ 理论界普遍将行政代履行中行政机关与第三人之间的关系视为行政合同关系，此即“行政合同说”，但也有学者持否定意见，其理由在于：行政机关与受其委托从事执行任务的私人之间，并无公权力的成分，基本上是一方出钱，一方出力的交易，行政助手在行政强制执行的行政代履行中属于民事合同，此即“民事合同说”。杨欣：《民营化的行政法研究》，知识产权出版社2008年版，第164页。相较而言，笔者认为“行政合同说”更为合理，故立足于此学说来研究环境义务行政代履行中环境行政机关与第三人的法律责任。

环境行政机关的违法履职行为不仅体现在实体法层面，也体现在程序法层面，具体表现：第一，环境行政机关行政不作为或者滥用环境义务行政代履行手段。行政不作为主要表现在满足环境义务行政代履行条件应该启动环境义务行政代履行程序而未启动；相反，在不具备实施环境义务行政代履行条件下强行启动行政代履行程序，则有滥用职权之嫌。第二，错误行使环境行政代履行权力。环境行政机关不具备行政代履行职权而指定第三人实施行政代履行工作，或者超越职权范围启动行政代履行程序，这两种情况均属于错误行使环境行政代履行权力。第三，不适当行使环境行政代履行职权，增加当事人的负担。例如，环境行政机关在实施环境行政代履行程序时违反"比例原则"，故意或过失指定收费高的第三人从事环境行政代履行工作。第四，违反环境行政代履行程序，譬如环境行政机关未经预告、未发布行政代履行决定书实施环境行政代履行，或者在紧急情况下启动行政代履行程序而未及时告知当事人。

当出现上述几种情况时，应当根据环境行政机关与不同主体之间的法律关系承担不同的法律责任。详言之，环境行政机关给当事人或者第三人之外的其他主体之权益造成侵害的，应当承担行政侵权责任；环境行政机关给第三人权益造成侵害的，应当承担违约责任或者侵权责任。这些法律责任形式主要包括以下几种：第一，行政赔偿。我国《国家赔偿法》（2012）第4条规定："行政机关及其工作人员在行使行政职权时有下列侵犯财产权情形之一的，受害人有取得赔偿的权利：（一）违法实施罚款、吊销许可证和执照、责令停产停业、没收财物等行政处罚的；（二）违法对财产采取查封、扣押、冻结等行政强制措施的；（三）违法征收、征用财产的；（四）造成财产损害的其他违法行为。"因此，当环境行政机关在行政代履行过程中行为违法，侵犯当事人和第三人之外的其他主体造成人身、财产损失的，应积极承担行政赔偿责任。例如，环境行政机关指定不具有相关资质的第三人代为处置危险废弃物，第三人非但没有及时处置危险废弃物，而且对当事人造成了直接经济损失，此时当事人有权向环境行政机关主张行政赔偿。第二，行政处分。与行政赔偿不同，行政处分主要是针对环境行政机关的主管人员及其他责任人员。这些责任人员在性质上属于公务员，因此，该处分可以适用《行政机关公务员处分条例》（2007）第6条的规定，其行政处分的种类包括：警告、记过、记大过、降级、撤职、开除。第三，刑事责任。如果环境行政机关的工作人员在环境义务行政代履行过程中违法行为严重，触犯刑法的，应追究刑事责任。例如《刑法》（1997）第408条规定："负有环境保护监督管理职责的国家机关工作人员严重不负责任，导致发生重大环境污染事故，致使公私财产遭受重大损失或者造成人身伤亡的严重后果的，处三年以下有期徒刑或者拘役。"第397条规定："国家机关工作人员滥用职权或者玩忽职守，致使公共财产、国家和人民利益遭受重大损失的，处三年以下有期徒刑或者拘役；情节特别严重的，处三年以上七年以下有期徒刑。本法另有规定的，依照规定。"

值得一提的是，以上几种责任形式仅适用于环境行政机关对当事人的违法履职行为情形之中。在环境行政机关对于第三人的违法履职情形之中，环境行政机关承担责任的形式可能发生变化。在此情形中，不仅包含行政侵权关系，还存在行政合同关系，因此在追究环境行政机关的法律责任时，可依照合同约定和《合同法》（1999）的相关规定解决相关责任承担问题。基于传统民法理论，在涉及侵权和违约关系时，第三人可以选择追究行政机关违约责任或者是侵权责任。其理由在于，《合同法》（1999）第122条规定："因当事人一方的违约行为，侵害对方人身、财产权益的，受损害方有权选择依照本法要求其承担违约责任或者依照其他法律要求其承担侵权责任。"这一规定，从立法上明示了我国承认违约责任与侵权责任的竞合，并赋予当事人选择起诉的权利。行政合同虽然具有行政法上的特性，但是那主要是在维护公共利益等公法领域有所涉及，对于《合同法》（1999）的适用并不应当受到影响，因而笔者认为《合同法》（1999）第122条完全可以在此适用。总之，无论环境行政机关承担何种法律责任，其目的都在于规范环境行政权的依法行使，在此基础上保障当事人和第三人的合法权益。

二 当事人的法律责任

当事人承担何种性质的法律责任以及如何承担法律责任同样要基于其与环境行政机关、第三人之间的法律关系而定。如前所述，环境行政机关与当事人之间是环境行政法律关系，而当事人与第三人之间则不存在直接的法律关系。在不同法律关系中，第三人所应承担的法律责任并不相同甚至存在较大差异。基于此，本书拟立足于当事人与环境行政机关、第三人之间的不同法律关系，针对不同情况探讨当事人的法律责任。

(一) 当事人对环境行政机关所应承担的法律责任

当事人在行政代履行过程中，对环境行政机关主要承担的是行政法律责任。这种责任不是通过行政复议或行政诉讼的方式来实施，而是由环境行政机关依职权直接科处，典型的如行政处罚、行政强制等。在环境义务行政代履行过程中，当事人承担行政法律责任的前提是其阻碍行政代履行工作的正常运行。这主要表现在：第一，当事人以暴力、胁迫或者其他方式干预行政代履行活动；第二，当事人拒付、不完全支付或者拖延支付行政代履行费用。上述两种违法情形，不仅损害了第三人的预期收益并影响其参与行政代履行的积极性，还会极大地阻碍环境义务行政代履行工作的实施。当出现第一类情形时，当事人以暴力、胁迫或者其他方式干预行政代履行活动，环境行政机关应当及时出面制止并处罚当事人，此时当事人所承担的一般应为行政责任；当然不排除构成犯罪的，有可能会承担刑事责任。当出现第二类情形时，环境行政机关可以先对其进行告诫或督促当事人缴纳行政代履行费用，在上述手段无法奏效的情况下，环境行政机关可对当事人进行处罚，或者申请法院强制执行的方式，确保当事人及时、足额缴纳行政代履行费用。

第一，给予当事人相应的行政处罚。在行政代履行过程中，当事人违反行政代履行法律法规尚未构成犯罪的，应承担相应的行政处罚责任。譬如，拒不缴纳行政代履行费用就是一种违法行为，环境行政机关当然可以对其实施警告、罚款等行政处罚。为确保第三人的预期收益，当事人有义务积极承担行政代履行费用。当当事人明确拒付、不完全支付或者拖延支付行政代履行费用时，环境行政机关应责令当事人缴纳行政代履行费用。因为当事人在被实施环境义务行政代履行前所应承受的后果就包括行政处罚，而采用间接强制执行方式在一定程度上仅是为了当事人的利益而采取的缓和的强制执行方式，但是在当事人仍然不履行义务的时候，行政机关当然可以采取行政强制措施或直接强制执行方式，这都符合行政法的基本原则。间接强制优先于直接强制原则是在间接强制执行能够有效实施的前提下，假如无法实施间接强制执行，理应采取直接强制执行方式。“最小损害原则”的前提也应当是当事人应该履行其所负的义务，在履行义务的前提下应当尽量减少对当事人的损害。但是，在当事人无法按要求支付行政代履行费用的情况下，可以由有权的行政机关进行直接强制执行，或者申请人民法院采取强制执行。

第二，给予当事人相应的刑事制裁。《刑法》（1997）第277条规定："以暴力、威胁方法阻碍国家机关工作人员依法执行职务的，处三年以下有期徒刑、拘役、管制或者罚金。"申言之，当事人在第三人行政代履行过程中行政机关派人监督时，或者由行政机关作为行政代履行人实施行政代履行时，采取暴力抗拒的，满足刑事责任条件的应当按照该条文承担相应的刑事责任。除此之外，如果当事人以暴力、胁迫或者其他方式抗拒行政代履行工作的，环境行政机关有权采取相应举措，排除当事人的妨碍。为有效排除当事人对行政代履行工作的妨碍，可引入德国"实力排除反抗制度"。该制度发轫于德国1953年《联邦行政强制执行法》[①]，是指行政机关在实施行政代履行或者行政强制措施过程中，遭到当事人抗拒的，行政机关可以行使强力排除防抗，警察应根据行政执行机关的请求提供职务协助。[②] 在环境义务行政代履行过程中，当事人对第三人的正常行政代履行工作进行阻挠甚至暴力威胁的，环境行政机关有权请求公安部门提供协助，以排除当事人之非法行为。

事实上无论何种处罚方式，都会对行政代履行中当事人的利益造成一定损害，因此，环境行政机关在实施行政处罚或采取其他排除妨碍措施时，应秉承最小损害理念，尽量采取对当事人损害最小的适当方式，同时要保障当事人申请行政复议和提起行政诉讼等程序上的权利，在追究刑事责任时更应当保障其刑事诉讼中的相应权利。

（二）当事人对第三人所应承担的法律责任

理论通说认为，行政代履行中的当事人与第三方之间并不存在直接的法律关系。[③] 如果当事人以暴力、胁迫等方式阻碍第三人从事行政代履行

① 根据德国《联邦行政强制执行法》（1953）第15条之规定，当行政执行机关实施代履行或直接强制措施时，义务人（当事人）予以反抗的，行政执行机关可以行使强力排除反抗，警察应根据行政执行机关的请求提供公务协助，当实力排除反抗措施达到目的时，该措施应当停止。胡建淼：《论德国的行政强制执行制度及理论》，《公法研究》2002年辑刊。

② 朱新力：《外国行政强制法律制度》，法律出版社2003年版，第76页。

③ 学界普遍认为，在行政代履行中，行政相对人（即当事人）与第三人之间并没有法定义务或约定义务存在，二者之间属于"基本平行关系"，即不存在直接法律关系。刘平、程彬、王天品：《代履行制度的法律关系辨析——兼论民事法律制度在行政法中的引入》，2008年政府法制研究论文，上海，2008年6月；曹和平：《浅析环境保护行政代履行制度的若干问题》，《江淮论坛》2013年第5期。

工作的，环境行政机关应当及时出面制止并对当事人依法给予行政处罚，此时当事人所承担的法律责任为行政责任。然而，在环境义务行政代履行实践中，当事人与第三人产生纠纷的原因比较复杂。例如，当事人故意破坏第三人的机器设备、阻挠第三人正常施工，给第三人造成人身、财产损失的，当事人应当承担何种法律责任？是否一概以行政法律责任论处？针对这些疑问，有学者提出，承担何种法律责任主要看纠纷是否与代履行本身有关。[①] 如果当事人与第三人的纠纷与环境义务行政代履行本身有关，应当以行政责任论处；如果以上纠纷与环境义务行政代履行本身无关，如当事人非基于阻碍代履行的目的破坏机器、伤害第三人的工作人员，应当以侵权责任论处。笔者也赞同这个观点，并认为，如果当事人与第三人的纠纷与行政代履行工作相关，其责任的承担仍然属于行政责任的范畴；如果纠纷与行政代履行工作无关，当事人与第三人应通过协商、调解、诉讼等方式解决，当事人此时所要承担的法律责任为民事责任。

三　第三人的法律责任

与环境行政机关、当事人所应承担法律责任的前提不同，第三人承担法律责任的前提往往是违法行政代履行、违约行政代履行、不适当行政代履行。所谓违法行政代履行，是指第三人违反行政代履行法律、法规、规章实施行政代履行行为，比如第三人在行政代履行过程中使用暴力，造成当事人人身、财产的损失，或者私自转包分包，且履行结果不符合要求；违约行政代履行，是指第三人未违反法律规定，且代履行结果符合要求，但是代履行过程违反合同约定；不适当行政代履行是指第三人以不适当、不合理、非必要等方式从事行政代履行行为，譬如，第三人擅自拖延行政代履行期限、扩大行政代履行范围或者选择最不经济的行政代履行手段，造成当事人经济上的不利负担。因此，为了保障当事人的经济利益，有必要明确第三人的法律责任。与环境行政机关、当事人所应承担的法律责任一样，研究第三人的法律责任同样可以分两种情况讨论：一种是第三人与环境行政机关之间的法律责任，另一种是第三人与当事人之间的法律责任。

① 刘佳奇：《论我国环境行政代履行制度的构建》，硕士学位论文，辽宁大学，2011 年。

（一）第三人对环境行政机关所应承担的法律责任

由于第三人与环境行政机关之间有行政合同，第三人对环境行政机关所应承担的民事责任应为违约责任。例如，当发生合同所约定的情况时，环境行政机关可以根据协议约定追究第三人的违约责任。如果行政合同的约定不足以确保第三人法律责任的承担，则可以考虑用行政处罚、行政强制的形式予以责任追究。详言之，当第三人违法行政代履行或者不适当行政代履行时，行政机关可以对第三人给予警告、罚款等行政处罚；当第三人以暴力、胁迫或者其他方式从事行政代履行工作时，行政机关可以对其进行行政强制，保证行政代履行工作的正常进行。不过，也有学者认为，为了确保第三人承担法律责任，可以借鉴巴西“限制权利”制度。[①] 所谓“限制权利”，主要是针对第三人而言的，其处罚主要包括：第一，中止注册、执照和许可；第二，撤销注册、执照和许可；第三，丧失或者限制财政激励和利益；第四，禁止或中止参与官方财政体系的信贷；第五，三年之内不得与公共行政机构签订合同。[②] 通过以上多种手段的实施督促第三人依法、合理、诚信地代履行环境义务。

（二）第三人对当事人所应承担的法律责任

参考德国行政代履行制度的相关规定，一些学者主张第三人实质上是行政辅助人[③]，基于行政辅助人的理论，第三人所造成当事人的损害应当由国家进行赔偿，因为第三人的作用仅仅是辅助国家完成任务。但是笔者认为行政辅助人不适合我国《行政强制法》（2011）对第三人的规定，因为《行政强制法》（2011）中的第三人并不是辅助环境行政机关完成其职责，其与环境行政机关是基于行政合同而产生的合同关系，虽然其行为在一定程度上受到公法影响，但第三人还具有较强的独立性。据此而言，第三人对当事人造成的损害不应当由国家来赔偿，而应依照《侵权责任法》（2010）或者《刑法》（1997）的相关规定由第三人承担侵权责任或者刑事责任。由于第三人与当事人无直接的法律关系，如果当第三人故意或重大过失的行为给当事人造成人身伤害、财产损失，则可能构成民法上的侵权行为或者是刑法上的故意伤害犯罪或者过失犯罪，当然也不排除可能构

① 刘佳奇：《论我国环境行政代履行制度的构建》，硕士学位论文，辽宁大学，2011 年。

② 郭怡、郭建安：《巴西环境犯罪法》，中国环境科学出版社 2009 年版，第 23—24 页。

③ 也有德国学者主张行政辅助人可以分为独立的行政辅助人和非独立的行政辅助人。

成其他类别的犯罪，在此情形下，由第三人承担侵权责任或者刑事责任更为合理。之所以这样认定，就是要促使第三人在从事行政代履行工作时，应当依法、适当、谨慎、诚信地行政代履行环境义务，尽到善良管理人的义务。

第二节　环境义务行政代履行中的权利救济

罗马法谚有云："有权利即有救济"，换言之，"没有救济的权利不是真正的权利"，这一法治精神对环境行政代履行制度建设具有重要的指导价值，即必须重视对行政代履行法律关系中当事人、第三人的权利救济。《行政强制法》（2011）在"只有法律才能设定行政强制执行，法律没有规定行政机关强制执行的，做出行政决定的行政机关应当申请人民法院强制执行"之外开了一个小小的"后门"，即代履行，这就意味着，行政机关采用行政代履行方法强制执行，无须法律再行赋权，行政机关已经获得了一般的行政代履行强制执行权。这个规定无疑是有意义的，但这个规定在实施中必须具体明确和严格规范，否则行政机关的自由裁量权太大，容易形成行政机关对法律规定进行任意解释甚至是歪曲解释。只有在法律责任、救济制度都落实和强化的前提下，行政机关才不会随意使用行政代履行。无论法律对权利规定如何完备，如果缺乏必要、有效的权利救济制度，这些权利往往都是一纸空文，完善的权利救济制度不仅能够保障权利人权利的实现，更能预防和倒逼可能的侵权人选择适当的行为方式来避免侵害权利人的权利，所以其既有救济作用，又有警示和预防作用；完善的权利救济制度不仅是事后救济手段，更是重要的事前预防手段。同时，需要救济的往往是"权利"而不是"权力"，对于相对强势、掌握更多社会资源的行政机关而言往往不需要过多的救济途径，反而是相对弱势的当事人和第三人的利益需要获得更多的关注和保障，因此我们在构建环境义务行政代履行权利救济制度的时候要倾向于对当事人和第三人"权利"的救济，而不是行政机关"权力"的救济。权利救济制度通过设置相应的纠错机制和救济手段，为权利人搭建一个稳定、可靠的救济平台，可以说，权利救济是保护行政代履行中当事人与第三人权利的必备途径。

目前，关于权利救济主要分为公力救济和私力救济两方面。但是，在当代社会，随着司法社会化的发展，市民社会和社会自治的日益成熟以及社会治理中公私分界的模糊化，截然分明的二元分立模式和理念已经难以为继，社会救济逐渐填补起公力与私力救济之间的空白地带，形成了三元的救济模式，但是谈及权利救济制度，私力救济和社会救济还存在一定的问题，况且行政代履行制度的权利救济涉及行政机关，并非私力救济和社会救济所能承担的，因此在涉及行政机关的救济方式主要是公力救济方式，在不涉及行政机关的情况下可以采用公力救济、私力救济或者社会救济的方式。

行政代履行作为一种间接强制执行方式，行政机关在实施过程中可能存在多种违法、违约情形，如滥用或不适当行使行政代履行职权、程序违法、违反行政合同等。既然行政机关有违法、违约的可能，就应当为可能受到侵害的当事人、第三人提供有效的救济渠道，保障他们的合法权益。由于当事人、第三人与行政机关的法律关系不尽相同，其两者的救济途径必然有所区别，因此宜分开进行讨论。

一　对当事人的权利救济

不管是行政法理论研究，还是国内外行政强制立法，都没有对行政代履行制度中的权利救济予以专门研究或专章规定。于我国而言，可能是基于可以直接适用《行政强制法》（2011）等相关法律法规的规定获得权利救济，因此其他单行法均未对其加以专门规定。鉴于环境义务行政代履行本质上属于一种行政强制执行方式，其权利救济当然可以适用《行政强制法》（2011）中有关权利救济的规定；但是，环境义务行政代履行又具有其特殊性，在适用《行政强制法》（2011）中有关权利救济规定的基础上，还应紧密结合行政代履行制度的特点，建立和完善对当事人的权利救济制度。

前文已述，环境行政机关在实施行政代履行过程中可能存在实体违法或者程序违法的情况，当存在实体违法时，如环境行政机关滥用或错误行使行政代履行职权损害当事人的合法权益，当事人有权通过提出异议，提起行政复议、行政诉讼或申请国家赔偿的方式获得权利救济。当环境行政机关在实施行政代履行过程中存在程序违法时，可以按照实施行政代履行程序的阶段来分别探讨对当事人的权利救济。具体而言，环境行政机关在实施行政代履行过程中存在程序违法包括但不限于程序缺失、顺序颠倒、形式违法、违反时限、程序混用等主要情形。

在环境义务行政代履行过程中，程序缺失是指环境行政机关缺乏必需的法定程序，譬如行政代履行过程中不进行告诫或者不送达行政代履行决定书的情况下直接实施行政代履行，由于行政程序环环相扣、相互衔接，因此环境行政机关缺乏任何法定程序都会产生程序瑕疵，影响到对当事人权益的维护。顺序颠倒是指环境行政机关没有严格按照法定程序实施行政代履行，例如先让第三人实施行政代履行，再发行政代履行决定书。形式违法是指环境行政机关的行政行为未采取法定的形式，由于行政行为程序要件的合法性必须以特定的形式为载体，比如行政代履行决定书必须以书面形式，口头的行政决定原则上不具有法律效力。违反时限是指环境行政机关没有严格按照法定时限实施行政代履行，由于行政代履行中涉及众多时限，对于任何一个时限的违反都会影响行政代履行相关具体行政行为的法律效力。程序混用是指环境行政机关没有严格按照法定的环境义务行政代履行程序实施代履行，而误将其他行政强制的程序当成行政代履行的程序。当环境行政机关存在程序违法时，按照笼统的程序违法来设定权利的救济措施是一种立法方式，只是在理论上和实践中对当事人是否可救济、采用何种手段救济、如何启动救济等问题还有进一步探讨的价值。中国台湾地区"行政执行法"（1998）第 9 条之规定具有一定的可借鉴性："义务人（当事人）或者利害关系人对执行命令、执行方法、应遵守之程序或者其他侵害利益之情事，得于执行程序终结前，向执行机关声明异议。"此外，德国、日本等国在规定行政强制执行的权利救济时有一个特别的立法技巧，即不对行政强制执行行为的性质一概而论，而是首先将行政强制整个过程分为若干阶段，然后针对各个阶段进行论述并得出结论，在此基础上，再讨论该阶段行为的可诉性问题。[①] 笔者认为，这种立法技术值得借鉴，毕竟程序违法在行政代履行过程中比较常见且不易发觉，对当事人的权益威胁较大，因此，本书在探讨对当事人的权利救济时，可以分阶段（即环境行政机关实施行政代履行程序的阶段）探讨对当事人的权利救济。

第一，对告诫的救济。告诫是行政代履行运行的前置性程序，就法律属性看，告诫是一种旨在督促、提醒当事人履行义务的准法律行为而非具

① 胡建淼：《行政强制》，法律出版社 2002 年版，第 291 页。

体行政行为，一般不具有可处分性。因此，当行政机关违反告诫程序时，当事人一般可通过自我申辩、声明异议或行政复议的方式来维护自身权益，至于适用何种救济方式，取决于告诫是否得到实际执行。诚如日本行政法学者盐野宏所言："决定采取何种救济方式得看告诫时是否进入执行阶段，如果未进入执行阶段，当事人可提起行政复议；如若进入执行阶段且造成损害，则可请求国家赔偿。"① 与日本对告诫救济不同的是，德国法律允许当事人依据实际情况申请撤销告诫。德国《联邦行政强制执行法》（1953）第18条规定："针对强制方法的告诫，允许采取对所执行的行政处分相同的被允许的权利救济。如果告诫与作为基础的行政处分同时作出，则权利救济同时延伸及后者，但以后者尚未成为权利救济或私法程序标的为限。告诫未与作为基础的行政行为同时作出，且后者已不可撤销时，则只在告诫本身所产生的权力范围内，可请求撤销告诫。"以上日本学者的研究成果与德国的立法对完善告诫的救济均具有可取之处，即允许当事人通过申辩、异议、行政复议、申请撤销等多元化方式来保障自身权益。笔者认为，对告诫的救济时，首先要明确是告诫的作出是否处分了当事人的权益，如果并未进行处分，当事人仅可采取申辩、异议或行政复议的方式，如果处分了当事人的权益且造成损害，则可提起行政诉讼或申请国家赔偿。

第二，对行政代履行决定的救济。行政代履行决定本质上是一种行政强制执行决定，正因如此，学界普遍将发布行政代履行决定的行为视为一种具体行政行为。譬如，中国台湾地区著名行政法学者翁岳生认为："强制执行的决定应该是行政处分。"② 无独有偶，德国行政法学者哈特穆特·毛雷尔教授也认为："行政强制确定决定是可撤销的行政行为。"③ 除此之外，日本理论界普遍认为，行政代履行决定并没有创设当事人新的实体权利义务，但是又产生了行政代履行的效果，因此可以看成是准法律性质的行政行为，可以成为撤销诉讼的对象。综上所述，笔者比较赞同中国台湾地区和德国学者的观点，即认为行政代履行决定会

① ［日］盐野宏：《行政法》，杨建顺译，法律出版社1999年版，第167页。

② 翁岳生：《行政法》，翰芦图书出版有限公司1998年版，第924页。

③ ［德］哈特穆特·毛雷尔：《行政法学总论》，高家伟译，法律出版社2000年版，第489页。

对当事人的权利产生实质影响，因此行政代履行决定可视为一种具体行政行为，若行政机关违法作出行政代履行决定，当事人有权向其上一级行政机关申请行政复议，或者直接向人民法院提起撤销之诉；若行政机关违法作出的行政代履行决定给当事人造成损失的，当事人还可要求国家赔偿。

第三，对行政代履行实施的救济。在行政代履行实施的过程中，由于第三人的介入，可能会产生第三人侵害当事人权利的情况，因此这一阶段的权利救济既涉及当事人与行政机关之间的权利救济，也涉及当事人与第三人之间的权利救济，宜分别加以讨论。在涉及行政机关对当事人造成权利侵害的前提下，与上述告诫、行政代履行决定的性质不同，行政代履行的实施属于行政事实行为，对其权利救济当然有所差异。总体而言，对于这种事实行为的权利救济可以分两种情况讨论：一种情况是行政机关实施行政代履行违反法律法规，对当事人造成损害，当事人可以提起行政赔偿诉讼；另一种情况是行政机关实施行政代履行并不违法，但是明显不合理或不适当，对此，应如何采取救济手段？譬如，行政机关选择收费高但服务质量低的第三人从事行政代履行工作，虽未明显违法，但如何实现对当事人权利的有效救济？行政代履行的实施实际上是行政事实行为，是使具体行政行为得以实现的行为。当当事人不履行某具体行政行为时，行政机关可以采取行政强制措施迫使其履行。此时行政事实行为只是一个过渡性、辅助性的行为，它的作用是使行政决定能够得到有效的落实。基于此，有学者主张按照《最高人民法院关于执行〈中华人民共和国行政诉讼法〉若干问题的解释》（1999）第1条"公民、法人或者其他组织对具有国家行政职权的机关和组织及其工作人员的行政行为不服，依法提起诉讼的，属于人民法院行政诉讼的受案范围"，用"行政行为"取代了详细定义"具体行政行为"，而行政行为包括行政事实行为和行政法律行为，因而可以对行政事实行为提起诉讼；也有学者主张按照《国家赔偿法》（2012）的规定："相对人（当事人）在受到行政事实行为侵害后，必须先向赔偿义务机关请求赔偿进行协商，只有在赔偿义务机关不予赔偿或者相对人（当事人）对赔偿数额表示异议时才可以向法院提起行政赔偿诉讼"，而已经提起行政赔偿诉讼就没有必要再提起行政诉讼了。因此无论是否承认行政代履行的实施行为属于行政诉讼的受案范围，至少可以提起行政赔偿诉讼，若认可

《最高人民法院关于〈中华人民共和国行政诉讼法〉若干问题的解释》第1条包括行政实施行为，则可以提起行政诉讼，但需要注意的是，这些权利救济并不具备停止行政代履行实施的效力。在行政代履行的实施过程中，第三人对当事人造成财产损害的，除了可以通过公力救济，还可以通过私力救济或社会救济的方式获得权利救济，具体包括向法院提起侵权之诉，或者寻求第三方调解。第三人对当事人造成足以构成犯罪的人身损害的，可以采取控告检举等方式让司法机关介入，或者直接提起刑事自诉。

第四，对行政代履行费用征收的救济。行政代履行费用实质上是一种公法之债的费用，该费用的收取以环境行政机关与当事人之间所存在的行政管理法律关系为基础。基于此，若环境行政机关违法或以不适当的方式征收行政代履行费用，当事人当然有权通过合法方式进行救济，这些救济方式不仅包括声明异议、行政复议和行政诉讼，若造成当事人经济损失的，还可要求国家赔偿。在日本行政强制执行理论中，“负有公法上金钱给付义务的当事人，如果对给付处分或课税处分不服的，可以按照‘行政诉愿法’‘行政诉讼法’‘税捐稽征法’等规定，提起复查、诉愿及行政诉讼等谋求救济”①，这意味着若环境行政机关非法收取行政代履行费用或给当事人造成损失的，当事人有权通过申请复议、行政诉讼等多元化方式进行救济。相较于日本，德国则采取了另外的救济途径，即允许当事人通过诉讼的方式来维护自身权益，譬如德国行政法学者认为，当事人对行政机关公法上金钱债权执行行为有异议，可以向法院提起确认之诉、撤销之诉和履行义务之诉。由此可以看出，对征收行政代履行费用的救济方式还是比较完备的，选择救济方式的前提在于当事人的自我选择或者对当事人造成何种损害，如果仅是征收程序违法，当事人可选择提出异议、提起行政复议等方式，如果给当事人造成财产损失，当然可提起国家赔偿之诉。

显而易见，德国、日本等国家的立法例以及学术研究对行政代履行中当事人权利救济的研究较为细致与深入，其主要特征在于：允许当事人针对行政代履行构成中各个阶段进行救济，且救济方式多种多样，包括但不限于声明异议、申请复议、提起诉讼等。相较于德国、日本等国，我国立

---

① 杨建顺：《日本行政法通论》，中国法制出版社1998年版，第485页。

法对行政代履行中当事人权利的救济方式稍显单一①，尽管如此，我国相关立法也充分肯定了对行政代履行中当事人权利救济的重要性。有学者指出，“我国《行政强制法》（2011）的立法目的首先是规范行政机关强制性权力的行使，以保护人权，其次才是保障行政管理目标的达成和行政行为内容的实现”②，由此可见，人权保障已成为我国行政强制立法的指导理念。事实上，这一立法理念在《行政诉讼法》（2017）中同样得到了体现，譬如2017年我国新修订的《行政诉讼法》第12条明确规定：“人民法院受理公民、法人或者其他组织提起的下列诉讼：……（二）对限制人身自由或者对财产的查封、扣押、冻结等行政强制措施和行政强制执行不服的”，根据这一条款，当事人对行政强制执行方式之行政代履行不服的，有权向人民法院提起诉讼，人民法院应当依法受理。

二　对第三人的权利救济

以上所有手段都是针对当事人的权利救济，但是环境行政代履行制度的特殊之处就在于还存在环境行政机关与第三人之间的行政合同关系，且在行政代履行实践中，第三人参与行政代履行以及获得行政代履行费用的权益容易遭到侵害。因此，在研究环境行政代履行制度的权利救济时，除了完善对当事人的权利救济之外，还必须健全对第三人权利的救济方式。概言之，关于行政代履行中当事人权利的救济，可从以下两层面展开分析：一是行政代履行人招标中第三人的权利救济制度；二是行政代履行实施中第三人的权利救济制度。

第一，行政代履行人招标中第三人的权利救济。在实施行政代履行之前，环境行政机关必须通过招投标的方式甄选符合资质的第三人作为行政代履行人，但环境行政机关在甄选第三人时可能存在如下违法情形，即将符合行政代履行人资质的第三人排除在备选名单之外，从而损害第三人参与行政代履行的权益。由于环境行政机关甄选第三人的法律性质属于招投标，因此对行政代履行招标中第三人的救济可借鉴《招标投标法》

① 从规范层面看，《行政强制法》（2011）第50条第1款规定“代履行时，作出决定的行政机关应当派员到场监督”，这意味着行政机关“到场监督”可以有效地救济当事人的权利，至于行政机关有权采取何种监督方式，现行立法并未明确规定。

② 郎佩娟：《〈行政强制法〉制定的若干问题及其评析》，《中共中央党校学报》2010年第1期。

（1999）中的相关规定。总体来看，《招标投标法》（1999）对投标人权利救济的规定相对简单，但其中规定的救济方式不失为保障第三人合法权益的重要手段。在行政代履行人招标过程中，对第三人权利的救济可参照《招标投标法》（1999）第65条①规定的投标人、潜在投标人拥有异议权和投诉权，在具体制度建设上，可参照《招标投标法实施条例》（2012）第60—61条之规定。② 毋庸讳言，法律赋予投标人、潜在投标人异议权和投诉权既是对他们合法权利的保障，也是对违法行为或不正当竞争行为的监督。尽管《招标投标法》（1999）仅笼统规定了保障招标人的异议权和投诉权，但对完善行政代履行招标中第三人的权利救济仍具有一定的借鉴意义，进一步而言，应当切实保障第三人对环境行政机关甄选行政代履行人之异议与投诉的权利。除此之外，行政代履行中第三人权利救济制度的构建与完善，还可参考我国《政府采购法》（2014）第51—53条的规定③，建立完整的询问、质疑、投诉、行政复议、行政诉讼制度以及社会参与质疑与投诉机制。

第二，行政代履行实施中第三人的权利救济。在行政代履行的实施过程中，第三人与环境行政机关已然签订行政契约（行政合同），第三人的救济方式可以在行政契约中进行详细约定。当第三人认为环境行政机关侵犯其合法权益（譬如随意更换行政代履行人、未能及时支付行政代履行费用），此时应当优先按照行政合同约定的救济手段进行救济，即遵循“约

① 《招标投标法》（1999）第65条规定：“投标人和其他利害关系人认为招标投标活动不符合本法有关规定的，有权向招标人提出异议或者依法向有关行政监督部门投诉。”

② 《招标投标法实施条例》（2012）第60条规定：“投标人或者其他利害关系人认为招标投标活动不符合法律、行政法规规定的，可以自知道或者应当知道之日起10日内向有关行政监督部门投诉。投诉应当有明确的请求和必要的证明材料。就本条例第二十二条、第四十四条、第五十四条规定事项投诉的，应当先向招标人提出异议，异议答复期间不计算在前款规定的期限内。”第61条规定：“投诉人就同一事项向两个以上有权受理的行政监督部门投诉的，由最先收到投诉的行政监督部门负责处理。”

③ 《政府采购法》（2014）第51条规定：“供应商对政府采购活动事项有疑问的，可以向采购人提出询问，采购人应当及时作出答复，但答复的内容不得涉及商业秘密。”第52条规定：“供应商认为采购文件、采购过程和中标、成交结果使自己的权益受到损害的，可以在知道或者应知其权益受到损害之日起七个工作日内，以书面形式向采购人提出质疑。”第53条规定：“采购人应当在收到供应商的书面质疑后七个工作日内作出答复，并以书面形式通知质疑供应商和其他有关供应商，但答复的内容不得涉及商业秘密。”

定优先”原则。但是，环境义务行政代履行实践中也常常会出现救济方式约定不足之情况，此时应当如何保障对第三人的权利？笔者认为，环境行政机关与第三人之间的法律关系属于行政合同关系，二者之间签订的合同从其目的上看无疑是需要实现一个公法上的任务，即旨在实现环境污染治理与自然资源保护之管理目标，因此，当环境行政机关与第三方针对行政代履行内容及时间、行政代履行费用支付等事项发生纠纷时，“应当通过行政复议或者行政诉讼的方式进行救济”①。

① 俞祺：《试论行政代履行人侵权行为的责任分配》，《南开法律评论》2012 年辑刊。

第八章

我国环境行政代履行制度的完善

第一节　我国环境行政代履行制度的现存问题

作为一种行政强制执行方式，行政代履行在环境污染治理与自然资源保护领域具有广泛的应用前景，正因如此，在法律确立层面，我国《行政强制法》（2011）明确将环境污染治理与自然资源保护作为行政代履行制度适用的“两大重要领域”；在理论研究层面，我国不少学者也对环境行政代履行制度进行了广泛而深入的钻研，取得了不少研究成果，极大拓展了环境行政代履行制度的理论视野，也为这一制度的立法完善奠定了坚实的理论基础。

总体而言，我国学界对环境行政代履行制度研究所涉及的内容多体现为行政代履行制度如何在环境资源保护领域的具体运用以及在难以具体运用之处所提出的变革或创新思路，前述研究成果可谓丰富了环境行政代履行制度研究的内容，有助于环境行政代履行制度研究的进一步深化。换言之，对环境行政代履行制度的研究实质上是对环境资源保护领域中的行政代履行制度所作的“专题研究”或者“领域研究”。梳理既有研究成果，我们不难发现目前学界对我国环境行政代履行制度的指导思想、体系化构建与完善等方面的研究仍有提升的空间。一些学者对我国环境行政代履行制度中所存在的一些颇有争议的问题发表了自己的观点，但是关于如何体系化构建与完善我国环境行政代履行制度的成果依然偏少，对如何完善我国的环境行政代履行制度在理论指导作用的发挥方面还有待进一步探索与创新。基于此，笔者希冀从制度的整体理念到制度的体系化建构，再从制度的体系建构到制度每一细节的完善，通盘考虑，整体设计，为建立起更为科学合理的环境行政代履行制度提供完善建议。

我们深知，强烈的问题意识、鲜明的问题指向是学术研究的理论品格与根本要求。所谓“问题意识”，是指“作者必须发现现实中存在的问题（question），从中提炼出一个学术上的话题（problem），然后给出自己的命题（thesis）并加以论证”[①]。问题意识是避免学术研究盲从、低水平重复的必由之路。坚持问题导向，前提是正视问题，所以，要研究如何完善我国的环境行政代履行制度，首先就亟须准确探寻该制度的现存问题，特别是精准找出该制度在实践运行中所存在的、亟须解决的问题。诚如苏力教授所言，“必须从实际出发，必须用眼睛看现实，从现实中提出问题，而不能只接受流行的命题”[②]。基于此，本书结合现行法律法规，并立足于实践中出现的环境义务行政代履行典型案例，提炼出我国环境行政代履行制度所面临的现存问题。

如前所述，我国环境行政代履行制度的“现行法律法规”主要就体现为《行政强制法》（2011）以及散见于若干环境与资源保护法律、法规、规章中的行政代履行法律条文。梳理这些法律、法规、规章中的法律条文，我们也不难发现这些法律条文多是环境行政代履行制度的原则性规定，所规定的内容不外乎：在符合条件的情况下，行政机关有权自行代当事人履行相应环境义务或者行政机关有权委托第三人代当事人履行相应环境义务，行政代履行的费用由当事人负担。这样的规定虽然在原则上为环境义务行政代履行的适用做出了制度安排，但是如何具体实施环境行政代履行制度就给行政机关留下了较大的自由裁量空间或者较大的“实施盲区”，尤其是在涉及行政代履行第三人选择、行政代履行程序、行政代履行费用、法律责任和权利救济等方面的内容，仍存在散乱、相互冲突甚至立法缺失等问题，这突出体现在行政代履行主体选择标准不明确、行政代履行程序不健全、行政代履行收费不统一和权利救济不完善等方面。这些问题不仅削弱了行政代履行的制度价值，也异化了行政代履行的作用，更使得行政代履行制度在实践操作中“步履维艰”。为了确切掌握环境行政代履行制度所存在的问题，首先要对我国环境行政代履行制度的“现行法

---

① 何海波：《法学论文写作》，北京大学出版社2014年版，第20—21页。

② 苏力：《制度是如何形成的》，北京大学出版社2007年版，第189页。

律法规”做一个简要剖析，以发现其中的问题；再根据这些问题，针对性地提出完善我国环境行政代履行制度的具体建议。以下主要列举目前我国环境行政代履行制度的“现行法律法规”及存在的问题（参见表8-1）。

表8-1　我国现行环境与资源保护法律法规中有关行政代履行的规定①

文件名称	文件形式	代履行人	实施程序	费用承担	法律责任	救济手段
《土壤污染防治法》（2018）	法律	他人	无专门规定，以《行政强制法》（2011）为依据	土壤污染责任人或者土地使用权人	无专门规定，以《行政强制法》（2011）为依据	无专门规定，以《行政强制法》（2011）为依据
《野生动物保护法》（2018）	法律	有关野生动物保护主管部门	无专门规定，以《行政强制法》（2011）为依据	被责令限期捕回者	无专门规定，以《行政强制法》（2011）为依据	无专门规定，以《行政强制法》（2011）为依据
《水污染防治法》（2017）	法律	有治理能力的单位	无专门规定，以《行政强制法》（2011）为依据	违法者或者船舶	无专门规定，以《行政强制法》（2011）为依据	无专门规定，以《行政强制法》（2011）为依据
《固体废物污染环境防治法》（2016）	法律	环境保护行政主管部门指定的单位	无专门规定，以《行政强制法》（2011）为依据	产生危险废物的单位	由县级以上地方人民政府环境保护行政主管部门责令限期改正，处代为处置费用一倍以上三倍以下的罚款	无专门规定，以《行政强制法》（2011）为依据
《防洪法》（2016）	法律	水行政主管部门	无专门规定，以《行政强制法》（2011）为依据	违法者	无专门规定，以《行政强制法》（2011）为依据	无专门规定，以《行政强制法》（2011）为依据
《动物防疫法》（2015）	法律	动物卫生监督机构	无专门规定，以《行政强制法》（2011）为依据	违法行为人	无专门规定，以《行政强制法》（2011）为依据	无专门规定，以《行政强制法》（2011）为依据

① 除《行政强制法》（2011）外，我国至少还有11部法律、4部行政法规、1部规章、10多部地方性法规以及地方政府文件规定了环境执法领域的行政代履行制度，由于受篇幅所限，表8-1中仅罗列了部分环境单行法、地方性法规以及地方政府文件。

续表

文件名称	文件形式	代履行人	实施程序	费用承担	法律责任	救济手段
《水土保持法》(2010)	法律	有清理能力的单位或者有治理能力的单位	无专门规定，以《行政强制法》(2011)为依据	违法行为人	无专门规定，以《行政强制法》(2011)为依据	无专门规定，以《行政强制法》(2011)为依据
《放射性污染防治法》(2003)	法律	有处置能力的单位	无专门规定，以《行政强制法》(2011)为依据	产生放射性固体废物的单位	无专门规定，以《行政强制法》(2011)为依据	无专门规定，以《行政强制法》(2011)为依据
《草原法》(2003)	法律	草原行政主管部门	无专门规定，以《行政强制法》(2011)为依据	违法者	无专门规定，以《行政强制法》(2011)为依据	无专门规定，以《行政强制法》(2011)为依据
《海域使用管理法》(2001)	法律	有关单位	无专门规定，以《行政强制法》(2011)为依据	原海域使用权人	无专门规定，以《行政强制法》(2011)为依据	无专门规定，以《行政强制法》(2011)为依据
《森林法》(1998)	法律	林业主管部门	无专门规定，以《行政强制法》(2011)为依据	违法者	无专门规定，以《行政强制法》(2011)为依据	无专门规定，以《行政强制法》(2011)为依据
《广西壮族自治区环境保护条例》(2016)	地方性法规	有治理能力的单位	无专门规定，以《行政强制法》(2011)为依据	违法者	无专门规定，以《行政强制法》(2011)为依据	无专门规定，以《行政强制法》(2011)为依据
《深圳经济特区环境保护条例》(2009)	地方性法规	有治理能力的单位	无专门规定，以《行政强制法》(2011)为依据	责任人	无专门规定，以《行政强制法》(2011)为依据	无专门规定，以《行政强制法》(2011)为依据
《湖北省环境保护条例》(1997)	地方性法规	环境保护主管部门	无专门规定，以《行政强制法》(2011)为依据	造成环境污染与破坏者	拒不缴纳，责令缴纳，并处罚款	无专门规定，以《行政强制法》(2011)为依据
《厦门市环境保护局行政代执行实施办法》(2004)	地方政府文件	组织三家以上单位，随机抽取	发出限期履行通知书，在不履行的情况下，组织行政代履行	当事人负担，费用包括：前期费用、组织实施、实际发生费用	当事人逾期付费，加收同期银行利息；拒不缴费，申请法院强制执行	当事人有陈述、申辩的权利

通过表8-1对“现行法律法规”加以梳理，并结合前述环境行政代履行制度的理论成果，笔者认为，我国环境行政代履行制度主要存在以下几方面的问题。

第一，行政代履行人并不统一。从现行立法看，《土壤污染防治法》（2018）、《水污染防治法》（2017）、《固体废物污染环境防治法》（2016）、《广西壮族自治区环境保护条例》（2016）、《动物防疫法》（2015）、《水土保持法》（2010）、《深圳经济特区环境保护条例》（2009）、《放射性污染防治法》（2003）、《海域使用管理法》（2001）等法律法规均规定只有“私第三人”[①]才能作为行政代履行人，代替当事人履行排除妨碍、恢复原状等环境治理义务；而《野生动物保护法》（2018）、《防洪法》（2016）、《草原法》（2003）、《森林法》（1998）、《湖北省环境保护条例》（1997）则规定只有行政主管部门（“公第三人”）才能作为行政代履行人，从事行政代履行活动。由此可见，我国现行立法对行政代履行人的规定比较混乱，缺乏统一的标准，这难免给环境行政代履行制度的实施带来障碍。从行政强制立法的源流看，2009年《行政强制法（草案）》第49条第1款规定：“行政机关依法作出要求当事人履行排除妨碍、恢复原状等义务的行政决定，当事人逾期不履行，经催告仍不履行的，行政机关可以委托没有利害关系的其他组织代履行。”该条款规定的行政代履行人为“没有利害关系的其他组织”，明显将行政机关排除在行政代履行人的范畴之外。但吊诡的是，2011年《行政强制法》正式颁布时，立法者却将行政机关纳入行政代履行人的范畴，使得行政机关与第三人均可从事行政代履行活动。《行政强制法》（2011）与部分环境单行法对行政代履行人的规定相冲突，使得环境行政机关往往陷入是选择自行实施行政代履行还是选择第三人实施行政代履行的尴尬境地。另外，若环境行政机关选择第三人作为代履行人，第三人是否必须为组

① 有学者对“私代履行人”和“公代履行人”作为明确区分，前者是指企业法人、其他组织等私法组织以及个人，后者是指行政机关以及法律、法规、规章授权的组织。邹焕聪：《“私代履行人”的理论定位及规范建议》，《行政法学研究》2013年第1期。本书赞同以上学者对“私代履行人”和“公代履行人”的界定，据此言之，环境义务行政代履行中的“私代履行人”是指具有治理污染专业技术、设备、管理经验的企业法人、其他组织甚至个人，“公代履行人”是指具有专业技术、人才和管理经验的环境行政机关以及法律法规授权的组织。

织？根据《行政处罚法》（2017）的第17条的规定，[①] 受委托的组织必须为“具有管理公共事务职能的组织”，第19条还规定了这一组织的基本条件。[②] 这是否意味着，环境义务行政代履行中的“公代履行人”必须为“具有管理公共事务职能的组织”？现行立法均未作出明确回应，以至于环境行政机关在选择代履行人时无所适从。故此，统一与明确代履行人是完善环境行政代履行制度不可回避的重要问题。

第二，对第三人的监督管理机制亟待完善。我国《行政强制法》（2011）年第51条第1款规定：“代履行应当遵守下列规定：……代履行时，作出决定的行政机关应当派员到场监督；（四）代履行完毕，行政机关到场监督的工作人员、代履行人和当事人或者见证人应当在执行文书上签名或者盖章。”根据这一条款，环境行政机关“应当派员到场监督”第三人的行政代履行工作，但第三人如何产生（即环境行政机关如何遴选适格第三人）？第三人应当满足什么样的资格条件？环境行政机关如何对第三人的行政代履行过程进行全过程监管？《行政强制法》（2011）以及其他的法律、法规、规章并未给出令人满意的答案。就国外立法看，对第三人的监督管理，德国、日本、法国、西班牙、奥地利以及中国台湾地区的行政强制立法也并没有更为明确细化的规定，因此以上国家或地区对我国大陆地区行政强制立法的启示或借鉴价值有限。从我国环境义务行政代履行实践看，环境行政机关对第三人的甄选、监督、责任追究等方面均存在明显不足，譬如有些省市规定从三家以上单位抽选出适格第三人，而有些地方未作规定。[③] 因此，未来立法应当建立健全对第三人的监督管理机制，以期更好地发挥环境义务行政代履行的制度功能。

第三，行政代履行程序性规定不健全。相较于德国、日本、韩国、奥地利等国，目前我国国家层面立法中对环境义务行政代履行的程序性规定

① 《行政处罚法》（2017）第17条规定：“法律、法规授权的具有管理公共事务职能的组织可以在法定授权范围内实施行政处罚。”

② 《行政处罚法》（2017）第19条规定：“受委托组织必须符合以下条件：（一）依法成立的管理公共事务的事业组织；（二）具有熟悉有关法律、法规、规章和业务的工作人员；（三）对违法行为需要进行技术检查或者技术鉴定的，应当有条件组织进行相应的技术检查或者技术鉴定。”

③ 《厦门市环境保护局行政代执行实施办法（试行）》（2004）第8条规定：“环保分局对每一类行政代执行项目组织代执行时，应组织3家以上实施单位，每次组织代执行时随机抽取”。

有待完善。由于《行政强制法》（2011）第51条所规定的行政代履行程序过于粗疏与原则，导致环境行政机关不敢轻易启动行政代履行程序。从表8-1可知，除了《行政强制法》（2011）外，我国现行立法几乎都缺失了环境义务行政代履行的程序性规定，只有《厦门市环境保护局行政代执行实施办法》规定了实施行政代履行的基本程序。遗憾的是，这个实施办法法律位阶太低，缺乏普遍约束力，加之该实施办法规定的程序规则也是漏洞百出，故难以为环境行政机关实施行政代履行制度提供完满依据。众所周知，程序性规定旨在保障法律最低限度的合理性，在我国当前的国情下，即便程序性规定很健全，也不能排除一些主体为了私利找寻漏洞，更何况程序性规定不健全呢？就目前而论，我国行政代履行程序性规定不健全主要表现在如下两方面：一方面，告诫与“三日前催告”① 是环境行政机关实施行政代履行的前置程序，但如此规定是否科学合理？之所以有此疑问，是因为环境污染治理与自然资源保护往往具有较强的紧迫性，若“一刀切”的事先要求告诫和“三日前催告”，现实中很可能不利于环境行政机关及时、有效地治理环境污染与保护自然资源。由此可见，《行政强制法》（2011）所设置的行政代履行程序可能忽略了环境污染治理或者生态破坏修复的特殊性，盖因过于倚赖当事人自行履行义务反而不利于环境污染治理与自然资源保护。另一方面，环境行政机关在代履行实施过程中应当扮演何种角色？《行政强制法》（2011）第51条仅原则性地规定“代履行时，作出决定的行政机关应当派员到场监督”，但究竟该派几个人？监督方式是什么？监督效果如何？上述问题若得不到针对性解决，环境行政机关的自由裁量权势必进一步扩张而可能损害当事人的合法权益。健全行政代履行的程序性规定不仅能够避免环境行政机关的恣意妄为，保障当事人和第三人的合法权益，还有助于消除当事人在配合与协助行政代履行工作中的诸多顾虑，从而提高环境行政管理的效果。

第四，行政代履行费用收取缺少统一、明确标准。行政代履行费用收取是环境行政代履行制度的重要内容，但在现实层面，行政代履行费用收取与偿付仍存在诸多问题。具体而言，首先，行政代履行费的核算依据是

---

① 《行政强制法》（2011）第51条规定：“代履行三日前，催告当事人履行，当事人履行的，停止代履行。”根据此条款，一般情况下，环境行政机关在实施代履行三日前，必须催告当事人自行履行排除妨碍、恢复原状等义务，此即“三日前催告”。

什么？我国《行政强制法》（2011）第51条第2款仅笼统规定了“按照成本合理确定，但法律另有规定的除外”，但究竟何谓“成本合理确定”？条款中的“合理”与“法律”应如何理解？其次，行政代履行费的负担范围包含哪些？费用核算是坚持“成本确定”还是“实际支出”标准？再次，行政代履行费应如何缴纳，环境行政机关能否自由裁量决定？最后，若当事人无力负担行政代履行费，第三人该如何寻求救济？另外，若当事人拒绝或者延缴行政代履行费，环境行政机关可否借由执行罚来督促其付费？面对上述行政代履行实践中存在的突出问题，《行政强制法》（2011）以及环境保护法律法规均无一能回应，导致行政代履行执法在实践中面临诸多困阻，且严重影响了第三人参与行政代履行的意愿。毋庸讳言，行政代履行费用能否得到有效收取与偿付事关第三人收益的大小，也直接影响着第三人从事行政代履行工作的积极性，唯有明晰行政代履行费用的收取标准、时间、方式以及费用“负担不足”的救济方式，才能提升第三人参与行政代履行工作的积极性和主动性。但遗憾的是，我国现行法律、法规、规章对行政代履行费用的规定还有不足之处，无法满足环境行政代履行制度实践的需要。

第五，对当事人、第三人的权利救济不足，亦缺乏相应的追责规定。从表8-1可知，我国现行环境与资源保护法律法规中缺少对当事人和第三人权利救济的规定，这对保障当事人和第三人权利远远不足。目前，上述法律、法规、规章对于行政代履行制度责任的规定缺失，严重影响对第三人和当事人的权利救济。在法律责任设置层面，只有《湖北省环境保护条例》（1997）和《厦门市环境保护局行政代执行实施办法（试行）》（2004）对部分法律责任进行了粗略的规定，法律责任的不明确会直接影响到权利救济。在救济方式设置层面，《厦门市环境保护局行政代执行实施办法（试行）》（2004）中规定当事人对行政代履行决定享有陈述、申辩的权利，但这对当事人、第三人的权益保护是远远不够的。相比之下，德国、日本等国的法律对行政代履行的权利救济的规定则比较完备，不仅形式多样，而且适用情况清晰明了。以日本为例，当事人对行政机关的代执行（代履行）行为不服时，可以视不同情况提起复查、行政诉愿、行政诉讼和国家赔偿，以充分保护当事人的合法权益。基于此，我国法律完全可以在借鉴他国立法的基础上，建立和完善环境义务行政代履行中的权利救济与法律责任制度。

第二节 我国环境行政代履行制度的完善建议

要进一步完善我国的环境行政代履行制度，笔者认为，应当立足于我国环境行政代履行制度的现存问题，在做好顶层设计的基础上提出针对性的完善建议，力争实现以下四个基本目标：第一，须在完善立法时融入行政强制法的先进理念，以彰显行政法治之精神，譬如以服务型政府理论、行政效率理论、最小损害理论、新公共管理理论、行政参与理论等作为环境行政代履行制度立法与实施的理论引领，从根本上改变过时的“以罚代治”“一罚了之”等环境行政管理模式或者理念；第二，完善环境行政代履行制度体系，从整体上明确环境行政代履行制度每个环节的作用和意义，协调好制度各环节间的关系，以期实现目标体系与工具体系的统一；第三，对现行立法空白进行补缺，最大限度地发挥环境义务行政代履行的制度功能，这就亟须通过立法对第三人加强监督管理、健全行政代履行程序、统一行政代履行的收费标准以及完善行政代履行的权利救济制度；第四，对环境行政代履行制度规定混乱、不明的部分进行明确与细化，增强其前瞻性、针对性和可操作性。

一 更新环境行政代履行制度的基本理念

按照《辞海》（第六版）（2009）的解释，理念一词“译自希腊语idea，通常指思想，有时亦指表象或客观事物在人脑里留下的概括的形象”①。据此而言，理念与观念关联，上升到理性高度的观念叫“理念”，换言之，理念是对观念的升华，是对观念的去伪存真。笔者认为，法治理念就是法学领域在当代背景下被广泛认可的法律观念，其具有时代性，不同时期的法治理念应当契合当时的社会背景，在一定程度上会随着社会和法治环境的变化而变化，但是法治理念在特定时期一般是被广泛认可的。既然是在特定时期具备广泛认可的观念，法治理念的合理性一般经过了一段时间的验证，“这些观念反映了法治的性质、宗旨、结构、功能和价值取向，是一些达到理性的具体观念和信念，是立法、

① 夏征农、陈至立主编：《辞海》，上海辞书出版社2009年版，第763页。

执法、司法、守法和法律监督的基本指导思想，是法治体系的精髓和灵魂，而理念的意义就在于其指引作用”①。构建与完善法律制度、解决现存法律问题的方式就应当与现今的法治理念保持统一性，正确的法治理念可以保证法律制度构建上的科学性与合理性，并指导法律制度的贯彻落实。毫无疑问，任何一项法律制度都可能受到各种法治理念影响，也都亟须确立乃至及时更新正确的指导理念，环境行政代履行制度亦不例外。笔者认为，应当主要以服务型政府理念、社会共治理念等为理论引领，健全环境行政代履行制度。

第一，确立服务型政府理念，充分发挥环境行政机关在行政代履行中的服务、引导与保障职能。环境义务行政代履行尽管性质上属于环境行政间接强制执行方式，但是也不排除环境行政机关具有为当事人履行环境义务提供行政服务，为第三人通过行政代履行参与治理环境污染或者修复生态破坏创造良好的外在条件等服务型政府所应有的服务、引导与保障职能。服务型政府理念与行政合作理念也有共通之处，即均要求政府与公民、企业、社会组织等多元主体的协作配合。服务型政府理念的确立，要转变行政人员思维方式，由“官本位、政府本位、权力本位”向“民本位、社会本位、权利本位”转变，在处理行政事务时从第三人和当事人的角度出发，为第三人治理环境污染或者修复生态破坏创造良好的履行条件，提供必要的信息支持；为当事人履行义务，促使其自行履行或者尽量配合履行，这都无疑会提高环境管理效率，消除利害关系人的抵触情绪，实现环境效益和社会效益的“双赢”。而且，只有本着“民本位”的思想，才能真正理解“最小损害原则”的内涵，以便给公民带来最小损害的方式来实施环境义务的行政代履行。确立服务型政府理念就要积极回应民意的合理诉求，在法治的框架下，用公开政府目的、工作内容、工作程序和工作方法的方式给公民、社会组织提供公正、优质、廉价、高效、方便的公共产品和服务，达到为民兴利、促进社会稳定发展之目标。确立服务型政府理念，谋求与利害关系人的合作，要注重整体利益的提升，这就需要注重包括政治、经济、社会、环境等多种利益的提升。基于新公共管理理论的要求，服务型政府要崇尚市场机制和市场力量，尽可能减少政府干预，权力下放、绩效管理，使

① 谢鹏程：《论社会主义法治理念》，《中国社会科学》2007 年第 1 期。

“服务质量好”的行政机关获得更多奖励，这样才能推进服务型政府理念的常态化发展。总之，环境监管应当“实现由‘以政府为中心’的重管制模式的‘管理行政’向‘以满足人们的需求为中心’的公共服务模式的‘服务行政’的转变”[①]，充分发挥环境行政机关在行政代履行中的服务、引导与保障职能。

第二，确立社会共治理念，充分调动市场上专业的第三方治理企业参与行政代履行工作。面对当今复杂的政治、经济和社会问题，没有哪个机构——无论其为公有或为私营——能够在知识和资源两个方面拥有充足的能力独自解决一切问题。[②] 换言之，无论是政府、个人，市场还是社会都不具备解决上述问题的全部知识、工具与资源，“因此风险社会要求行政法的转型，要求必须结合国家和社会的力量，进行有效率的风险规制”[③]。面对已经凸显的环境污染或者生态破坏风险，传统以行政管制为中心的“单中心治理”模式或者“多中心治理”模式往往力有未逮，亟须吸引社会力量（尤其是具有专业治理能力的单位甚至个人）参与环境污染治理与生态环境修复，此即社会共治理念。作为风险规制的新型模式，社会共治意味着政府不再对环境污染治理或者生态环境修复大包大揽，不再让社会公众“袖手旁观”，而是鼓励具有专业技术能力的社会力量参与；从治理进路看，不再是“命令与控制”“管理与服从”的简单推进，而是各社会主体在平等对话的基础上展开合作；从治理目标看，不再是单纯地追求GDP 增长或个人私益，而是在凝聚共识、融合公私利益的基础上实现社会共赢。值得一提的是，2016 年 11 月 24 日国务院印发的《“十三五”生态环境保护规划》明确将“社会共治”作为生态环境保护的基本原则，提出构建政府、企业、公众共治的环境治理体系，也为实现环境污染社会共治格局指明了方向。作为一种行政强制执行方式，行政代履行尽管具有“命令与控制”属性，但究其本质，环境行政代履行制度的实施必须融合公与私的利益，必须充分鼓励具有专业技术能力的社会力量参与，如此才

① 李光春：《论我国海上船舶污染清除法律制度的完善——以公法与私法融合理论为视角》，《环境保护》2013 年第 15 期。

② 王周户、李大勇：《行政许可法意义下的非政府组织》，《上海政法学院学报》（法治论丛）2006 年第 3 期。

③ 王泽鉴：《危险社会、保护国家与损害赔偿法》，《月旦法学》2005 年第 2 期。

能更好地提升环境行政监管的效率。[①] 因此，环境行政代履行制度的完善应当以社会共治理念为理论引领，在对第三人制度建设与行政代履行费用制度设计时，应充分考虑如何吸引与鼓励市场上专业的第三方治理企业参与环境污染代治理，从而提升环境行政代履行制度的实施效果。

总之，完善环境行政代履行制度的首要之义是，确立服务型政府与社会共治理念。唯有以服务型政府和社会共治理念作为理论指引来构建与完善环境行政代履行制度，才能提高环境行政机关在行政代履行中的服务意识，才能调动第三人参与行政代履行的积极性与主动性，才能有效平衡各参与者切身利益。更重要的是，及时更新环境行政代履行制度的基本理念，有助于促进相关立法与政策的更新，规范环境行政机关、当事人与第三人的职责边界，有效缓解环境行政机关与当事人之间的对立与冲突，达到环境行政代履行制度治理环境污染或者修复生态破坏之目的，最终实现社会整体利益的最大化。

二　完善环境行政代履行制度的体系化设计

我国目前在构建与完善任何法律制度的体系时都有一些共同的问题，即立法者大多采取渐进的方式来建设法律制度体系，这种立法方式类似于英国著名哲学家卡尔·波普尔所提出的“渐进性社会工程”（即放弃对绝对真理的信仰而主张试错性验证[②]）。采取“渐进的辨证治疗”的好处是能够减少社会阻力、降低社会变革的成本，同时使每一具体步骤和措施的失败风险都可以得到有效控制。这种“渐进主义改革观”反映在我国立法工作上就是长期以来所坚持的审慎立法政策，如我们所熟悉的“成熟一个，制定一个”，“宜粗不宜细”，“先立单项法，后立综合法”，“先地方，后中央”，“改批发为零售”，等等。[③] 纵览环境行政代履行制度的发

① 环境行政机关选择市场上专业的第三人代替当事人履行法定义务，有助于提升环境监管效率，毋庸讳言体现了“分工出效率，无分工无效率”理念，这也同亚当·斯密在《国富论》中提出的“劳动生产力上最大的增进，以及运用劳动时所表现的更大的熟练、技巧和判断力，似乎都是分工的结果”具有异曲同工之处。［英］亚当·斯密：《国富论》，郭大力等译，商务印书馆 2014 年版，第 1 页；叶生洪、彭星闾：《论规模经济的本质：结构经济》，《财贸研究》2003 年第 1 期。

② ［英］卡尔·波普尔：《历史决定论的贫困》，杜汝楫等译，华夏出版社 1987 年版，第 50 页。

③ 钱大军：《当代中国法律体系构建模式之探究》，《法商研究》2015 年第 2 期。

展历程，我们不难发现，国家对该制度的建构也大体因循了这样一种立法思路。在没经过严密论证和实践检验的情况下，国家对环境行政代履行制度的立法规定都显得比较原则与粗疏，而且有关环境行政代履行制度的规定多散见于各法律、法规、规章之中，没有一个系统全面的规定，也没有一个专门的综合法，在《行政强制法》（2011）中虽有第51条、第52条、第53条三个法律条文规定了行政代履行及其实施程序，但远不足以满足环境义务行政代履行的现实需要，因此亟须在立法上完善行政代履行程序。目前而论，需要根据现行法律制度的立法概况和表现出的问题来构建与完善专门的行政代履行法律制度体系，以期进一步完善环境行政代履行制度的内容。

环境义务行政代履行的制度体系首先需要一部专门法律对行政代履行进行详细规定，然后相应修改其他法律、法规、规章中的条款；在修改其他法律、法规、规章中的条款时，可以采用准用性规范“准用”专门法的规定。持法律体系论的学者强调结构严谨、内部和谐、体例科学的完备的法律体系是依法治国的重要内容和前提条件。[①] 这不仅仅是对某个国家或地区的整个法律体系的要求，更是要求每个法律部门、每项具体制度的体系化都应当强调结构严谨、内部和谐、体例科学。因为科学的制度体系可以促进和保障制度的健全和有序化发展，保障制度的效率和生命力。环境义务行政代履行的制度体系应当是在一部专门法律或法规的引领下，各部门法律或法规按照自身需要全部或者部分采用准用性规范来对专门法加以“准用”，其前提便是亟须对环境行政代履行制度进行体系化规定。笔者认为，环境行政代履行制度体系应该包含如下内容：第一，环境行政代履行制度的原则性规定，主要包含立法宗旨和相关概念，用以解决环境行政代履行制度中欠缺具体规定时的模糊问题；第二，环境行政代履行制度的适用条件，明确在什么情况下可以实施环境行政代履行制度，明确的行政代履行制度启动和适用的实体条件；第三，环境行政代履行制度的运作程序，主要包括第三人的选定、行政代履行适用的审查、告诫、发布环境义务行政代履行决定书、行政代履行的实施、行政代履行监督管理、行政代履行费用的收取、即时行政代履行的特殊程序等，明确

① 李步云：《实行依法治国，建设社会主义法治国家》，《中国法学》1996年第2期。

的运作程序是保障各方合理权利的程序性条件，其与行政代履行制度的适用条件均属于行政代履行制度适用的主体制度；第四，第三人的确定标准，明确第三人选择的具体标准以及具体的选择程序，是环境行政代履行制度中的配套制度，主要用于选定第三人；第五，明确行政代履行费用的征收标准以及征收程序，是关于费用征收的实体与程序性制度，主要用于确定费用征收相关问题；第六，明确各方在行政代履行中的法定义务和法律责任，保障行政代履行的合法、有效实施；第七，明确行政代履行制度的救济途径，以行政复议和行政诉讼为主，确保参与主体的权利获得有效的保障。

三 强化环境义务行政代履行的第三人制度建设

强化环境义务行政代履行的第三人制度建设，是完善我国环境行政代履行制度的重要内容。之所以将第三人制度建设作为环境行政代履行制度建设的主要内容，是因为第三人是环境义务行政代履行工作的实际参与者和具体实施者，肩负着环境污染代治理的重要任务，可以说，第三人能否胜任行政代履行工作以及是否有效履行行政代履行职责直接影响着环境行政代履行制度的实施效果。只有加强环境义务行政代履行的第三人制度建设才有助于真正壮大环境污染治理或者生态环境修复的队伍，才能真正实现环境治理的产业化、专业化与市场化。强化环境义务行政代履行的第三人制度建设，就是要对谁可作为代履行人、第三人须具备何种资质、环境行政机关如何监管第三人、如何培育第三人等问题作出立法或政策回应。目前，我国相关法律、法规与规章在此方面的规定存在严重不足，这为进一步强化环境义务行政代履行第三人制度建设提供了广阔空间。

首先，统一与明晰代履行人。我国现行立法对代履行人的规定较为模糊与混乱，缺乏统一标准。立法的不确定给了环境行政机关违法选择第三人提供了可乘之机。事实上，在经济利益的驱使下，环境行政机关极可能选择自行代履行或者选择对自身有利的第三人从事行政代履行工作，这对当事人与第三人而言都是极为不利的，也不利于环境污染或者生态破坏的及时、有效以及专业的治理或者修复。基于此，有必要在立法上统一与明确第三人。笔者认为，第三人只能由“私第三人”担当，不能由“公第三人”担当，申言之，只有专业环保公司才能从事行政代履行工作。主要理由有三个：第一，根据2014年新修订的《环境保护法》第10条第1款的规定①，环境行政机关的主要职责在于对环境保护工作实施统一监督管理，若环境行政机关实际从事有营利性质的行政代履行活动，显得有超越其法定职责（即监督管理）之嫌；第二，环境行政机关作为代履行人可能有悖于公平正义原则，毕竟在选取代履行人时，环境行政机关相对于第三人拥有无可比拟的优势，以至于影响第三人参与行政代履行的积极性；第三，环境行政机关可能并不具备治理环境污染与保护自然资源的专业技术能力与管理经验。基于此，为了保证环境行政代履行制度得以公正执行，同时切断环境行政机关的牟利途径、使行政代履行工作更加专业化和市场化，应明确排斥环境行政机关或者与其有利害关系的事业单位作为第三人。值得一提的是，个人能否作为代履行人？笔者认为，个人虽不具备企业那样的雄厚财力、专业技术与管理经验，但个人在行政代履行中也能发挥其应有作用，譬如在一些技术含量较低、工作量不大的行政代履行工作中（如废渣代清运），个人完全可以代为履行以上行为义务。因此笔者认为，环境义务行政代履行中的第三人不仅包含市场上专业的环境治理公司，也应包含适格的个人。

其次，明确行政代履行人的资格条件。环境义务行政代履行不同于普通的民事行政代履行和环境修复行为，一般而言环境义务行政代履行具有一定的紧迫性和专业性，故参与行政代履行工作的第三人必须具备相应条件。有学者指出："行政机关挑选行政代履行的第三人必须进行综合考量，如果随意指定第三人，既不利于对相对人（当事人）权益的保护，也会降低行政机关的公信力。"② 为确保环境污染或者生态破坏得以及时、有效和专业的治理或者修复，必须明确行政代履行人的资格条件，避免不适合的单位和个人从事环境义务行政代履行工作。有学者认为，"第三人成为代履行人必须符合以下条件：第一，依法成立的事业单位组织或者企业；第二，具有熟悉有关法律、法规、规章和业务的工作人员；第三，具有符合相应法律法规所要求的资质；第四，具有相应的设

---

① 《环境保护法》（2014）第10条第1款规定："国务院环境保护主管部门，对全国环境保护工作实施统一监督管理；县级以上地方人民政府环境保护主管部门，对本行政区域环境保护工作实施统一监督管理。"

② 莫于川：《行政强制操作规范与案例》，法律出版社2011年版，第140页。

备、设施及工具"[①]，以上观点大致描绘了行政代履行人所应具备的基本条件。笔者认为，环境义务代履行人必须满足如下两项核心条件：第一，具有治理环境污染的技术、设备、人才与管理经验；第二，具有一定的环境污染风险预防与处置能力，避免加剧环境污染后果。在明确行政代履行人的资格条件后，环境行政机关应当择优选择适格的行政代履行人从事环境污染代治理工作。

再次，加强对第三人的培育和管理。在明确第三人之后，下一步应注重对第三人的培育和管理。现阶段，第三人的发展受制于一系列因素的影响，在自身建设方面，受人才、资金、专业技术、设备、管理经验等因素的制约；在外在管理方面，缺少对第三人管理的必要制度规范。在所有这些因素中，专业技术是影响第三人发展壮大的最大瓶颈，如果第三人缺少高水平的技术人才，缺乏相应的自主知识产权，那就意味着第三人履行能力不足，也就难以在环保治理产业占有一席之地。为解决上述问题，对于第三人而言，应坚持市场化运作和企业化经营，注重对专业人才的培育和管理经验的积累，特别是专注于自身技术水平的提升；对于行政机关而言，应着力建立起市场化的管理运作机制，鼓励对第三人的多元化投资、鼓励第三人自主创新、加强对知识产权的保护，为行政代履行制度的运行创造一个公平、竞争的外部环境。此外，在市场经济背景下，由政府对第三人提供各项政策支持和公共服务。市场化的优势在于通过"无形的手"来促进资源和要素优化配置，从而提高社会效率，推动产业的进步和竞争力的提升。政府的政策支持对于市场化的发展起到推动和促进作用，包括财政、税收、政策、市场准入等多方面的综合手段，[②] 但是要注意"市场的归市场、政府的归政府"，这样才能保证第三人所在的环境产业的快速发展。

最后，强化对第三人的运行监管。所谓运行监管，是指环境行政机关从启动行政代履行程序到第三人完成行政代履行工作且获得行政代履行费用的整个监管过程。在此过程中，环境行政机关面临着如何选择第三人、

---

① 李大勇、李潇吟：《公私合作背景下的代履行——以行政强制法草案相关条文为分析对象》，《陕西行政学院学报》2011 年第 2 期。

② 内容见《国务院办公厅关于推行环境污染第三方治理的意见》中"五、强化政策引导和支持"的规定，其中明确规定了促进第三方治理企业的财政政策、收税政策、价格政策、收费政策与贷款政策等。

如何监督和指导第三人工作等一系列问题，解决这些问题对发挥环境行政代履行制度的功能至关重要。不过遗憾的是，我国现行立法对这方面的规定严重不足，《行政强制法》（2011）第51条仅原则性地规定了“代履行时，作出决定的行政机关应当派员到场监督”第三人代履行环境义务，导致环境行政机关在代履行过程中“派员到场监督”具有较大的自由裁量权。笔者认为，要对第三人的代履行工作进行有效监管，必须着重从这几个方面下手：其一，明确环境行政机关到场监督的人数与方式，避免其与第三人合谋而损害当事人的利益甚至社会公共利益。其二，赋予环境行政机关相应的监督职权并完善第三人的法律责任。当第三人违法行政代履行、不适当行政代履行时，环境行政机关能及时有效地对其进行纠正、制止或实施处罚；当当事人以暴力、胁迫或其他非法方式阻碍行政代履行工作开展时，环境行政机关有权请求公安机关到场排除妨碍。其三，为了促进环境义务行政代履行工作的顺利进行，环境行政机关有必要给予第三人必要的指导和帮助，引导第三人采取科学、合理与相对便捷的方式代为治理环境污染。

四 健全环境义务行政代履行的程序规定

除了要强化第三人制度建设外，健全的环境义务行政代履行程序同样不可或缺。众所周知，程序正义是一种形式上的正义，也是一种看得见的正义，程序正义有其内在和外在的价值，程序的外在性价值体现在其对正义、安全、社会公共福利等的实现是否有意义。程序的内在性价值不依赖于个案的判决结果，法律程序都要维护的价值，包括正义、尊严、参与等。程序本身无论内在或外在都具有重要意义，如果缺少完备的程序设计，再严谨、再高效、再有价值的法律制度也是毫无正义可言的。程序正义对于保障和实现人权具有重要意义，其能够防治腐败；程序正义能更好地促进法律的实施和遵守，作为看得见的正义，其能够消解当事人和行政机关之间的对立，化解社会矛盾，维持法律的权威性。因此，健全环境义务行政代履行程序制度对于行政代履行目标的实现具有重要意义。

从表8-1可知，我国现行立法对行政代履行程序的规定严重缺失，远不足以指导环境义务行政代履行实践。尽管《厦门市环境保护局行政代执行实施办法（实行）》（2004）规定了实施行政代履行的基本步骤，但由于该实施办法的法律位阶较低，缺乏普遍适用性。既然我国立法留下如此“程序空缺”，因此，在构建环境行政代履行制度时，不仅要求“程序补白”，而且力求行政代履行程序设计严谨、合理和完备。为了实现这个目标，笔者认为，环境义务行政代履行程序设计应该区分一般行政代履行和即时行政代履行两种情况，具体如下：

第一，环境义务行政代履行一般程序的完善。所谓环境义务行政代履行的一般程序，是指在正常情况下环境行政机关实施行政代履行的程序，主要包括告诫、发布行政代履行决定书、收取行政代履行费用和实施行政代履行。首先，要进行告诫。告诫一般由环境行政机关以书面形式作出且送达当事人，以督促其自行履行环境义务。此外，告诫的内容须明确具体并允许当事人申辩或异议，这一程序安排名为告诫，实为提醒与督促当事人履行义务，其意义在于保障当事人的知情权，为其选择行为方式提供准备时间。其次，环境行政机关向当事人发布行政代履行决定书。与告诫相一致，环境行政机关应当以书面形式作出且送达当事人，该决定书的内容必须囊括行政代履行的依据、范围、日期、第三人的基本情况、费用、救济途径等。发布行政代履行决定书是会对当事人产生实质影响的具体行政行为，是正式、具体地告知当事人其所应当履行的相关义务及其救济方式，当事人可以按照一般的具体行政行为的可能救济方式来维护自身的权利。再次，环境行政机关收取行政代履行费用。行政代履行费用的收取方式有“预先缴纳”和“事后追缴”两种，对我国而言，应把“预先缴纳”行政代履行费用的方式以立法的形式明确下来，即在启动行政代履行程序后、实施行政代履行活动之前收取行政代履行费用，这是立足于我国的制度体系和基本国情而进行的制度安排，相比于国外事后缴款制度有各种保障措施，我国的行政代履行缴款可以说是保障措施欠完善，而企业的诚信度不高而违约率又较高，因此采取“预先缴纳”行政代履行费用更有利于保护第三人的利益。最后，环境行政机关实施行政代履行。不管行政代履行费用的收取情况如何，经过法定期限，环境行政机关应指定第三人实施行政代履行工作。

在完善环境义务行政代履行一般程序时，有一个问题颇值得探究，即环境行政机关是否可以提前结束告诫，实施环境义务行政代履行？按照《行政强制法》（2011）之规定，告诫是环境行政机关实施行政代履行的前置程序，其对保障当事人的私权至为重要。[①] 另外，设计催告程序也是鼓励当事人自行履行环境义务与限制环境行政机关滥用行政强制权的重要举措。但在环境治理领域，污染治理往往具有一定的紧迫性与必为性，若当事人在催告期内仍不履行主动环境污染治理或者生态环境修复义务，且该环境污染治理或者生态环境修复已刻不容缓，那么告诫程序的实施可能阻滞环境污染或者生态破坏的及时、有效治理或者修复，最终损害社会公共利益。笔者认为，在环境义务行政代履行一般程序中，应当设立催告程序以鼓励当事人自行履行环境义务，但不宜将此程序作为行政代履行的前置程序，换言之，若催告期内出现环境污染治理或者生态环境修复刻不容缓之情形时，环境行政机关可提前结束告诫程序，直接实施行政代履行程序，如此才能更及时、有效地治理环境污染或者修复生态破坏，保障社会公共利益。

第二，环境义务行政代履行特别程序的完善。所谓环境义务行政代履行特别程序，是指在紧急或突发情况下，环境行政机关来不及对当事人进行告诫、发布行政代履行决定书或收取行政代履行费用，为及时处置污染物与修复生态环境，应当立即指定第三人实施行政代履行的一种特殊程序。我国《行政强制法》（2011）第 52 条也作了明确规定："需要立即清除道路、河道、航道或者公共场所的遗洒物、障碍物或者污染物，当事人不能清除的，行政机关可以决定立即实施代履行。" 从该法律条文来看，该条款的规定存在明显不足，它没有回答以下几个问题：启动即时行政代履行程序的前提条件是什么，有何评判标准？行政代履行费用如何收取？当事人不服时如何救济？当事人对行政代履行费用"负担不足"，应如何保障第三人的预期收益？笔者认为，首先，启动即时行政代履行程序必须坚持的评判标准：一是出现紧急情况，如不及时处置环境污染或者生态破坏，结果极可能造成严重危害；二是当事人不具备立即处置环境污染或者生态破坏的能力，只有同时满足这两个条件的前提下才可启动即时行政代履行程序。其次，环境行政机关在实施即时行政代履行程序的同时向当事人收取行政代履行费用。为保证第三人的预期收益，在启动即时行政代履

① 告诫程序旨在预先（即行政机关实施行政代履行之前）告知当事人，并为其留有一定自我履行义务的期限，不得搞突然袭击，以鼓励当事人自行履行并维护其合法权益。赵立栋：《浅析海事行政强制中的"代履行"》，《中国海事》2008 年第 11 期。

行程序后，环境行政机关应该尽快启动正常的收费程序。环境行政机关在收取行政代履行费用之前，应当对行政代履行费用进行准确评估，并将此情况及时通知当事人，在行政代履行费用收取之时或之后，允许当事人申辩、异议和进行其他权利救济。最后，在即时行政代履行中，环境污染或者生态破坏一般较为严重且亟须进行治理或者修复，因此行政代履行费用可能较高，若当事人不能承担高昂的行政代履行费用，环境行政机关可通过环境保护基金事先偿付，或者允许当事人以分期付款的方式偿付第三人的行政代履行费用。

五 统一环境义务行政代履行的收费准则

法国学者托克维尔指出："一项在大多数人看来对自己没有实际效益的令人讨厌的法律，不是难于通过，就是通过以后也不会被遵守。"① 依托克维尔之言，环境行政代履行制度要想获得当事人与第三人的大力支持与普遍遵守，必须完善行政代履行费用的收取与偿付机制。行政代履行费用在环境行政代履行制度中的重要性不言而喻，如果把环境行政代履行制度视为一个"机动装置"，那么行政代履行费用就是这个"机动装置"的核心部件——"发动机"。行政代履行费用的重要性主要体现在：对环境行政机关而言，行政代履行费用是其鼓励、刺激第三人从事行政代履行工作的有效手段；对于当事人而言，行政代履行费用收取合理与否直接决定着其对该制度的支持程度；对于第三人（代履行人）而言，获取行政代履行费用是其从事行政代履行工作的主要动机。由此观之，健全行政代履行费用制度应成为环境行政代履行制度构建与完善的重中之重。

既然环境义务行政代履行费用如此重要，那么我国现有立法对环境义务行政代履行的收费准则又有哪些规定呢？从表 8-1 可知，虽然现行立法均规定行政代履行费用由当事人负担，但对于当事人究竟该如何负担则语焉不详，诸如行政代履行费用的负担范围、计算标准、收取方式、行政代履行费用"负担不足"问题的解决途径等重要问题均缺乏明确规定，这种粗疏的原则性规定显然影响了环境行政代履行制度的贯彻落实。基于此，笔者通过总结前文之研究成果，针对我国现行立法中所存在的几个问题，一一提出立法建议，具体如下：

① ［法］托克维尔：《旧制度与大革命》，冯棠译，商务印书馆 2015 年版，第 280—281 页。

第一，明确环境义务行政代履行费用的负担范围。对于环境义务行政代履行费用的负担范围，可借鉴《厦门市环境保护局行政代执行实施办法（试行）》（2004）第5条第4款的规定："本办法所称代执行费用指环保分局启动行政代执行后，行政代执行实施单位为组织行政代执行所发生的全部费用，包括：前期费用、组织实施、实际执行及其他实际发生的费用。"申言之，环境义务行政代履行费用的负担范围应当包括前期费用、组织实施、实际执行及其他实际发生的费用。需要注意的是，在确定行政代履行费用的负担范围时，应当坚持"实际支出费用"的标准，不能随意扩大当事人的费用负担范围，对于费用的确定还可以进行事后的审计，严格核实环境义务行政代履行过程中产生的实际费用，按照"多退少补"的原则，在实际费用大幅超过行业平均成本时可以考虑按照行业平均费用标准收取，不能因为第三人的行政代履行行为让当事人承担不应当承担的费用。当然，当事人支出的行政代履行费用还应该包括第三人的合理利润，即允许第三人适当获利，[①] 以吸引更多的第三人参与行政代履行。此外，环境行政机关为行政代履行支出的必要管理费用也应当包含在当事人支出的行政代履行费用中，因为这不是环境行政机关正常的管理行为所需支出的必要费用，而是当事人违法后额外支出的成本，不应当由全体公民的税收来为其负担。因此，行政代履行费用的负担范围也应当包含行政机关启动行政代履行以及在实施行政代履行过程中产生的必要管理费用。

第二，统一并公开环境义务行政代履行的收费标准。由于我国现行立法缺乏明确行政代履行费用的计算方式和计费标准，环境行政机关无疑拥有了收取环境义务行政代履行费用的自由裁量权。为了限制环境行政机关的自由裁量权，充分获取当事人和第三人的信任与支持，有必要统一并公开行政代履行的收费标准。在统一行政代履行费用标准的过程中，以举行收费价格的公开听证为原则，以不举行公开听证为例外，吸取专家学者和利害关系人的意见和建议，合理确定价格标准，这是行政公开原则以及行

① 有学者认为，环境行政机关在征缴行政代履行费用时，应当以市场平均治污成本为基准并将利润控制在一定范围之内，并及时出台相关指导意见，简言之即坚持"市场平均成本加指导利润率"原则。蒋云飞、唐绍均：《论环境行政代履行费用的性质与征缴》，《北京理工大学学报》（社会科学版）2018年第2期。

政合作理论的体现，将其作为保障收费标准合理确定的必经程序。同时，环境行政机关有义务将行政代履行费用的计算方法、使用明细告知当事人，并接受当事人和社会公众的查询与质疑，关于行政代履行费用收取听证制度的具体设置，可以参照《行政许可法》(2003)、《环境影响评价法》(2016)、《环境保护行政处罚办法》(2009)、《环境保护行政许可听证暂行办法》(2004)等法律、法规、规章的具体规定进行执行。

第三，明确环境义务行政代履行费用的收取方式。究竟是事先收取行政代履行费用还是事后收取费用，我国立法并未作出明确规定。不过，为了保障第三人的预期收益和行政代履行程序的顺利运行，在立法上应明确规定以“事先缴纳”的方式收取行政代履行费用。换言之，环境行政机关在启动行政代履行程序后、实施行政代履行之前就应向当事人收取行政代履行费用。如若启动的是即时行政代履行程序，在能够找到当事人的前提下，可以当即通过法律程序要求其缴纳行政代履行费用；在无法联系当事人的情况下，不能以直接在其账户划拨等方式直接强制执行。对于即时行政代履行的情况，也可以考虑通过立法设置一些配套措施，譬如设立环境修复基金，在即时行政代履行程序启动之时，满足一定条件的当事人可以依申请或者环境行政机关依职权让环境修复基金先行垫付一定行政代履行费用，再由环境修复基金向当事人进行事后追偿。通过配套措施的设置以保证环境行政代履行制度的顺利实施，也是环境行政代履行制度体系化的要求。在其他配套措施不健全的情况下，环境行政机关可以考虑采用分期付款的方式让当事人事先缴纳行政代履行费用，这样既能保证当事人对行政代履行费用的必要履行能力，又能保证第三方治理企业的利益。具体的行政代履行费用分期缴纳方式可以按照第三人与行政机关事先签订的合同，结合“实际支出费用”计算，对于环境行政机关支出的必要管理费用可由其经过法定程序制定统一标准并对外公示，然后按照这一标准进行计算。具体的分期缴纳的期数可以由环境行政机关按当事人的信誉和资产状况等条件裁量决定。除最后一期缴纳费用必须包含行政代履行的利润外，前期缴纳费用可以根据合同预估的款项计算，但不包含第三人的利润。概言之，只有环境行政代履行制度体系的健全才能保证行政代履行费用的适时收取以及其他程序的正常运作。

第四，完善环境义务行政代履行费用“负担不足”问题的解决途径。在环境义务行政代履行过程中，如果当事人对环境义务行政代履行费用“负担不足”，譬如当事人拒付和拖欠行政代履行费用，抑或当事人无故“消失”甚至破产，此时应如何采取措施保障第三人的预期收益，以及确保行政代履行活动能够正常进行呢？笔者认为，如果当事人主观上拒付、拖欠行政代履行费用，立法上可考虑对其进行行政处罚、执行罚等方式迫使其承担行政代履行费用。例如，我国《湖北省环境保护条例》（1997）第36条就规定：“拒不缴纳代履行费用的，责令在规定时间内缴纳，并处以代履行费用百分之三十的罚款。”因此，应当加强环境义务行政代履行费用征缴与执行罚的适用衔接，增强当事人及时缴纳行政代履行费用的外在压力。如果当事人客观上确无支付能力，可通过设立相关的环境保护基金，将基金的使用范围涵盖用以清偿当事人的确无力支付的行政代履行费用，基金管理部门在支付第三人的行政代履行费用后，有权向当事人进行追偿；或者参照日本立法，将行政代履行费用视为公法之债的费用，比照税收进行征收。此外，当事人可以考虑参加环境责任保险，将环境义务行政代履行费用的承担责任转嫁给保险公司，即引导或强制潜在的排污企业缴纳环境责任保险费，在发生环境损害之后由保险公司替代其支付环境义务行政代履行费用，实现行政代履行费用责任的社会化承担。

六 完善环境义务行政代履行相关主体的权利救济制度

从理论层面分析，有关权利救济的类型主要包括公力救济、私力救济和社会救济三大类。如前文所述，私力救济和社会救济暂不属于本书的讨论范围，本书主要从公力救济角度讨论在环境行政代履行制度实施过程中可能出现的当事人或者第三人之权利受到侵害时的救济。我国行政强制执行的公力救济途径主要分为三种：行政复议、行政诉讼和国家赔偿。这些救济手段主要体现在《行政强制法》（2011）第8条的规定：“公民、法人或者其他组织对行政机关实施行政强制，享有陈述权、申辩权；有权依法申请行政复议或者提起行政诉讼；因行政机关违法实施行政强制受到损害的，有权依法要求赔偿。公民、法人或者其他组织因人民法院在强制执行中有违法行为或者扩大强制执行范围受到损害的，有权依法要求赔偿。”环境义务行政代履行属于行政强制中的一种间接强制执行方式，对于上述几类救济手段当然能够适用。一般而言，环境行政代履行制度中所涉及的权利可能受到侵害的主体不仅包括当事人，还包括第三人。所以，在探讨环境义务行政代履行之权利救济制度时，应不仅仅要完善当事人的权利救济制度，还需完善第三人的权利救济制度。

(一) 完善当事人的权利救济制度

在环境义务行政代履行过程中，由于当事人的权利受到环境行政机关侵害的可能性较大，所以当事人的权利救济制度当然不可或缺。但问题在于，当事人在什么情况下有权获得权利救济？当事人可以获得何种权利救济？针对这些问题，我国现行立法并未给出明确答案。我国行政法学者胡建淼认为，行政强制执行的各个阶段具有不同的性质，有的是行政行为，具有可诉性，如告诫和强制方法的确定；有的是事实行为，不具有可诉性，如强制方法的实行。[①] 按照胡建淼教授所言，对当事人权利的救济可分阶段进行，至于采取何种救济手段取决于行政代履行各个阶段的性质，此即“分阶段救济”模式。部分大陆法系国家亦采取了这种模式，仔细考察德国、日本两国的行政强制立法，我们不难发现：行政强制执行行为的性质以及救济方式不能一概而论，应当把它分为若干阶段，然后针对各个阶段的法律性质对当事人分别采取不同的权利救济手段。笔者认为，德国、日本的立法经验值得我国借鉴，主要理由在于，环境义务行政代履行是一个相对复杂、系统的过程，其主要包含告诫、发布行政代履行决定、行政代履行实施、行政代履行费用收取四个阶段，每一阶段的性质不尽相同，对当事人权利所造成的损害也不尽一致，因此对当事人采取的救济方式也应当有所差异。换言之，当事人可以根据环境义务行政代履行不同阶段之环境行政机关的行政行为采取声明异议、提起行政复议或者行政诉讼等方式获得权利救济，如果因环境行政机关违法实施行政代履行制度造成其人身、财产损失，当事人有权依法要求国家赔偿。至于具体行政代履行程序中每个阶段的性质及相应的救济方式，在前文“环境义务行政代履行中的法律责任”一章节中已详细论及，在此不再赘述。

需要注意的是，除了环境行政机关，实际参与行政代履行的第三人也可能侵犯当事人的合法权益。具体表现在如下两方面：其一，第三人在环境义务行政代履行过程中随意延长污染治理的时间、扩大治理范围或者变更治理方式，导致实际支出的行政代履行费用远远超出市场平均成本。譬

① 胡建淼：《行政强制》，法律出版社 2002 年版，第 23—24 页。

如，在2002年广州海事法院审理的“海隆公司诉石阳公司案”[①]中，原告海隆公司对被告石阳公司在代清理中使用的吸油毡、救生衣、浮灯的数量与费用等持有异议，主要原因在于原告认为被告随意扩大行政代履行费的实际支出。不得不说，在受利益最大化心理的驱使以及环境行政机关疏于监管的情况下，第三人极可能随意扩大行政代履行范围或者延长行政代履行时间，导致行政代履行费用实际支出远超客观需求。其二，第三人在环境义务行政代履行过程中故意或者过失损坏了当事人的财物。当出现此类情况时，当事人该采取何种救济方式维护自身权益？笔者认为，环境义务行政代履行中的当事人与第三人之间并无直接法律关系，若第三人在行政代履行中侵犯了当事人的权益，此时第三人就构成一般民事侵权，当事人有权按照《侵权责任法》（2009）第15条的规定[②]采取相应的救济手段。

（二）完善环境义务行政代履行第三人的权利救济制度

在环境义务行政代履行过程中，尽管对第三人的权利救济异常重要，但是实践中常常容易被忽视。就目前情况而言，第三人权利受到侵害的情形主要有两种：其一，环境义务行政代履行费用难以得到及时与足额的偿付，这是第三人权利受损的通常情形；其二，第三人在行政代履行过程中遭受当事人的威胁、阻碍甚至恶意破坏。针对第一种情形，由于第三人与当事人之间并无直接法律关系，第三人只能向环境行政机关主张行政代履行费用；若当事人客观上无力负担行政代履行费用，可以考虑从因此而建立的环境保护基金中付费先行垫付。事实上，行政代履行费用能否得到及时与足额偿付，不仅事关第三人的切身利益，也事关环境行政代履行制度的实施成效，在当事人拒不支付行政代履行费用之时，第三人也可依法获得相应的救济途径——为了确保第三人及时、足额获得行政代履行费用，应允许第三人请求环境行政机关通过行政强制的方式取得该费用，原因在

---

① 内容见“原告深圳市海隆实业有限公司诉被告广东省东莞市水上运输总公司石龙水上运输公司、被告阳明海运股份有限公司强制打捞及清除油污纠纷一案”，广州海事法院民事判决书（2002）广海法初字第106号。

② 《侵权责任法》（2009）第15条规定：“承担侵权责任的方式主要有：（一）停止侵害；（二）排除妨碍；（三）消除危险；（四）返还财产；（五）恢复原状；（六）赔偿损失；（七）赔礼道歉；（八）消除影响、恢复名誉。以上承担侵权责任的方式，可以单独适用，也可以合并适用。”

于第三人的行政代履行费用请求权针对的不是当事人（如前所述，第三人与当事人之间并没有因行政代履行而建立法律关系），而是根据委托合同针对的环境行政机关，而环境行政机关反过来也拥有了针对当事人的返还请求权，该请求权同样可以通过行政行为予以确认，并且通过强制执行予以实现。[①] 此外，基于特别情况的特别安排，还可明确规定当当事人破产时，可比照税收征收规定，明确第三人在当事人破产财产上拥有收取行政代履行费用的优先权。针对第二种情形，第三人有权依据《侵权责任法》（2009）中规定的侵权救济方式维护自身的权益。在环境行政代履行实践中，第三人与当事人之间也容易发生侵权纠纷，譬如当事人故意破坏第三人治理环境污染的设备设施，因此当第三人的权益受损时，第三人可以依据《侵权责任法》（2009）通过民事救济途径维护自身的合法权益。

---

① ［德］哈特穆特·毛雷尔：《行政法学总论》，高家伟译，法律出版社 2000 年版，第 485 页。

第九章

结　论

针对日益严峻的环境污染或者生态破坏问题，环境行政机关往往简单地对污染者施以罚款或者加收超标排污费、责令停业或者关闭等具有极端强制色彩的行政制裁措施，以罚（或费）代治不能最终减少环境污染或者生态破坏，责令停业或者关闭势必与社会就业和经济发展相冲突，在实施中不可避免地遭遇种种软化或者阻碍因素，很难从根本上切实有效地扭转污染源照旧排污的局面。因此，如何确保那些在“义务重心论”指导下所确立的法定义务能够得到切实履行，无疑将是确保环境与资源保护法不流于形式并取得实效的重要环节。事实上，并非环境与资源保护法上的每一主体都能全面、准确、适当地履行好现行法上的各项法定义务，由此自然而然地也就引发了环境义务“履行不足问题”。所谓环境义务“履行不足问题”，是指当事人未履行法定的环境义务或者行政机关通过行政决定所确定的环境义务，包括拒绝履行、延迟履行、不当履行、不能履行所导致的环境行政“执法难、执法软”，“以罚代治、一罚了之”等现实问题。

针对环境义务“履行不足问题”，我国《放射性污染防治法》（2003）、《水土保持法》（2010）、《行政强制法》（2011）、《固体废物污染环境防治法》（2016）[①]、《水污染防治法》（2017）、《野生动物保护法》（2018）、《土壤污染防治法》（2018）等法律均引入了环境义务的行政代履行（亦称代执行）制度。如前所述，环境行政代履行制度一般是指当事人未履行环境义务，此种环境义务既可能为法定环境义务，也可能为行政机关通过行政决定所确定的环境义务，而该义务亦可由代履行人代为履

① 1995年出台的《固体废物污染环境防治法》就规定了行政代履行制度。

行达到相同目的，经行政机关责令当事人限期履行，在逾期不履行环境义务、不按要求履行环境义务或者自身不具备履行环境义务的能力的情况下，行政机关可以确定有治理能力的单位代为履行该义务并由当事人承担行政代履行费用的制度。我国《行政强制法》（2011）将行政强制执行分为"行政强制执行的一般规定""行政强制执行金钱给付义务的执行""行政强制执行的代履行"三大类，环境行政代履行制度主要是我国《行政强制法》（2011）有关"行政强制执行的代履行"的规范内容在环境污染防治与自然资源保护等领域的具体运用。除此之外，环境行政代履行制度还涉及《森林法》（1998）、《海域使用管理法》（2001）、《放射性污染防治法》（2003）、《草原法》（2003）、《水土保持法》（2010）、《动物防疫法》（2015）、《固体废物污染环境防治法》（2016）、《防洪法》（2016）、《水污染防治法》（2017）、《野生动物保护法》（2018）、《土壤污染防治法》（2018）等各单行法律有关环境污染防治与自然资源保护的行政代履行内容。尽管这些内容分散于前述法律之中，在规范的细节上还有一定的差异，但笔者认为其基本目的应是一致的，即在于解决环境义务"履行不足问题"。

环境义务"履行不足问题"的成因包括但不限于当事人不具备履行能力，当事人虽具备履行能力但成本过高不愿自行履行，环境污染治理或者生态环境修复难度太大超乎当事人预期，现行立法对环境义务"履行不足问题"缺乏有效的应对手段。相较于那些直接强制执行的刚性手段，环境义务行政代履行作为一种强度相对温和、讲究合作、摒弃暴力的间接强制执行方式，在保证法定环境义务或者行政机关通过行政决定所确定之环境义务得到有效履行的同时，也弱化了当事人对行政强制执行的抗拒心理。环境行政代履行制度顺应了环境法和行政法基本理念变革的趋势，不仅满足了及时、有效治理污染和保护环境的需要，而且满足了促进当事人配合履行环境义务，促使环境行政机关转变工作职能、提高环境监管效率，实现环境与资源保护法维护公共利益的目标、促进社会整体利益最大化以及促进我国环保产业的发展与繁荣。

在环境治理方面，第三人代为履行能保证环境义务及时、有效地履行，从而有助于防止环境污染加剧与生态破坏恶化；在行政管理方面，环境行政代履行制度有利于引导和督促当事人更好地履行环境义务，有利于弱化当事人的抗拒心理，有利于环境行政执法的顺利及有序推进，从而实现环境行政管理目标；在社会和经济方面，由第三人代为履行环境义务可能会大大降低当事人的义务履行成本、提高环境义务的履行实效，同时也有助于促进环保产业的发展，有助于实现法律效果与经济效果的有机统一。因此，将行政代履行制度引入环境污染治理与自然资源保护领域既有迫切的需求也有现实的可能，行政代履行制度在环境治理领域具有广阔的适用前景。

将最小损害理论、行政合作理论、新公共管理理论、服务型政府理论、行政效率理论、义务重心理论作为环境行政代履行制度的理论基础，有助于确立服务型政府理念，充分发挥环境行政机关在行政代履行中的服务与引导职能以及有助于确立社会共治理念，充分调动市场上专业的第三方治理企业参与行政代履行工作。

环境行政机关不宜作代履行人，环境义务行政代履行人应由且只能由第三人担任；公民、国家以及国家机关原则上均不适宜成为环境义务行政代履行中的第三人，第三人主要是指市场上专业的环保公司。针对具有突发性、紧迫性的环境污染或者生态破坏，行政机关在评估、认定“紧急情况”时，应当坚持“时间上的紧迫性”与“危害上的严重性”标准，及时启动“即时行政代履行程序”。在计算行政代履行费用时既要坚持“实际支出成本”，也要兼顾“市场平均成本”，行政代履行费用收取应当坚持“市场平均成本加指导利润率”原则，应当允许第三人适当获利。我国有必要建立环境义务行政代履行基金，以确保第三人及时、足额获得行政代履行费用以及增强环境行政代履行制度的适应性。在建立配套的环境责任保险制度和环境保护基金制度的前提下，行政代履行费用采用事先缴纳的收取方式更符合行政代履行的管理理念。

我国宜通过更新环境行政代履行制度的基本理念，完善环境行政代履行制度的体系化设计，通过统一和明晰代履行人的范围、明确代履行人的履职条件、对第三人强化培育与管理以及对第三人的运行监管进行加强等措施以强化环境行政代履行第三人制度建设，健全环境义务行政代履行的程序性规定，通过明确环境义务行政代履行费用的承担范围、统一并公开环境义务行政代履行的缴费标准、明确环境义务行政代履行费用的缴纳方式、完善环境义务行政代履行费用“负担不足”情形下的解决途径等以统一环境义务行政代履行中的收费准则，以及完善环境义务行政代履行相关主体的权利救济制度以实现环境行政代履行制度的日臻完善。

参考文献

[英] A. 米尔恩:《人的权利与人的多样性——人权哲学》，夏勇等译，中国大百科全书出版社 1995 年版。

蔡茂寅:《行政委托相关问题之研究》，元照出版公司 2002 年版。

蔡震荣:《行政执行法》，元照出版公司 2002 年版。

蔡震荣:《行政执行法》，元照出版公司 2008 年版。

曹宝根:《强制清污费的法律性质研究》，《集美大学学报》(哲学社会科学版) 2008 年第 3 期。

曹和平:《浅析环境保护行政代履行制度的若干问题》，《江淮论坛》2013 年第 5 期。

曹炜:《环境法律义务探析》，《法学》2016 年第 2 期。

陈敏:《行政法总论》，新学林出版股份有限公司 2011 年版。

陈无风:《行政协议诉讼：现状与展望》，《清华法学》2015 年第 4 期。

陈晓济:《警察行政强制法律制度研究》，中国政法大学出版社 2011 年版。

城仲模:《行政法之基础理论》，三民书局 1994 年版。

杜国强:《代履行：费用基准、确定机制与征收路径》，《陕西行政学院学报》2016 年第 2 期。

杜昀轩、姚瑞华、赵越:《国外环境保护基金的经验分析及启示》，《环境保护》2014 年第 16 期。

[美] E. 博登海默:《法理学：法律哲学与法律方法》，邓正来译，中国政法大学出版社 2004 年版。

范明星：《行政强制执行中的代履行制度研究》，硕士学位论文，辽宁大学，2014 年。

方世荣：《论行政强制执行制度中的“非强制性”方式》，《湖北社会科学》2012 年第 3 期。

高军：《论公民公法上金钱给付义务》，《辽宁师范大学学报》（社会科学版）2009 年第 4 期。

高秦伟：《美国法上的行政协议及其启示——兼与何渊博士商榷》，《现代法学》2010 年第 1 期。

顾爱平：《权利本位抑或义务本位——环境保护立法理念之重构》，《苏州大学学报》（哲学社会科学版）2010 年第 6 期。

郭培勋、李秀敏：《基于〈招标投标法〉的招投标法律制度问题研究》，《东南学术》2014 年第 1 期。

郭文杰：《关于海事行政强制执行中代履行费用问题的探讨》，《中国海事》2016 年第 10 期。

郭延军：《行政强制执行权分配首先要解决好合宪问题——〈行政强制法（草案）〉相关条文评析》，《政治与法律》2009 年第 11 期。

郭怡、郭建安：《巴西环境犯罪法》，中国环境科学出版社 2009 年版。

［德］哈特穆特·毛雷尔：《行政法学总论》，高家伟译，法律出版社 2000 年版。

韩宁：《行政协议判断标准之重构——以“行政法上权利义务”为核心》，《华东政法大学学报》2017 年第 1 期。

何海波：《法学论文写作》，北京大学出版社 2014 年版。

何水：《国内服务型政府研究述评》，《政治学研究》2008 年第 5 期。

何渊：《论行政协议》，《行政法学研究》2006 年第 3 期。

何渊：《行政协议：行政程序法的新疆域》，《华东政法大学学报》2008 年第 1 期。

何越：《论比例原则在行政强制中的运用》，硕士学位论文，云南大学，2016 年。

贺乐民、高全：《论行政法的合作理念》，《法律科学》（西北政法大学学报）2008 年第 4 期。

侯如玉：《我国行政强制代履行制度研究》，硕士学位论文，大连海事大学，2013 年。

胡建淼、蒋红珍：《论最小侵害原则在行政强制法中的适用》，《法学家》2006 年第 3 期。

胡建淼：《“行政强制措施”与“行政强制执行”的分界》，《中国法学》2012 年第 2 期。

胡建淼：《论德国的行政强制执行制度及理论》，《公法研究》2002 年辑刊。

胡建淼：《行政强制》，法律出版社 2002 年版。

胡建淼：《行政强制法研究》，法律出版社 2003 年版。

胡建淼、骆思慧：《论行政强制执行中的代履行——基于〈中华人民共和国行政强制法〉》，《国家行政学院学报》2013 年第 3 期。

皇甫艳丽：《试论行政代执行》，《山西省政法管理干部学院学报》2001 年第 4 期。

黄国富：《论行政代履行》，硕士学位论文，天津师范大学，2013 年。

黄婕：《我国行政强制执行中的代履行制度探讨》，硕士学位论文，苏州大学，2014 年。

黄礼清：《行政强制中的“即时代履行”制度探析》，硕士学位论文，广西大学，2015 年。

黄小勇：《新公共管理理论及其借鉴意义》，《中共中央党校学报》2004 年第 3 期。

[英] 霍布斯：《论公民》，应星等译，贵阳人民出版社 2003 年版。

江必新主编：《〈中华人民共和国行政强制法〉条文理解与适用》，人民法院出版社 2011 年版。

江必新：《行政法基本理论的反思与重构》，《行政管理改革》2010 年第 4 期。

姜明安：《建设服务型政府应正确处理的若干关系》，《北京大学学报》（哲学社会科学版）2011 年第 6 期。

姜明安：《行政法》，北京大学出版社 2017 年版。

姜明安：《行政法和行政诉讼法》，北京大学出版社 2005 年版。

蒋云飞、唐绍均：《论环境行政代履行费用的性质与征缴》，《北京理工大学学报》（社会科学版）2018 年第 2 期。

金代志、石春生、刘任重：《信誉管理理论的文献综述》，《商业研究》2007 年第 4 期。

［英］卡尔·波普尔：《历史决定论的贫困》，杜汝楫等译，华夏出版社 1987 年版。

［奥］凯尔森：《法与国家的一般理论》，沈宗灵译，中国大百科全书出版社 1996 年版。

孔祥明：《马克思主义法理学》，山东大学出版社 1990 年版。

郎佩娟：《〈行政强制法〉制定的若干问题及其评析》，《中共中央党校学报》2010 年第 1 期。

李步云：《实行依法治国，建设社会主义法治国家》，《中国法学》1996 年第 2 期。

李昌麒：《经济法学》，法律出版社 2008 年版。

李大勇、李潇吟：《公私合作背景下的代履行——以行政强制法草案相关条文为分析对象》，《陕西行政学院学报》2011 年第 2 期。

李光春：《论我国海上船舶污染清除法律制度的完善——以公法与私法融合理论为视角》，《环境保护》2013 年第 15 期。

李国平：《论行政法的效率原则》，《经济与法》2015 年第 32 期。

李佳佳：《行政法律关系客体范围研究》，硕士学位论文，辽宁大学，2012 年。

李蔬君：《当代中国政府责任问题研究》，博士学位论文，中共中央党校，2006 年。

李树：《经济理性与法律效率——法经济学的基本理论逻辑》，《南京社会科学》2010 年第 8 期。

李艳芳：《论环境法的本质特征》，《法学家》1999 年第 5 期。

李援：《日本法律界人士谈日本的行政执行制度》，《行政与法制》2001 年第 7 期。

李肇伟：《法理学》，台湾中兴大学出版社 1979 年版。

栗劲、李放：《中华实用法学大辞典》，吉林大学出版社 1988 年版。

梁凤云：《行政协议案件的审理和判决规则》，《国家检察官学院学报》2015 年第 4 期。

刘长霞：《强制清污费用法律问题研究》，《中国海洋大学学报》（社会科学版）2015 年第 2 期。

刘超：《断裂与耦合：环境执法语境中的代执行制度与限期治理制

度》，《政法论丛》2007年第6期。

刘国涛、余晓龙：《论“环境污染第三方治理”背景下的生态恢复产业法制建设》，《中国地质大学学报》（社会科学版）2015年第6期。

刘佳奇：《论环境行政代执行制度的普遍适用——以〈水污染防治法〉为例的展开》，《辽宁公安司法管理干部学院学报》2010年第2期。

刘佳奇：《论我国环境行政代履行制度的构建》，硕士学位论文，辽宁大学，2011年。

刘军、陈海英：《代履（执）行是间接强制执行吗?》，《河北法学》2000年第1期。

刘俊敏：《环境污染第三方治理的法律困境及其破解》，《河北法学》2016年第4期。

刘磊：《免费代履行之检视——以类型思维为中心》，《甘肃政法学院学报》2017年第2期。

刘平、程彬、王天品：《代履行制度的法律关系辨析——兼论民事法律制度在行政法中的引入》，2008年政府法制研究论文，上海，2008年6月。

刘启川：《行政强制执行时间限制与拒绝给付禁止之制度解析——评〈行政强制法〉第43条》，《现代法学》2013年第3期。

刘升平、周新铭、唐琮瑶：《法学概念》，甘肃人民出版社1983年版。

刘思斯：《论我国环境行政强制中代履行制度的完善》，硕士学位论文，湘潭大学，2015年。

刘旺洪：《行政法学》，南京师范大学出版社2005年版。

刘卫先：《环境义务初探》，《兰州学刊》2009年第2期。

吕忠梅：《环境法导论》，北京大学出版社2008年版。

吕忠梅：《环境法学》，法律出版社2008年版。

罗豪才、湛中乐：《行政法学》，北京大学出版社2006年版。

罗豪才：《行政法学》，北京大学出版社2001年版。

罗文燕：《行政法与行政诉讼法》，浙江大学出版社2008年版。

罗竹风主编：《汉语大词典》（第9册），汉语大词典出版社1992年版。

骆思慧：《论行政强制执行中的代履行》，硕士学位论文，浙江工商大学，2012 年。

［德］《马克思恩格斯全集》第 20 卷，人民出版社 1971 年版。

［德］马克斯·韦伯：《支配社会学》，康乐译，广西师范大学出版社 2004 年版。

马宇佳：《环境行政代履行制度研究》，硕士学位论文，长春理工大学，2014 年。

梅志罡：《新公共管理理论及其借鉴意义》，《行政论坛》2006 年第 1 期。

［法］孟德斯鸠：《论法的精神》（上），张雁深译，商务印书馆 1961 年版。

孟鸿志：《行政法学》，北京大学出版社 2000 年版。

孟捷：《经济人假设与马克思主义经济学》，《中国社会科学》2007 年第 1 期。

苗雨：《论我国政府责任实现的法制困境与出路》，博士学位论文，山东大学，2012 年。

［德］莫尔特曼：《生态危机：自然界享有真正的和平吗?》，载刘小枫主编《20 世纪西方宗教哲学文选》（下卷），上海三联书店 1991 年版。

莫于川：《行政强制操作规范与案例》，法律出版社 2011 年版。

［日］南博方：《行政法》，杨建顺译，中国人民大学出版社 2009 年版。

钱大军：《当代中国法律体系构建模式之探究》，《法商研究》2015 年第 2 期。

钱大军：《环境法应当以权利为本位——以义务本位论对权利本位论的批评为讨论对象》，《法制与社会发展》2014 年第 5 期。

钱水苗、徐迪：《环境污染治理项目的 BOT 模式及其法律规制》，《环境保护》2003 年第 6 期。

曲格平：《中国的环境管理》，中国环境科学出版社 1989 年版。

全国人大常委会法制工作委员会行政法室编著：《〈中华人民共和国行政强制法〉解读》，中国法制出版社 2011 年版。

全国人大常委会法制工作委员会行政法室编写：《〈中华人民共和国行政强制法〉释义与案例》，中国民主法制出版社 2012 年版。

商务印书馆编辑部：《辞源》（第 3 册），商务印书馆 1982 年版。

［德］施托贝尔：《行政法》第2卷，高家伟译，商务印书馆2002年版。

施雪华：《“服务型政府”的基本涵义、理论基础和建构条件》，《社会科学》2012年第2期。

［荷］斯宾诺莎：《神学政治论》，温锡增译，商务印书馆1996年版。

宋学杰：《招投标法当前存在问题和应对方法探析》，《河南科技》2014年第18期。

苏力：《制度是如何形成的》，北京大学出版社2007年版。

孙国华：《法理学教程》，中国人民大学出版社1994年版。

孙婷婷：《论行政代履行》，硕士学位论文，南京大学，2013年。

孙琬钟、江必新：《行政管理相对人的权益保护》，人民法院出版社2003年版。

唐绍均、蒋云飞：《环境行政代履行制度：优势、困境与完善》，《中州学刊》2016年第1期。

唐绍均：《生产者责任延伸（EPR）制度研究》，博士学位论文，重庆大学，2007年。

［法］托克维尔：《旧制度与大革命》，冯棠译，商务印书馆2015年版。

王成栋：《论行政法的效率原则》，《行政法学研究》2006年第2期。

王海佳：《行政法律关系客体新论》，硕士学位论文，广西大学，2014年。

王凯悦：《新〈环境保护法〉视野下的环境行政强制执行研究》，硕士学位论文，大连海事大学，2016年。

王利明：《法治：良法与善治》，《中国人民大学学报》2015年第2期。

王名扬：《法国行政法》，中国政法大学出版社1989年版。

王蓉、刘磊：《论循环经济模式下代履行制度构建》，《社会科学论坛》（学术研究卷）2009年第9期。

王诗宗：《治理理论与公共行政学范式进步》，《中国社会科学》2010年第4期。

王树义等：《环境法前沿问题研究》，科学出版社2012年版。

王天华：《行政行为执行力的观念及其消弭——我国行政义务实效确

保手段研究之刍议》,《当代法学》2014 年第 5 期。

王威:《中国强制清污费用的法律性质探析》,《广西民族大学学报》(哲学社会科学版) 2013 年第 6 期。

王泽鉴:《危险社会、保护国家与损害赔偿法》,《月旦法学》2005 年第 2 期。

王知:《论行政代履行》, 硕士学位论文, 中国政法大学, 2011 年。

王周户、李大勇:《行政许可法意义下的非政府组织》,《上海政法学院学报》(法治论丛) 2006 年第 3 期。

魏雅如:《论代履行人》,《中共山西省委党校学报》2014 年第 2 期。

翁岳生:《行政法》(下册), 中国法制出版社 2009 年版。

翁岳生:《行政法》, 翰芦图书出版有限公司 1998 年版。

吴恩玉:《行政法上代履行费用的若干问题研究——兼及〈行政强制法 (草案)〉的完善建议》,《政治与法律》2010 年第 1 期。

吴庚:《行政法之理论与实用》, 中国人民大学出版社 2005 年版。

吴敏:《从中西诚信观看中国企业诚信体系建设》,《企业经济》2013 年第 2 期。

吴琦:《我国节能环保产业的发展趋势》,《中国国情国力》2017 年第 3 期。

夏征农、陈至立主编:《辞海》, 上海辞书出版社 2009 年版。

信春鹰主编:《〈中华人民共和国行政强制法〉释义》, 中国法制出版社 2011 年版。

肖陆军:《论服务型政府建设》, 硕士学位论文, 中央民族大学, 2006 年。

肖泽晟:《论强制执行中债权冲突的处理》,《法商研究》2011 年第 3 期。

谢鹏程:《论社会主义法治理念》,《中国社会科学》2007 年第 1 期。

徐汉明:《法治的核心是宪法和法律的实施》,《中国法学》2013 年第 1 期。

徐显明:《公民权利义务通论》, 群众出版社 1991 年版。

徐祥民、孟庆垒:《政府环境责任简论》,《学习论坛》2007 年第 12 期。

徐祥民:《告别传统, 厚筑环境义务之堤》,《郑州大学学报》2003 年第 6 期。

徐祥民：《极限与分配——再论环境法的本位》，《中国人口 · 资源与环境》2003 年第 4 期。

徐以祥：《环境权利理论、环境义务理论及其融合》，《甘肃政法学院学报》2015 年第 2 期。

[英] 亚当 · 斯密：《国富论》，郭大力等译，商务印书馆 2014 年版。

[日] 盐野宏：《行政法》，杨建顺译，法律出版社 1999 年版。

羊迎光：《行政协议相对方义务强制执行研究》，硕士学位论文，浙江财经大学，2017 年。

杨海坤、刘军：《论行政强制执行》，《法学论坛》2000 年第 3 期。

杨建强：《完善招标投标法，促进招投标市场健康发展——关于完善〈招标投标法〉的几点思考》，《建筑市场与招标投标》2010 年第 3 期。

杨建顺：《日本行政法通论》，中国法制出版社 1998 年版。

杨素云：《行政合同的基本理念》，《学习与探索》2004 年第 6 期。

杨雯钧：《合作行政的类型化研究》，硕士学位论文，兰州大学，2015 年。

杨晓飞：《对我国招投标法的思考》，《党史文苑》2010 年第 16 期。

杨欣：《民营化的行政法研究》，知识产权出版社 2008 年版。

杨宗：《论我国的行政强制执行模式——现状分析与完善构想》，硕士学位论文，河南大学，2013 年。

姚敬禹：《我国行政强制法律制度研究》，硕士学位论文，黑龙江大学，2005 年。

姚伟民：《招投标过程中与招投标法发生冲突的问题及改进意见》，《中国氯碱》2015 年第 7 期。

叶必丰：《我国区域经济一体化背景下的行政协议》，《法学研究》2006 年第 2 期。

叶生洪、彭星间：《论规模经济的本质：结构经济》，《财贸研究》2003 年第 1 期。

叶真：《加强环境资源司法保护》，《联谊报》2016 年 2 月 4 日。

应松年、杨伟东：《中国行政法学 20 年研究报告》，中国政法大学出版社 2008 年版。

应松年：《论行政强制执行》，《中国法学》1998 年第 3 期。

应松年：《行政法学新论》，中国方正出版社 1998 年版。

于飞：《论政府责任》，硕士学位论文，黑龙江大学，2006 年。

于立深：《〈行政强制法〉实施中若干争议问题的评析》，《浙江社会科学》2012 年第 7 期。

余凌云：《警察行政权力的规范与救济——警察行政法若干前沿性问题研究》，中国人民公安大学出版社 2002 年版。

俞祺：《试论行政代履行人侵权行为的责任分配》，《南开法律评论》2012 年辑刊。

袁晓贵：《论我国行政强制执行中的代履行制度》，硕士学位论文，山东大学，2011 年。

曾凡清：《试论服务型政府管理理念的创新》，《中共郑州市委党校学报》2009 年第 6 期。

湛中乐、高俊杰：《代履行的适用条件、主体、程序和方式》，《中国工商报》2012 年 8 月 9 日。

张锋、杨建峰主编：《行政强制法释论》，中国法制出版社 2011 年版。

张功岩：《行政合同纠纷解决机制研究》，硕士学位论文，吉林大学，2016 年。

张光博、张文显：《以权利和义务为基本范畴重构法学理论》，《求是》1989 年第 10 期。

张恒山：《法理要论》，北京大学出版社 2002 年版。

张恒山：《义务先定论》，山东人民出版社 1999 年版。

张锦锦：《论我国行政强制执行双轨制的困境与出路》，《行政法学研究》2013 年第 3 期。

张曙光：《制度 · 主体 · 行为》，中国财政经济出版社 1999 年版。

张文显：《法哲学范畴研究》，中国政法大学出版社 2001 年版。

张一雄：《公私合作行政行为形式选择》，博士学位论文，东南大学，2016 年。

张宇庆：《环境服务行政合同的法律保障机制初探》，《生态经济》2013 年第 2 期。

章楚加：《浅析环境污染限期治理中代履行制度之适用》，《广西政法管理干部学院学报》2014 年第 5 期。

章剑生：《现代行政法基本理论》，法律出版社 2008 年版。

章志远:《作为行政强制执行手段的违法事实公布》,《法学家》2012年第1期。

赵立栋:《浅析海事行政强制中的“代履行”》,《中国海事》2008年第11期。

赵明月:《论行政代履行》,硕士学位论文,南京大学,2014年。

赵琪:《行政代履行研究》,硕士学位论文,东北大学,2013年。

赵同刚:《行政强制措施研究》,硕士学位论文,复旦大学,2012年。

赵旭东:《限期治理污染代履行的实施形式研究》,《法学杂志》1999年第4期。

赵旭东:《限期治理污染的代履行初探》,《环境保护》1999年第8期。

中国社会科学院语言研究所词典编辑室编:《现代汉语词典》,商务印书馆2012年版。

周珂、史一舒:《环境污染第三方治理法律责任的制度建构》,《河南财经政法大学学报》2015年第6期。

周玉华、郭永长:《环境法“义务重心论”》,环境法治与建设和谐社会——2007年全国环境资源法学研讨会(年会)论文,兰州,2007年8月。

朱建新:《我国行政代执行制度研究》,硕士学位论文,中国政法大学,2011年。

朱瑞:《〈行政强制法〉代履行制度的再思考》,《山西警官高等专科学校学报》2013年第4期。

朱晓阳:《论行政合同的司法救济》,硕士学位论文,海南大学,2016年。

朱新力:《外国行政强制法律制度》,法律出版社2003年版。

竺效、丁霖:《论环境行政代履行制度入〈环境保护法〉——以环境私权对环境公权的制衡为视角》,《中国地质大学学报》(社会科学版)2014年第3期。

邹成俊、赖长浩、邹元龙、曹小春:《用代处置手段加强危险废物的管理》,《环境保护》2005年第7期。

邹焕聪:《“私代履行人”的理论定位及规范建议》,《行政法学研究》2013年第1期。

邹瑜、顾明总主编:《法学大辞典》,中国政法大学出版社1991年版。